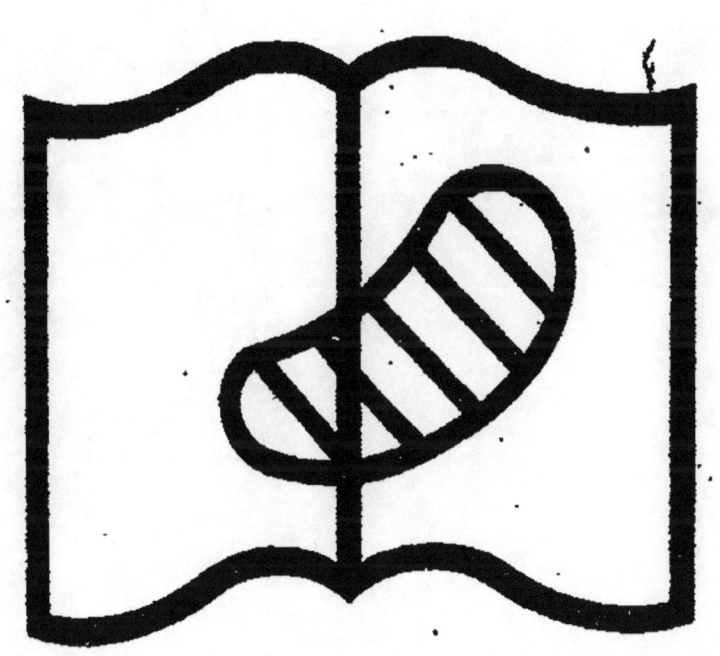

Original Illisible

NF Z 43-120-10

"VALABLE POUR TOUT OU PARTIE
DU DOCUMENT REPRODUIT"..

TUNIS

Paris. — Imprimerie de P.-A. BOURDIER et C°, rue des Poitevins, 6.

LÉON MICHEL

TUNIS

L'ORIENT AFRICAIN
ARABES. — MAURES. — KABYLES. — JUIFS. — LEVANTINS
SCÈNES DE MŒURS. — INTÉRIEURS MAURES ET ISRAÉLITES
NOCES. — SÉRAIL. — HAREMS
MUSICIENS. — ALMÉES. — VILLÉGIATURE ORIENTALE
CARTHAGE

PARIS
GARNIER FRÈRES, LIBRAIRES-ÉDITEURS
6, RUE DES SAINTS-PÈRES ET PALAIS-ROYAL, 215

1867

الحمد لله
قد أهديتُ هذا الكتاب، وهو تذكرة الأسجار،
وهبتُه الآثار، إلى حضرة الطبيب الحسيب
مصطفى خزناجار
معقّب الأسباب المهذّبة، في الأفكار التونسية،
أدام الله سعادته، فالمرجو منه قبوله وإجازته،
من الطابع لجنابه
ليون ميشل

I

STORA

Depuis quarante ans bientôt nous possédons l'Algérie, c'est-à-dire trois provinces plus grandes que la moitié de la France; depuis quarante ans bientôt nous substituons à la barbarie des mœurs arabes la civilisation française, et cependant l'Algérie est encore peu connue, surtout à ses extrémités.

Et notre voisine à l'Orient, Tunis, cette fille de Carthage dont elle a recueilli les gigantesques ossements, Tunis la reine des cités mauresques, Tunis la Blanche, la Glorieuse, le Séjour de félicité, l'Industrieuse, la Bien gardée, la Florissante et, ajoutons encore, la Civilisée, Tunis l'Orient et l'Occident tout ensemble est à peine connue, même de nos colons algériens.

Nous avons vu Naples et Constantinople sans que notre admiration pour Tunis ait décru d'un degré.

Si chaude, si vive, si lumineuse est, à Tunis, cette couleur orientale toute papillottante, que des escales sont nécessaires pour habituer les yeux à ces éblouissements. L'Algérie s'offre à nous comme une heureuse transition. Quoique située réellement sous une latitude occidentale, l'Algérie, habitée par une population musulmane jadis soumise aux Turcs, a conservé les mœurs de l'Orient. On peut donc, en visitant seulement notre colonie, avoir un avant-goût de ce monde bigarré qui vit sous la loi religieuse du Prophète.

Quand le steamer approche du mouillage de Stora, voisin de Philippeville, qu'il faut visiter ainsi que Bone avant d'aborder à Tunis, l'œil est tout étonné d'apercevoir une série de côtes verdoyantes, au lieu de rocs absolument nus, comme ceux qui se dressent aux environs de Marseille, dans cette Provence si renommée pour sa riche végétation.

Venu quelques années plus tôt en Algérie, les forêts de chênes-liéges nous fussent apparues dans leur séculaire majesté. Mais les vastes incendies, trop fréquents dans ces contrées, ont privé le rivage de sa haute futaie, et il ne nous offre plus que de jeunes arbres qui grandiront pour nos neveux.

Quand les flammes vinrent griller jusqu'aux premières maisons de Stora, la baie tout en feu présenta un magnifique spectacle. Plus d'un navire en mer ralentit sa marche, pour contempler cette immense destruction. Mais, combien de concessionnaires furent ruinés! Combien, riches la veille, se trouvèrent pauvres le lendemain!

Les causes de ces incendies sont diverses. Il est possible que le feu prenne spontanément aux herbes sèches, dans ce pays embrasé de soleil. La flamme se communique et les grandes forêts disparaissent, consumées en quelques heures. Ou bien ce sont les Arabes eux-mêmes, qui, pour éloigner les bêtes fauves et fertiliser le sol, incendient les herbes desséchées; le feu s'étend et fait beaucoup de mal pour un peu de bien.

Un phare annonce l'approche du port de Stora, notre première escale. Ce phare est situé sur une roche pelée au midi, verdoyante au nord, qui se détache de la côte et s'appelle l'îlot des Singes. Quand le navire a doublé le cap dont l'îlot est comme la sentinelle avancée, il s'arrête au large, en face Stora, abrité du vent sous un promontoire élevé.

Ce joli nom de Stora est celui d'un petit village qui de loin ressemble à un hameau de la Suisse perdu dans un pli de terrain, au bord d'un lac tranquille. Quelques chaloupes tirées hors de l'eau dorment au soleil sur le sable fin. Une plage bordée de maisons peu nombreuses, à rez-de-chaussée en arcades, gravit sur la droite une colline où l'église se détache en blanc sur un fond de verdure. La maison du Dieu des chrétiens se dresse au fond d'une place complantée de jeunes arbres. Le clocher s'élance en pyramide vers le ciel et se termine en flèche aiguë. Vue de loin, l'église de Stora ne fait pas un mauvais effet.

Quand le steamer est signalé, le canon d'une fortification qui s'élève à l'entrée de la baie réveille les échos du rivage. Les petites barques endormies sur le sable sortent de leur engourdissement. Elles se glissent dans l'eau et nagent rapidement, chacune sous la direction de deux bateliers, vers le navire qui se place, s'ancre et se repose haletant d'une course de deux jours.

En quelques battements de rame, les embarcations de Stora atteignent le steamer. Peintes en blanc, en rouge et en bleu, ces coquilles de noix, par la forme pittoresque de leurs extrémités, rappellent les gondoles vénitiennes au bec recourbé. Des numéros alignés à l'arrière sous une bande blanche, où se dessine en noir le nom de Stora témoignent de l'ordre parfait, introduit en Algérie par la police française.

Mais patience, il faut pour débarquer, la permission des autorités de la côte. Place, place à « la santé ! » La voici sous la figure d'un médecin au costume à demi militaire, à demi civil.

Une barque poussée par six rameurs indigènes vêtus uniformément accoste le paquebot. Les rameurs sont coiffés de la calotte rouge appelée *chechia*, confectionnée à Tunis, calotte ornée d'une flamme bleue et entourée d'un énorme turban d'une blancheur immaculée ; une chemise marinière rabat sur leurs épaules son grand col bleu ; un pantalon gris d'épaisse toile et une ceinture de laine rouge complètent leur costume. Ils rament avec une extrême dextérité, comme s'ils avaient le feu sacré de la galère.

Le médecin monte sur le pont, reçoit le rapport de son collègue du bord, s'assure que nulle maladie contagieuse ne règne sur le bâtiment et autorise la mise à terre des passagers. Alors les barquettes de Stora, un moment tranquilles, s'agitent et se bousculent. Les Maltais qui les dirigent s'avancent vers l'échelle du navire. Ils portent le grand bonnet rouge napolitain ramené sur le devant, une chemise grossière, un pantalon de toile à voile, une ceinture bleue ou rouge. Ils font clapoter l'eau sous leur rame impatiente, et, pour enlever le voyageur et son bagage à la force du poignet, ils tentent de donner l'assaut.

Mais l'Algérie, c'est la France, et un chef de service rappelle aux plus pressés que chacun a son numéro d'ordre, et qu'une mise à pied menace les importuns.

Nous descendons dans un des canots, et bientôt nous voguons vers Philippeville.

II

PHILIPPEVILLE

En effet, ce n'est point à Stora que ces bateaux débarquent leurs passagers. Stora n'est, à proprement parler, qu'un mouillage pour Philippeville. Quatre kilomètres séparent la sous-préfecture de son faubourg maritime, kilomètres qu'on franchirait d'ailleurs agréablement à terre, sur une route charmante, banquette creusée dans le roc, au-dessous et au-dessus d'une agréable végétation. De notre barque nous voyons cette route se lisérer en blanc sur le flanc vert des collines. Des voitures y circulent; quelques Arabes, mais surtout des soldats français, la suivent à pied. De temps à autre, une blanche maison de campagne, aux volets verts, se détache sur le fond épinard de la côte et vous fait rêver une existence modeste au milieu de la nature tranquille, loin de la fiévreuse agitation des grands centres européens.

Enfin Philippeville se montre plus distinctement. Déjà l'on aperçoit la porte de Stora, simple d'architecture, mais suffisamment forte pour commander la route en cas de surprise. Une muraille, qui se détache de cette porte, grimpe sur le Bou-Yala, l'un des mamelons aux pentes desquels s'accroche la ville, et descend à l'entrée de la fertile plaine de la Saf-Saf, pour monter encore sur la colline opposée et contourner des casernes perchées sur la hauteur.

Quand on approche du *futur* port de Philippeville, on voit s'élancer au-dessus des maisons le blanc minaret d'une mosquée, premier indice de l'Orient.

La barque pénètre entre deux jetées inachevées, file de blocs gigantesques destinés à encadrer le port. L'activité qui règne à Philippeville, clef maritime de la province de Constantine, ne pouvait s'accommoder de la baie de Stora, distante de la ville et d'ailleurs médiocrement sûre.

Le mouillage de Stora jouissait cependant, avant la conquête, d'une grande réputation parmi les Arabes, mais la colline, suffisante pour abriter les sandales indigènes, était un faible rempart contre le vent pour les steamers et les navires de haut bord.

Quand le maréchal Vallée se fut rendu maître de Constantine, il chercha un moyen de correspondre facilement et promptement avec la mer. Bone, très-éloignée du centre, se trouvait pour ainsi dire sur la frontière tunisienne. Le maréchal s'enquit d'un autre port, et d'une seule voix les Arabes lui nommèrent Stora, dont ils vantèrent la sûreté. C'était par là que Constantine entretenait les rares relations qu'elle avait au dehors. On fit donc une reconnaissance du côté de Stora. Négrier, à la tête de ce mouvement, atteignit Skikda ou Souk-el-Akda, le marché du dimanche, qui allait devenir Philippeville et se trouva tout près de ce mouillage de Stora tant vanté.

Stora fut accepté comme port : quelques maisons s'y bâtirent et formèrent l'agglomération que l'on voit aujourd'hui. Plus tard on reconnut que le mouillage laissait à désirer par les gros temps, et comme d'ailleurs Philippeville était un centre plus important que Stora, bien mieux placé à l'entrée du vallon de la Saf-Saf, sur la route de Constantine et de Biskra, on résolut la création d'un port à Philippeville même. Ce port semblait devoir prendre plus tard des développements considérables auxquels se prêterait à merveille sa situation topographique. Une dernière considération devait décider la création de ce port : l'autorité militaire, en établissant une citadelle sur l'une des collines entre lesquelles Philippeville est bâtie, en avait fait une position forte commandant la mer d'une part, et d'autre part l'importante route de Constantine.

Nous pénétrons entre les deux estacades d'une construction assez difficile : les tempêtes, fréquentes dans ces parages, arrêtent souvent le travail commencé. Dans la nuit qui avait précédé notre arrivée, le vent avait soufflé en tempête, les lames avaient soulevé les blocs énormes des jetées, les vagues irrésistibles les avaient dispersés, et l'on devait travailler sur de nouveaux frais.

Notre barque accoste d'autres bateaux réunis autour d'un débarcadère aérien formé de charpentes en croix de Saint-André, dont les extrémités inférieures reposent dans le sol du rivage, au-dessous de la grande place de Philippeville. Nous pouvons débarquer à pied sec.

Quoiqu'il n'y ait pas de port, à proprement parler, il règne sur la plage et dans les étages de charpente servant de débarcadère une activité très-agréable à l'œil.

Des Maltais, dans un costume analogue à celui de nos rameurs, des Arabes de grande taille, à moitié nus, des Kabyles aux larges épaules, s'occupent à évacuer des sandales et à charger de sacs de grains, de balles de coton et de produits divers des voitures attelées d'énormes mulets.

Un garçon d'hôtel s'empare de notre malle et nous propose de nous conduire à l'*hôtel d'Orient*, qu'on aperçoit sur la place, à gauche, abrité du soleil par le fort de France. Cet hôtel, qui ressemble à une de ces grandes auberges du vieux temps, mais où il paraît régner le calme le plus parfait, nous séduit par son air de fraîcheur, disons même d'humidité, ainsi que par sa tranquillité parfaite. Toutes les persiennes sont fermées, et si la grande porte en arcade n'était ouverte, nous croirions que notre garçon d'hôtel est un vrai mystificateur.

Cependant la place du commerce de Philippeville est très-animée. A droite, à l'entrée de la route conduisant à Stora, non loin des bâtiments de la douane, et directement sur l'artère centrale et principale de la ville, des hôtels regorgent de voyageurs. Toutes les fenêtres sont ouvertes aux rayons d'un soleil implacable, et les hôtes, pour la plupart des colons de l'intérieur, amenés en ville par leurs affaires, semblent braver sans peine la chaleur torride qui, dès cette heure matinale, se répand sur le sol africain.

Au fond de la place, devant un café à prétentions parisiennes, des bosquets ombreux abritent des consommateurs empressés de vider quelques verres d'absinthe ou de limonade.

Des zouaves, des fantassins, des cavaliers, des équipages, sont assis sur les bancs de la place et regardent par-dessus le parapet le mouvement de la plage.

Nous traversons la place du Commerce et nous pénétrons dans notre hôtel, qui, en dépit de sa dénomination, n'est pas plus oriental au dedans qu'au dehors. Le salon où l'on nous introduit, le plus beau de la maison, a pour ornement la pendule de zinc bronzé avec sujet doré, les vases remplis de fleurs artificielles protégées par l'éprouvette en verre traditionnelle, les lithographies coloriées qu'on découvre dans tous les salons d'hôtel européen. Seulement, précaution excellente dans un pays où pullulent les insectes, le lit est en fer. Un canapé de damas de laine excellent pour faire la sieste, des rideaux de perse, une commode de bois de rose garnie de son marbre, voilà tout l'ameublement. Il s'échappe de tout cela une certaine odeur de moisissure très-appréciée sous cette latitude.

En réalité nous fûmes fort bien dans cet hôtel, et, loin de regretter d'y être descendu, nous y revînmes lors de notre seconde escale à Philippeville.

Nos ablutions faites, nous nous enquîmes de l'heure du déjeuner, et, comme il nous restait un peu de temps devant nous, sans douter de rien, nous nous aventurâmes au dehors, poursuivi par les offres de service des cicerone obséquieux.

C'est notre habitude, quand nous visitons une ville qui nous est inconnue, de commencer par les grandes artères, de façon à ne jamais courir le risque de nous égarer. Nous prîmes donc la rue Impériale, qui nous parut la voie principale et centrale et qui occupe le fond du ravin où Philippeville est bâti.

La rue Impériale est une petite rue de Rivoli. Par mesure administrative, les maisons en bordure sont bâties sur arcades, de façon qu'on pourrait se rendre, à l'ombre, d'un bout de la ville à l'autre, si toute la rue était construite, mais le côté gauche seul n'offre point de solution de continuité jusqu'à la place de l'église, qui est à peu près au centre du ravin. Le côté droit, plus exposé au soleil, n'est pas encore complétement bâti. En plus d'une place, des pilastres interrompus attendent les étages qu'ils doivent supporter.

Nous reconnûmes que la rue Impériale était bien, comme nous le pensions, l'artère principale de la ville. A cette rue venaient aboutir, comme au fleuve ses affluents, les rues secondaires descendant des flancs de collines murant le ravin. Sous les arcades des maisons circulait sur les larges dalles une population mêlée, quoique en grande partie européenne.

En effet, sur environ 9,000 habitants, il n'y a guère qu'un millier d'indigènes ; les autres sont des colons français, des ouvriers maltais ou siciliens. Cependant, on rencontre déjà des Arabes en assez grand nombre pour admirer cette splendeur du haillon si générale en Algérie. Pendant les saisons où une chaleur excessive enlève à l'Arabe, livré à lui-même, le peu d'activité qu'il possède, la toilette des indigènes offre des lacunes qu'ils ne songent guère à combler. Une pièce de flanelle ou de grosse laine, ou de fine laine blanche, quelquefois taillée en burnous, forme le costume complet de l'Arabe. S'il fallait compter les trous du vêtement, ce serait une longue besogne, bien fatigante en pays chaud. A quelques-uns de ces burnous il manque autant d'étoffe qu'il en est resté. Le manteau de don César avec ses dents de scie semblerait neuf à plus d'un indigène arabe qui ne connaît que la frange.

Quand nous arrivâmes à la place de l'Église, assez belle avec ses arbres commençant à former ombrage au-dessus des bancs posés entre leurs troncs, dix heures sonnaient et l'on battait la retraite. Le tambour-major nous fit songer au *Kaïd* de l'Opéra-Comique. La retraite à dix heures du matin ! nous n'étions pas habitués à l'entendre tambouriner à cette heure-là. D'ailleurs c'était logique. En ces pays où la chaleur est accablante, la vie s'arrête quand le soleil darde perpendiculairement ses rayons, la sieste occupe le milieu de la journée. Le matin et le soir sont seuls consacrés aux affaires. Nos soldats font la sieste, les vainqueurs ont adopté les mœurs des vaincus. Pour le moment nous fîmes comme les soldats, nous rentrâmes, et bientôt nous nous placions devant une table que couvraient à profusion des mets du pays.

D'abord on nous servit de fraîches tranches de pastèque à la chair teintée de vert, puis une crevette grosse et longue comme un petit homard, mais conservant le goût délicat de la crevette; puis des côtelettes, puis du gibier, puis des tomates farcies et des aubergines gratinées, puis du fromage, des figues violettes et du raisin aux grains énormes et à la pulpe un peu dure.

Après avoir largement fait honneur à cette abondante collation, nous nous élançâmes de nouveau dehors, au risque de griller sous un soleil de midi.

Reprenant la rue Impériale dont les arcades nous abritent un instant, nous ne tardons pas à parvenir à la place de Constantine, près la porte sud de Philippeville, à l'entrée de la plaine de la Saf-Saf. Avant de passer sous cette porte, nous donnons un coup d'œil aux belles casernes de cavalerie, à notre gauche, où nous apercevons sous des hangars qui servent d'écurie les chevaux des équipages militaires mangeant l'orge et l'avoine.

Des fantassins de la ligne gardent la porte de Philippeville, porte ronde, sans caractère, suffisamment neuve, suffisamment propre, suffisamment forte, construite dans ce style des portes de forteresses modernes adopté partout. Elle relie la ligne de murailles trouées de meurtrières qui, embrassant les deux mamelons de Philippeville, la préserveraient d'un coup de main.

Nous franchissons la porte et nous nous trouvons sur la place du marché arabe d'où s'échappent deux routes, l'une rectiligne, large, bien entretenue, conduisant à Constantine, l'autre étroite, tortueuse, ayant plutôt l'aspect d'un chemin vicinal et se rendant à Saint-Antoine dans la vallée du Zeramna. A l'ouest, l'horizon est borné par le mamelon du Bou-Yala au flanc duquel s'accroche la mosquée blanche de Philippeville dont on découvre, dès le golfe de Stora, la coupole et le minaret. Au sud, se dressent les contre-forts de l'Atlas; au sud-est, l'horizon fuit au-dessus du lit de la Saf-Saf, au milieu d'une verdure éblouissante.

La place du marché arabe s'étend à gauche de la route; elle est ombragée par quelques arbres; des abris en charpente situés au fond permettent de ranger à terre, sans crainte des averses si soudaines en ces pays, les céréales apportées à dos d'âne, de mulet, de cheval ou de chameau, des districts les plus éloignés.

En effet, le marché arabe de Philippeville jouit d'un très-grand renom. Les Arabes viennent de loin y apporter des dattes et surtout des grains. La situation de Philippeville au bord de la mer en faisant un centre d'exportation, les affaires s'y traitent facilement.

A l'heure où nous sortons de la porte méridionale, beaucoup d'indigènes ont quitté le marché, et les retardataires s'apprêtent au départ. La route de Constantine est semée de cavaliers trottinant sur leurs montures arabes. Quelques indigènes sont accompagnés de leurs femmes qui suivent péniblement à pied leur seigneur et maître, tandis que l'enfant du couple, suspendu dans un lambeau de vêtement au dos de la femme haletante, grignote un fruit pendant la route. D'autres Arabes, plus humains, ont permis à leurs compagnes de chevaucher en croupe. La femme arabe monte à cheval comme un homme sans en être incommodée.

Les chevaux de ces indigènes ne ressemblent en rien à ceux que Delacroix a peints ; ce sont de pauvres bidets bien maigres et de petite mine, à la jambe d'acier toutefois, et à l'échine solide. La plupart sont nus, et un bout de corde rattaché sous la ganache au mors de forme barbare et primitive suffit à les conduire. Quelques chevaux n'ont même pas ce mors rudimentaire, et leur maître, grimpé sur un mulet ou un âne, chasse devant lui en les aiguillonnant avec une branche d'arbre, deux ou trois coursiers chargés de sacs plus ou moins remplis.

Les mulets, monture préférée des Arabes agriculteurs, sont généralement de grande taille, et si luisants, si soignés, qu'ils contrastent avec les chevaux. Rien ne nous étonna davantage. En Occident, on ne sépare pas l'Arabe de son coursier, et ce coursier est toujours un cheval de la plus grande fougue, au sang très-pur, à l'ardeur infatigable ; mais en Algérie on rencontre l'Arabe à mulet ou à âne plus souvent qu'à cheval, tandis que les giaours, les colons, ont seuls des chevaux de prix, assez rares d'ailleurs.

En revanche, les mulets sont superbes et les ânes aussi. Ce n'est pas en Algérie qu'on voit le petit âne saigneux que notre maître, Théophile Gautier, a pourtrait avec tant de compassion dans *Constantinople*. Les ânes arabes font plaisir aux yeux. Après avoir trotté tout le jour au soleil, à la poussière, sous les fardeaux les plus incommodes, ils restent brillants et vigoureux, comme s'ils sortaient de l'étable, lustrés par la toilette matinale. Ils se laissent docilement enfourcher par de grands diables de moricauds sous lesquels ils plient sans casser jamais. Au besoin, ils porteraient encore la femme et les enfants. Leur courage est admirable, leur résignation touchante, leur dévouement sans bornes.

Mais voici des Arabes qui vont à pied. Ils ne possèdent sans doute pas le louis d'or qui suffirait à acheter l'humble monture arcadienne. Un grand bâton à la main, la tête couverte du haïk retenu par la corde en poil de chameau ou par un lambeau d'étoffe enroulé, le corps à peine couvert d'un carré de laine, ils s'en vont pieds nus sur le sol brûlant. Leur visage est plein de noblesse, leur démarche majestueuse; tout en eux rappelle les patriarches ou les rois pasteurs dont le sceptre était ce même bâton recourbé, soutien de leurs descendants. La femme suit avec son enfant, qui partage son attention entre les cavaliers de la route et une pastèque dont il ronge la chair rose tigrée de pepins noirs.

Cependant le marché tient encore, et un certain nombre d'Arabes demeurent agglomérés dans les coins de la place, criant les uns leurs melons, leurs pastèques, leurs figues, les autres leurs blés qu'examinent les colons. Les ânes, les mulets, les chevaux laissés libres d'errer, paissent des débris de courges abandonnés sur le sol. Ils font envoler à leur approche des myriades de mouches bourdonnantes. Au fond du marché, au delà du hangar sous lequel on mesure et on vend les grains, sont entravés les chameaux et les chamelles suitées de leur petit.

Eh quoi! tant de chameaux à la fois, rencontrés presque en débarquant! Le plus exigeant amateur de couleur locale peut-il demander davantage? Nous qui sommes habitué à voir le chameau à l'état d'animal curieux, exposé solitaire et unique dans la cage étroite d'un jardin d'acclimatation, nous sommes tout étonné de voir tant de chameaux réunis. Et la vue n'en coûte rien! Bien plus, vous pouvez approcher, vous pouvez vous promener au milieu du troupeau, caresser la chamelle et son petit à la robe encore blanche, à la bosse encore couverte d'un long duvet. L'Arabe vous regardera indifférent. Faites dresser le chameau, faites-le coucher, l'Arabe s'en souciera fort peu. A moins cependant qu'il n'y ait là par aventure quelque indigène sachant un peu de français. Fier de montrer son érudition, il se lèvera, se redressera, secouera ses haillons et vous adressera la parole en cette langue particulière que l'on prête aux nègres dans nos farces dramatiques : « Chameau, monsieur, bon chameau; pas boire, monsieur, si pas de l'eau; venir de Biskra, apporter blé; chameau pas méchant, caresser lui, monsieur. »

Ces chameaux viennent en effet de Biskra ou Biskara, le pays des dattes et aussi du blé. Ils viennent encore de Constantine et des environs, apportant de lourdes charges, environ 400 kilogrammes. Le chemin de fer de Constantine n'est pas commencé, il le sera bientôt [1] et aura pour les colonisateurs une immense utilité. Toutefois, cette utilité est contestée par plus d'un esprit étroit qui trouve suffisants les moyens de

1. Il l'est aujourd'hui.

transit en usage actuellement. Certes, si l'Algérie devait toujours rester ce qu'elle est, le réseau algérien serait peut-être, sinon d'une utilité certaine, au moins d'une nécessité contestable, mais l'Algérie doit progresser, elle doit devenir une France transméditerranéenne. Des besoins nouveaux seront créés par une situation nouvelle, et nous n'aurons pas trop de tous nos perfectionnements pour satisfaire à ces exigences de l'avenir. Si, pendant les premières années de sa création, le chemin de fer de Constantine rencontre dans le vieux mode de transit une concurrence redoutable, cette concurrence ne sera plus à craindre quand le mouvement commercial aura pris les développements qui l'attendent. Les chameaux pourront toujours servir à des transports pour les denrées peu pressées d'arriver, qu'on fera voyager lentement et qu'on voudra envoyer à peu de frais, mais le chemin de fer, sans anéantir le transit par chameaux, rendra au pays d'immenses services. Sur le continent, le railway n'a pas anéanti le transport par eau : les fleuves, les rivières, les canaux voient toujours circuler entre leurs bords de nombreux chalands ; dans le pays algérien, privé de rivière navigable, le chameau pourra longtemps encore servir au transit lent et à bon marché.

Aujourd'hui, on voit des escouades de trois ou quatre Arabes partir de Constantine avec trois ou quatre cents chameaux chargés chacun de 400 kilogrammes de blé. Ils vont courant tout le jour, sans souffrir de la fatigue, de la soif ou de la faim. Quand le soleil décline, l'heure du repos arrive : chameaux et chameliers s'arrêtent dans quelque terrain vague au bord du chemin, et près d'une fontaine. Les hommes préparent le couscoussou : deux francs de couscoussou, en voilà pour toute la route. Les bêtes, une jambe de devant repliée au moyen d'une entrave, errent lentement sur les trois jambes qui leur restent, pâturent l'herbe sèche, les plantes grasses aux feuilles lancéolées, piquantes et amères, dédaignées de tout autre animal. Tous se couchent ensuite en attendant l'aube pour recommencer une course de douze heures, pendant laquelle ils feront trente ou quarante lieues, les bêtes stimulées quelquefois par une ration de blé, d'orge ou les noyaux des dattes que les hommes auront mangées.

Mais revenons à notre marché, où un vieux chérif au turban vert a établi sous une tente un débit de café. Le kaouadgi sert aux indigènes la liqueur d'Arabie dans des tasses microscopiques. Il jette au fond d'un godet de fer-blanc longuement emmanché un peu de poudre de café avec une pincée de sucre, il fait bouillir et rebouillir le mélange sur des fourneaux formés de quelques pierres, puis verse la liqueur trouble et brûlante que l'Arabe déguste ensuite lentement, assis près de la tente, dans la poussière du sol.

Nous nous aventurons sur la route de Constantine, qui nous paraît aussi sûre et aussi bien entretenue qu'une route de France. La chaussée est en macadam. Sur les côtés, des tas de cailloux concassés sont disposés pour réparer la voie quand il en sera besoin.

La route est séparée des propriétés riveraines par une rigole profonde et bien entretenue. Au delà de cette rigole, des maisons de campagne se dissimulent de leur mieux derrière un rideau de végétation. Les oliviers, les jujubiers, les noyers, protégés contre les maraudeurs par des remparts d'aloès et de figuiers de Barbarie plus infranchissables que des murailles hérissées de fer, se dressent couverts de fruits dans les vergers. L'aisance et le bonheur semblent réfugiés dans ces cottages d'Afrique placés sous la protection du Fort-de-France, la citadelle de Philippeville.

Sur la route les Arabes circulent autour de nous ; et quoique leurs guenilles les fassent ressembler à des mendiants et que leurs figures basanées, accentuées et terribles, cerclées du blanc haïk, n'aient rien qui doive rassurer, nous marchons au milieu d'eux sans la moindre inquiétude. Nous sentons que nous sommes chez nous. Le colon qui passe de temps à autre dans sa voiture attelée d'un cheval rapide et traverse les groupes d'indigènes, en les dispersant par sa seule présence, établit très-visiblement notre supériorité. Voici une carriole légère où un colon vêtu de blanc, le ruban rouge à la boutonnière, a pris place avec sa femme et quatre jolies filles rieuses sous leur chapeau de paille orné de fruits à la dernière mode. Quel Arabe oserait les toucher?

Ce spectacle du colon qui prospère n'attriste pas l'indigène qui végète. L'Arabe ne dispute plus au vainqueur le haut du chemin, il se range de lui-même et continue sa conversation avec quelque compagnon de route, riant parfois à gorge déployée comme un Occidental.

Nous arrivons à un pont de pierre jeté sur la Saf-Saf ou plutôt sur son lit; car, pour le moment, la rivière est absente. Au delà de ce pont verdoient les jeunes plantations d'une pépinière du gouvernement, création très-utile permettant aux colons et aux indigènes de se procurer facilement et à bon marché les essences les plus variées pour les vergers et les jardins.

La route de Constantine incline à gauche ; elle fuit, pittoresque, entre l'oued et les pépinières ; les arbres qui la bordent l'ombragent si fraîchement, qu'on est tenté de poursuivre la promenade. Pourquoi non ? ce n'est pas en pareil lieu qu'on peut craindre les lions et les panthères. Pourtant il ne faut pas trop s'y fier ; car, tout récemment, si les journaux ont dit vrai, un des braves rois du désert séduit peut-être comme nous par la beauté du paysage, est venu se faire traquer à cet endroit même. Nous n'eûmes pas la chance d'une pareille rencontre, et nous avouons ne pas le regretter : nous ne poussons pas si loin l'amour de la couleur locale, surtout quand nous n'avons en poche qu'une simple serpette pour couper au besoin une liane ou une branche d'arbre.

Nous rentrons donc en ville. Des Arabes montés, qui sur des chevaux, qui sur des mules, qui sur des ânes, rentrent avec nous. Quelques-uns poussent devant eux un chameau qui va lentement et balance sa tête indécise au bout de son long cou. Les indigènes se dirigent vers le quartier arabe, situé au Bou-Yala, sur l'emplacement même de Rusicade, la ville romaine dédiée à Vénus.

Si les indigènes sont rares dans la partie européenne de la ville, on les rencontre en grand nombre dans leur propre quartier. Accroupis sur une borne ou sur leur seuil, devant des maisons n'ayant guère d'autre ouverture qu'une porte cintrée ornée de clous en croix, ils reposent à l'abri du soleil et se donnent en pâture aux mouches, qui trouvent toujours sur leur corps, presque nu, quelque plaie à fréquenter. Très-peu de ces Arabes portent le turban ou seulement la chechia. La plupart couvrent leur crâne rasé du capuchon de leur burnous ou de leur haïk.

Mais voilà le marché aux fruits : un hangar en fer l'abrite, des fontaines jaillissantes le rafraîchissent. D'un côté, des Italiens qui font en grand nombre le commerce de détail en Algérie, vendent de très-beaux fruits et des légumes aux tons éclatants : melons verts et melons blancs empilés comme des boulets, figues violettes énormes, crevant de maturité, figues de Barbarie, constellées de houpettes dangereuses au toucher, raisins blancs ou noirs à grains de la grosseur d'une noix, jujubes nouvelles à pelure rougeâtre, protégeant une chair verte et savoureuse, grenades encore à l'état de primeurs, aubergines de première dimension, tomates rubicondes, oignons d'un diamètre phénoménal.

De l'autre côté, sont rangés les marchands arabes, accroupis derrière un étalage de médiocre apparence. Ils semblent préférer pour la vente la spécialité. Les uns n'ont que des œufs, et les poules qui les ont pondus, ou de petits coqs fort gênés par la ficelle qui réunit leurs ergots irrités; les autres n'ont que des pommes de terre ou des chapelets d'oignons. Naturellement cet étalage de peu d'éclat n'attire guère le chaland, mais l'Arabe n'a pas beaucoup d'ambition et se contente d'un petit bénéfice qui suffit à son existence frugale.

Le marché au poisson nous montre comme le marché aux fruits certaines espèces à peu près inconnues en Europe; par exemple, cette grosse crevette dont nous avions le matin même apprécié la délicatesse.

Nous avons dit que Souk-el-Akda était établi sur l'emplacement de la Rusicade des Romains. Ce ne sont pas de ténébreux monuments enfouis dans la terre qui établissent ce fait, mais bien de splendides édifices à fleur de sol et d'une très-belle conservation. Le nombre des monuments trouvés est même si considérable qu'un musée archéologique a été fondé à Philippeville. L'emplacement choisi pour ce musée est justement celui des ruines. On y pénètre par la porte du collége de la ville, et l'on se trouve bientôt dans un théâtre antique beaucoup mieux conservé que nos théâtres romains du midi de la France, quoique de moindre dimension.

Ce théâtre, le nombre et la valeur des monuments découverts attestent l'importance de Rusicade. Une des plus précieuses inscriptions trouvées est celle qui établit l'antiquité de la ville et sa consécration à Vénus. Voici cette inscription : GENIO COLONIÆ VENERIÆ RUSICADIS AUG. CAC. M. ÆMILIUS BALLATOR... PECUNIA POSUIT...

Après nous être promené à l'ombre des arcades superposées du théâtre romain, après avoir examiné successivement les tables de marbre aux inscriptions plus ou moins frustes, les statues plus ou moins incomplètes, les tombeaux plus ou moins bien conservés, nous redescendons vers la rue Impériale. Nous cherchons de l'œil la femme arabe tant vantée par les poëtes de l'Orient; mais nous ne rencontrons que des sortes de grosses poupées vêtues d'indienne, le visage caché sous le yachmach bleu troué à l'endroit des yeux. Ces femmes ont, pour la plupart, les pieds nus, tatoués à la cheville. Ce qu'on voit de la peau n'a rien d'affriolant, et l'éclat même du regard, scintillant à travers l'étoffe couvrant le visage, fait plus de peur que de plaisir.

L'*Odalisque* d'Ingres ou plutôt *les femmes d'Alger* de Delacroix seraient-elles des produits de pure imagination? Non pas, car nous apercevons, traversant la rue, la créature la plus merveilleuse que l'on puisse rêver. Elle a le visage découvert, ce qui permet d'admirer la noblesse de ses traits. Ses grands yeux noirs s'accentuent de sourcils dessinés comme au pinceau ; son nez se busque légèrement, traçant une ligne d'une délicatesse infinie, et sa bouche petite sourit au-dessus d'un menton charmant. L'ovale de son visage montre une exquise pureté. Sa peau légèrement ambrée, transparente, délicate, est couverte au-dessus des lèvres d'un fin duvet. Cette femme est vêtue à l'orientale et tout en soie. Des sequins se mêlent à ses cheveux qui descendent en grosse natte jusqu'au-dessous de la ceinture. Sans doute, elle est bonne autant qu'elle est belle, car chacun s'incline sur son passage et elle répond par un divin sourire aux hommages silencieux que mahométans, juifs et chrétiens lui adressent en la laissant passer.

Elle entre dans une boutique de marchand de drap et s'assoit près du comptoir : ce n'est pas une Mauresque, c'est la femme d'un juif. Plus d'une fois nous longeâmes cette boutique afin d'admirer sa Rebecca, belle comme la Rebecca de l'Ancien Testament.

Avant de rentrer à notre hôtel, nous jetons un coup d'œil dans les cabarets de la place du Commerce. Ces cabarets qui, le soir, sont éclairés par des lampes fumeuses où brûle le schiste, brillent en plein jour de l'éclat des peintures à fresque ornant toutes les murailles. Ce ne sont que Solferinos, Palestros et Magentas. La campagne d'Italie s'y peut lire sous toutes ses faces et avec tous ses épisodes. Les artistes qui ont peint ces sujets patriotiques flattant au plus haut point l'amour-propre du soldat, ne sont pas des Vernet assurément. Toutefois ils entendent à merveille l'art de la décoration et de la composition. Toujours au centre, on voit à cheval, l'Empereur ou le général commandant en chef. Ces fresques, imitées des fresques italiennes, font sur l'indigène une vive impression et augmentent encore l'admiration qu'il a pour les Français, considérés par lui comme invincibles.

Après un bon dîner, une nuit tranquille et un bain matinal pris en mer, au-dessous du ravin des Beni-Melek, distant d'un kilomètre de Philippeville, nous descendons dans notre canot, pour rejoindre le steamer qui chauffe à Stora.

Le vent a fraîchi et la rade est agitée, les barques se balancent sur les flots et semblent à tout instant sur le point de s'abîmer. Les esquifs, remplis de passagers qui regagnent le vapeur, avancent sur divers plans avec un mouvement uniforme et nous rappellent les canots de nos théâtres parisiens, naviguant sur une mer de toile peinte soulevée par des enfants invisibles. Nous nous demandons pendant un instant si c'est un décor que nous avons sous les yeux. Quand on a longtemps assisté à des spectacles feints on en vient à douter de la nature elle-même.

III

BONE

Bone, où nous abordons le lendemain, offre un aspect beaucoup plus oriental que Philippeville. Ce n'est pas une ville française construite auprès d'une bourgade arabe, mais une ville arabe encore imcomplétement transformée.

Située au fond du golfe qui porte son nom, à l'extrémité d'un des contre-forts de la chaîne de montagnes s'étendant du cap de Fer au cap de Garde, Bone nous apparaît menaçante avec sa kasbah, élevée comme le fort du Mont-Valérien sur une hauteur avoisinant la ville. Au bord de la mer, Bone s'abrite derrière les murailles hardies du fort Génois et du fort du Lion, ce dernier ainsi nommé parce que les rochers qui le soutiennent représentent à l'œil prévenu la forme terrible du roi du désert.

Le paquebot opère son mouillage au large, sous la kasbah, dont la dernière enceinte se prolonge tout autour de la ville, sur une étendue de 1,600 mètres.

A l'heure matinale où nous jetons l'ancre, le soleil, encore invisible sur les flots, embrase de ses premiers rayons qui passent au-dessus de notre tête les collines boisées, au delà de Bone. De ces collines et des vallées qui les environnent il s'échappe des brumes que l'astre du jour dore de ses feux. Ces brumes semblent la fumée d'un colossal incendie. Jamais spectacle plus émouvant ne s'offrit à nos regards. Tandis que nous nous approchons de terre dans le frêle esquif venu du port pour nous débarquer, nous suivons d'un œil inquiet et ravi à la fois le phénomène qui se produit à mille pieds au-dessus de nous. Du doigt nous indiquons la crête des montagnes à nos Maltais, qui nous répondent simplement : « Soleil, monsieur. »

En effet, à mesure que nous nous approchons, nous distinguons mieux, et notre inquiétude se dissipe pour faire place à une admiration que rien ne trouble plus. Le disque d'or, émergeant de l'onde et lançant sur les parties moins élevées des montagnes ses rayons horizontaux, nous jette dans un transport d'enthousiasme qui se calme seulement à notre entrée dans le port de Bone.

Ici, comme à Philippeville, le port est à l'état rudimentaire. Des blocs à ras de mer paraissent et disparaissent de temps à autre, selon la hauteur de la vague qui les caresse et les bat tour à tour. Dans l'anse destinée à devenir le bassin, est amoncelé sur la plage, en cubes plus larges qu'élevés, du minerai de fer provenant des Karesas, de Belelita et de Mokta el Hadid, mines fort riches situées aux environs de Bone. Ces mines alimentent l'usine de fer aciéreux de l'Alelik, la seule qu'il y ait en Algérie.

Nous abordons sur une jetée ancienne et dont les assises, déchaussées sans cesse par le clapotement des vagues, montrent des vides que les crustacés fréquentent. Des douaniers nous regardent débarquer, mais comme nous avons laissé notre bagage à bord, n'ayant d'autre intention que de visiter la ville et de faire une promenade à l'Hippone antique, on nous permet de prendre terre sans la moindre hésitation.

La porte par laquelle nous pénétrons est trop ordinaire pour mériter d'être décrite. Au delà, nous nous trouvons sur une place en parallélogramme, ornée d'arbres et de fontaines, et bordée de maisons européennes habitées par des officiers supérieurs, dont les sentinelles se promènent près de lourdes guérites peintes en vert.

Nous avons devant nous une rue macadamisée, montant par un plan très-incliné. Nous gravissons cette rue sans caractère, et nous parvenons à un carrefour d'où nous dominons la ville française. Derrière nous est la porte de la Marine par où nous sommes entré ; à notre droite, une rue conduisant au quartier maure ; à notre gauche, une autre rue se dirigeant vers une place encombrée d'Arabes ; devant nous se déroule la perspective d'une place ombragée d'arbres encore peu développés.

Les Arabes nous attirent, nous descendons à gauche. Mais bientôt nous sommes arrêté par un troupeau de chèvres noires, sous la conduite d'une bergère européenne. Les ménagères sortent des maisons, apportant à la bergère leur casserole à remplir de lait de chèvre. La bergère est une laitière. On ne connaît pas le lait de vache à Bone ; on n'y prend que du lait de chèvre. Rien de meilleur qu'un verre de ce lait bu tiède lorsqu'on est à jeun. Nous nous empressons d'acheter chez un épicier le verre qui nous fait défaut, et nous le tendons à la laitière. Nous portons à nos lèvres le breuvage pâle et couvert d'écume, puis, déposant notre verre sur une borne, à la disposition du premier passant, nous continuons notre excursion.

Des Arabes sont arrêtés devant de nombreuses boutiques d'indigènes, protégées au dehors par des auvents de bois servant de fermeture quand on les abaisse. A ces auvents pendent des étoffes aux couleurs vives qui de loin nous enchantent; mais de près, quelle déception! Ces étoffes brillantes, ce sont les affreux coloriages de nos rouenneries.

Ainsi voilà les cotonnades de Rouen et les toiles de Mulhouse installées en Orient à la place des draperies fines de Tetourba et des soieries mêlées d'or et d'argent qu'on fabrique à Tunis.

Pourquoi ces Arabes, marchands de produits occidentaux, les vendent-ils dans des boutiques orientales? Pourquoi conserver l'étroite loge arabe, où le marchand seul peut entrer? Pourquoi n'avoir pas adopté, comme les colons, des boutiques larges, élégantes et bien éclairées?

Les Arabes de la campagne venus ce jour-là pour le grand marché achètent les cotonnades dont les couleurs voyantes et le bas prix les séduisent; ils emportent de quoi vêtir le harem avec nos indiennes, car, hélas! en Algérie, si les vêtements de femmes ont conservé leur forme primitive, ils ne sont plus faits de ces tissus de laine soyeuse aux tons si doux à l'œil, œuvre délicate de mains mauresques. Ce sont aujourd'hui des étoffes vulgaires à carreaux bleus. Le bleu, c'est la couleur favorite des femmes arabes civilisées.

Mais arrêtons-nous un instant devant une cour où l'on se presse. Ne nous hâtons pas de juger trop sévèrement nos nouveaux compatriotes. Voici une sorte de bazar troué d'alvéoles qui sont des boutiques de tailleurs. Ils travaillent à confectionner des haïks légers, des burnous épais en laine indigène; ils les ornent de soutaches de soie, d'argent et d'or.

Voici des ceintures de soie, des serouals de laine fine qu'on prendrait pour du calicot, des tissus algériens où le mat et le glacé d'une laine transparente alternent harmonieusement et qui servent à former des turbans, et voici des acheteurs pour ces belles étoffes. Il ne faut encore désespérer de rien : le goût n'est pas proscrit de l'Algérie entière.

Nous sommes auprès d'une des portes de la ville, la porte de Constantine, sur la place Napoléon, où se tient le marché arabe. C'est un pêle-mêle inextricable d'indigènes de toutes couleurs, depuis le blanc pur, qui est rare, jusqu'au noir le plus sombre, qui n'est pas très-commun. En revanche, toutes les dégradations de tons entre ces deux extrêmes se rencontrent à profusion. Les Français, les Maltais, les Italiens sont mêlés en petite proportion à la foule des Arabes.

Les vendeurs sont presque exclusivement des indigènes ou des Italiens; ceux-ci, à Bone comme à Philippeville, vendent les plus beaux fruits. Cependant l'étalage des Arabes, quoiqu'il soit fourni par le potager plutôt que par le verger, commence à lutter de bonne mine avec celui des Italiens. Si nous passons la frontière, les Arabes l'emporteront de beaucoup sur les Occidentaux.

Quel spectacle que celui de ce marché maure pour un peintre de fruits ! Voici des figues énormes, les unes violettes, les autres vert-pâle, ayant gardé cette fleur de la baie délicatement détachée de l'arbre. Voici des raisins en grappes énormes, dont les grains ressemblent à des balles coniques. Voici des jujubes, les unes encore vertes, les autres commençant à prendre un ton d'ocre foncé. Voici les grenades avec leurs cloisons toutes remplies de pepins commençant à rougir. Voici la pastèque à la chair rose mouchetée de pepins noirs. Voici le melon vert ou blanc, si sucré qu'il affadit le cœur. Voici la figue de Barbarie à l'enveloppe séduisante au regard, dangereuse au toucher. Voici des pommes, des poires et tous les fruits du continent européen.

Les Italiens disposent leur raisin, leurs poires, leurs pommes avec un art qu'on ne rencontre qu'à Paris; ils les étagent dans des corbeilles doublées de papier blanc ou de feuilles vertes. Sans doute ce sont des revendeurs; mais la beauté de leur étalage, l'habileté de leur exposition, et surtout la facilité qu'on trouve à s'entendre avec eux, grâce à leur idiome, mélange de toutes les langues, les font préférer par les colons de Bone aux Arabes silencieux et monoglottes.

Comme à Philippeville, les Arabes vendent surtout des légumes et des fruits indigènes, tels que la pastèque et le melon vert ou blanc, et la figue de Barbarie et la jujube. Les cucurbitacées se dressent devant eux en pyramides de projectiles oblongs. Beaucoup d'Arabes vendent des figues de Barbarie à un prix phénoménalement bas. Ils en donnent douze ou treize pour un sou et ils vous les ouvrent par-dessus le marché, les préparant pour la bouche, comme à Londres les maîtres d'*oysters* préparent les huîtres au consommateur affamé qui les dévore une à une.

Après avoir mangé sur le pouce quelques figues

violettes pesant près d'une demi-livre chacune, nous voulûmes goûter les figues indigènes. Des gloutons de France et même d'Algérie, des gamins de huit ou dix ans, établis devant les Arabes vendeurs de figues, engloutissaient à la douzaine ce fruit à la chair rouge et fondante, gros comme un pain de savon. Les gaillards paraissaient trouver à ce régal des joies inconnues aux gourmets d'Europe. Nous voulûmes partager de si grandes jouissances.

Mais, moins petit maître que les bambins du terroir, nous ne consentîmes pas à laisser ouvrir le fruit par le marchand. Nous avions notre couteau en poche et nous étions sûr d'enlever l'enveloppe de la figue avec une dextérité tout orientale. Nous prîmes donc avec nos doigts une belle douzaine de ces fruits et nous allâmes à distance nous asseoir sur une pierre pour les déguster tout à notre aise.

À peine avions-nous fort habilement dépecé deux ou trois figues dont le goût nous convint médiocrement, que nous sentîmes à nos mains mille démangeaisons. Nous comprîmes alors pourquoi les consommateurs de figues de Barbarie se les faisaient ouvrir par les marchands.

La figue indigène, ainsi que nous l'avons dit plus haut, est constellée de grains de beauté couverts d'une houppe de poil. Ce poil végétal s'insinue dans notre peau et cause d'horribles souffrances. Rien n'est plus difficile que d'extirper de l'épiderme, même en se lavant les mains, les pointes microscopiques du figuier de Barbarie.

Nous posâmes nos figues sur une pierre, et nous rentrâmes au marché, assez honteux de notre accident. Pendant plusieurs jours, nous souffrîmes des suites de cette imprudence : il faut avoir des mains calleuses pour ne rien redouter.

Après avoir passé rapidement devant l'Arabe si malheureusement honoré de notre confiance, nous pûmes admirer l'ampleur et la gaieté de grosses négresses qui vendaient du pain. Ces négresses riaient à gorge déployée, — c'est le cas d'employer cette expression, — en donnant le sein à des négrillons les plus drôles du monde. Elles découvraient presque entièrement leur buste de marbre noir et paraissaient bien plus appétissantes que les Mauresques plus ou moins voilées qui passaient dans le marché vêtues d'indiennes aux couleurs criardes.

On sait que les nègres ont horreur du noir et qu'ils choisissent toujours des professions leur permettant de manier du blanc : ils sont tous ou boulangers, ou blanchisseurs, ou badigeonneurs, ou de quelque autre état où les matières blanches sont employées d'une façon presque exclusive. Les négresses du marché vendaient du pain en forme de galette.

Derrière nous s'étendait une muraille élevée : c'étaient les vieux remparts de Bone. Ces remparts, construits par les Arabes, ont l'aspect pittoresque des vieilles fortifications. Malheureusement pour l'œil de l'artiste, et très-heureusement, paraît-il, pour les colonisateurs, on renversait ces murs, sur la place Napoléon. Nous vîmes des soldats du génie commencer la démolition de ces antiques remparts qui résistèrent à tant d'assauts et qui cèdent aujourd'hui devant la force expansive de la paix.

En effet, Bone, comme beaucoup de villes, est devenue trop petite pour contenir toute la population qui s'y presse. Les marécages de la vallée par laquelle on se rend à Constantine ont été assainis, plusieurs ont été desséchés, et, dans la campagne, de nombreuses maisons se sont éparpillées formant au dehors une ville nouvelle. Une enceinte a dû être élevée pour protéger les colons suburbains contre les invasions possibles des Arabes du centre, et dès lors l'ancienne enceinte, loin d'être utile, gênait les communications entre la vieille ville et la nouvelle. Aujourd'hui sans doute elle a complétement disparu.

Le boulevard où se tient le marché arabe est

abrité par de beaux arbres et bordé du côté de la vieille ville par la muraille en démolition. Du côté de la ville neuve on aperçoit des habitations très-fraîches et très-élégantes. De petits hôtels, des cercles, des cafés se sont établis là dans le voisinage du théâtre qui offre à l'extérieur un assez bel aspect. Ce théâtre, desservi pendant trois ou quatre mois de l'année par la troupe de Constantine, est décoré à l'intérieur dans le style mauresque. Comme nous ne couchions pas à Bone, il ne nous fut pas loisible d'assister à la représentation.

Au fond de la place Napoléon se dressait une église en style gréco-byzantin. Cette église est heureusement située, mais n'a rien qui mérite de fixer l'attention.

Après avoir fait une courte visite à la maison de Dieu, nous nous mîmes en chemin pour Hippone, la ville épiscopale de saint Augustin.

La route de Constantine sur laquelle nous nous aventurâmes était gaie au possible. Les Arabes et les colons y circulaient en foule, ceux-ci en voiture, ceux-là à cheval, à âne ou à mulet, quelques-uns poussant devant eux un ou plusieurs chameaux. Sur les bords de la route se dressaient des maisons basses n'ayant qu'un rez-de-chaussée, ressemblant aux baraques d'un camp et paraissant construites de la veille par des colons récemment débarqués.

Ces humbles maisons étaient occupées par des colons, en effet, ou par des Arabes industrieux. Quelques-unes servaient de magasins pour les céréales, et on y voyait le blé amoncelé en tas énormes. D'autres abritaient des moulins où des chevaux attelés à l'arbre d'une meule de grande dimension réduisaient le grain en farine.

Dans d'autres s'étaient installés des bourreliers arabes qui, sur le seuil de leur boutique, fabriquaient avec de la paille des bâts énormes pour les petits ânes. Ils couvraient ces bâts de cuirs maroquinés tout étincelants de fils de soie, d'argent et d'or : c'était plaisir de voir travailler ces indigènes. Plus loin, des cabarets à la française, par la nomenclature détaillée des vins exquis qui, paraît-il, se trouvaient à l'intérieur, invitaient de l'extérieur le passant à se rafraîchir. Les enseignes parlantes et les rébus n'étaient point oubliés sur la devanture parmi les moyens de séduction.

Puis on voyait de grandes cours toutes remplies de chameaux couchés : c'étaient des fondoucks, sortes d'enclos où ces grandes caravanes, ces troupes de chameaux qui viennent de l'intérieur des terres au marché se reposent pendant quelques heures. Autour des fondouks, dans des bâtiments d'apparence médiocre, des niches plutôt que des chambres étaient disposées pour recevoir les chameliers.

Le gardien du fondouk a les clefs de toutes les cellules de son étrange hôtellerie; il ne les remet qu'à son locataire d'un jour, et celui-ci peut être sûr d'y retrouver tout ce qu'il y a laissé. Un gardien de fondouk ne volerait pas un centime ni cent mille francs.

Les fondouks se succédaient à de rares intervalles, et tous étaient pleins. Combien était-il venu de chameaux portant leur faix au marché? Des centaines, des milliers même. Qu'était-ce à côté du marché de Bone que le maigre marché de Philippeville!

Si les Arabes paraissaient innombrables, les Européens se montraient aussi nombreux. Voici des fermiers-colons amenant les produits de leurs champs : six petits bœufs, les uns jougués, les autres tirant avec un collier fait d'une simple tringle recourbée traînent un chariot à quatre roues. Le plus souvent, les six bœufs sont précédés d'un cheval placé en arbalète.

L'Arabe, lui, n'emploie pas la voiture; il transporte tout à dos de bête, tout, même sa longue et mince personne. Il consentirait peut-être à atteler sa mule, mais son cheval, jamais : ce serait déshonorer le plus noble animal de la création.

Le Français, grand ou petit propriétaire, n'a pas de ces scrupules. Il passe dans son char-à-bancs ou son cart attelé d'un fier cheval qui trotte, rapide, sur le macadam bien uni.

Tout en cheminant, nous laissons errer nos regards aux abords de la route rendus visibles par la rareté des maisons. A notre droite, des grandes plaines humides sont drainées par des canaux traversant la voie sous des ponts et allant se jeter dans l'Oued-Bou-Djema, rivière qui coule à notre gauche. Grâce aux canaux de dérivation, la plaine de Bone, d'où s'échappaient jadis des miasmes pestilentiels, est transformée en un sol très-riche. Toutefois, il nous a semblé que ce travail de défrichement était encore incomplet, et, par comparaison, l'état de prospérité de la plaine de la Saf-Saf nous parut plus frappant.

A deux kilomètres, la route se bifurque ; à notre droite s'ouvre un carrefour au centre duquel une sorte de grand marabout est passé à la chaux par un nègre vêtu de blanc. Le noir africain est armé d'un pinceau, disposé à angle obtus au bout d'un bâton, comme l'instrument d'un vulgaire badigeonneur européen ; seulement, au lieu d'étendre sur le mur crépi le liquide blanchâtre qu'il puise dans un pot mauresque, il le lance sur la muraille en l'aspergeant. Coupole et cube de pierre la soutenant, tout jusqu'à la porte en bois est blanchi de cette façon. Après cette leçon de badigeonnage, nous laissons le marabout à notre droite, et, nous engageant sur un vieux pont romain, encore très-bien portant, nous arrivons sur l'autre bord de l'Oued-Bou-Djema.

Deux routes s'offrent à nous : l'une large et fréquentée, l'autre étroite et solitaire. Laquelle conduit à Hippone ? Nous pourrions le demander aux Européens nombreux qui passent près de nous, ils se feraient un plaisir de nous renseigner, mais, fidèle à nos habitudes d'aventure, nous préférons aller au hasard, quitte à nous tromper, ce qui arriva en effet.

Toutefois, quelles compensations nous rencontrâmes ! D'abord la route était très-agréable, bien ombragée, bordée à droite de champs où nous voyions le laboureur herser la terre fraîchement défoncée ; bordée à gauche de propriétés défendues par de terribles aloès et des figuiers de Barbarie aux feuilles piquantes chargées de fruits. Et puis nous n'aurions pas vu la Seybouse, la seule rivière navigable de l'Algérie. Nous la rencontrâmes un peu au-dessous d'un mamelon nommé R'arf el Autran, où est construit un établissement pénitentiaire pour les soldats français.

L'Oued Seybouse était large à cet endroit et coulait doucement et à pleins bords. Au loin on apercevait un bateau à vapeur et plus près un bac sur le point de passer l'eau. De l'autre côté du fleuve, des Arabes s'établissaient avec leurs montures sur la large plate-forme du bac. Pendant la traversée, la plupart des Arabes avaient mis pied à terre ; mais à peine sur la rive où nous les attendions, ils remontaient sur leurs chevaux, leurs mulets ou leurs ânes. Les braves animaux, quoique déjà chargés de lourdes denrées, se laissaient surcharger encore du poids de leurs maîtres, trop heureux quand ils n'avaient pas deux Arabes à porter. Il y en avait dont l'échine fléchissait.

Quelques chevaux, quelques ânes étaient montés par des femmes indigènes, les unes le visage découvert, les autres voilant leurs traits sous le yachmach. Parmi celles chevauchant sans voile, peut-être des Kabyles, il en était une, jeune fille presque blanche, qui nous sembla la plus gracieuse créature que l'on pût voir. Elle faisait partie d'une cavalcade de femmes dont les montures soulevaient en nuages la poussière du chemin. Nous la suivîmes des yeux, et, quoique la route nous eût fatigué, nous ne fûmes pas fâché d'être venu jusqu'à la Seybouse. La vue de ces femmes nous avait bien payé de notre peine.

Hippone n'est qu'à 2 kilomètres de Bone : or, nous avions fait près de 4 kilomètres sans rencontrer les ruines, nous les avions donc laissées sur notre droite ou sur notre gauche. Sans doute on s'y rendait par ce chemin ent'raperçu au débouché du pont romain. Nous nous rappelâmes que la maison d'angle de la voie négligée par nous portait dans une niche un Saint-Augustin qui, la main étendue, semblait inviter le voyageur à venir le voir. Nous résolûmes de rétrograder jusqu'au pont. Arrivé là, nous suivîmes la route solitaire que d'abord nous avions dédaignée.

Quoique peu large, cette voie était bien entretenue comme toutes les routes en Algérie. Sur les bords, de belles exploitations se faisaient remarquer. Ce n'était partout qu'oliviers, grenadiers, jujubiers. Sous les arbres, des laboureurs effleuraient le sol fertile avec des charrues à coutre peu profond.

Sur la haie, on voyait l'aloès aux lames de sabre immenses, se dressant comme une menace et dardant, pour ainsi dire, le voyageur au passage. Du blé de Turquie s'élançait aussi, en roseau flexible, de la haie de terre complantée de distance en distance d'un olivier ou d'un grenadier séculaire tout chargé de fruits.

Sur le chemin, nous rencontrâmes quelques Arabes isolés, aux formes athlétiques, à la démarche lente et solennelle, à l'œil farouche et languissant tout à la fois. En passant près de nous, ils nous disaient : « Bonjour, » fiers de montrer qu'ils savaient le premier mot de notre langue civilisée ; leur politesse nous rappelait celle de nos paysans : après tout, les Arabes ne sont-ils pas les paysans de l'Algérie. Quelques soldats passaient aussi, mais sans mot dire.

Nous continuions de marcher, plein d'une sécurité parfaite.

Un chemin de traverse grimpant une colline nous séduisit ; il nous mena tout droit aux restes d'Hippone. Ces restes sont peu de chose, mais ils ne sont guère moindres que les ruines de Carthage, tant vantées par les archéologues beaux diseurs.

Hippone, le grand Ubbo, cette colonie de Carthage, qui devait recevoir des Romains le titre glorieux d'Hippo Regius, n'offre plus à nos yeux que de vastes citernes plus ou moins bien conservées. Encore ces citernes ne datent-elles pas de l'époque carthaginoise, mais du temps où, comme la grande cité punique, Ubbo fut relevé par les Romains.

Il est vrai que cette dernière époque est la plus glorieuse pour Hippone. Elle eût succombé dans la lutte avec la Carthage punique, elle l'emporta sur la Carthage romaine. Devenue le premier marché de l'Afrique, Hippone, dont l'étendue n'embrassait pas moins de 60 hectares, avait des aqueducs immenses, des réservoirs gigantesques, et formait le centre d'où rayonnaient d'interminables voies de communication. C'est à cette époque florissante que Valérius, évêque d'Hippone, prit pour coadjuteur Augustin, qu'il avait ordonné prêtre après sa conversion et qui devait lui succéder avec un si grand éclat.

Aujourd'hui, la statue du saint s'élève sur les ruines de la ville et semble, du haut de la colline, bénir la plantureuse vallée de la Seybouse, ce jardin de l'Algérie. Il étend sa main protectrice sur Bone et sur cette Méditerranée qu'on aperçoit au loin couverte de sandales arabes, de voiliers et de steamers européens. Derrière la statue se trouvent les citernes d'Hippone, qui seraient bien conservées si l'humidité n'en avait rongé les fondements. Plusieurs colonnes sont tombées, mais, phénomène curieux, les voûtes, appuyées les unes contre les autres, se soutiennent elles-mêmes. Cependant, pour plus de sûreté, quelques colonnes ont été remplacées récemment par des pilastres en briques.

De vastes figuiers, des jujubiers et mille pariétaires ont poussé, grandi et grossi dans ces ruines, élevant leurs têtes au-dessus des voûtes à travers quelque crevasse. Ces végétations, loin de nuire à l'effet, le complètent au contraire et ajoutent au pittoresque, là comme à Heidelberg, comme dans les burgs des bords du Rhin et dans toutes les ruines.

Après avoir admiré le splendide panorama que nous avions sous les yeux, nous redescendîmes pour regagner la ville, notre estomac nous sollicitant d'aller déjeuner.

Étant parvenu à la place d'armes où sont les principaux hôtels, nous entrâmes dans l'un d'eux, en face de la grande mosquée de Bone, Djama-el-Bey, l'une des plus belles de l'Algérie et restaurée admirablement par les soins du gouvernement français.

Tandis qu'on nous servait des huîtres microscopiques, qu'on mange par grosses tant il en faut pour faire un plat, et qu'on ne rencontre qu'à Bone; tandis que nous savourions un déjeuner copieux, comme celui de Philippeville, nous admirions, par la fenêtre, la grande place centrale de Bone.

Au milieu, s'échappait d'un square étroit une gerbe des plus belles essences africaines, formant un bouquet de verdure très-frais à l'œil. Au fond, la mosquée développait la perspective de ses voûtes extérieures sous lesquelles une foule d'Arabes étaient couchés à l'abri de l'ardeur du soleil.

En quittant l'hôtel, nous montâmes dans le quartier maure, par des rues à pic et pavées, où, malgré l'inclinaison, circulaient des chevaux et des mulets arabes; nous nous dirigions vers la Kasbah. Sur le seuil de leurs maisons, les Arabes nous regardaient passer.

Par quelques portes entr'ouvertes nous cherchâmes, avec l'effronterie d'un voyageur, à faire pénétrer notre rayon visuel dans les intérieurs maures; mais les maisons mauresques sont à l'abri de toute indiscrétion : un premier vestibule circonscrit le regard. Cependant nous pûmes, de temps à autre, apercevoir une cour ou patio dont les cloîtres aux voûtes en fer à cheval étaient soutenus par de fines colonnettes. Malheureusement ces patios étaient tout badigeonnés et leur implacable blancheur offensait l'œil plutôt qu'elle ne le charmait.

Arrivé au pied de la Kasbah, cette redoutable forteresse élevée au quatorzième siècle par les sultans de Tunis, alors maîtres de Bone, nous admirâmes l'incomparable spectacle de la mer immense toute pailletée de soleil.

Puis, regagnant lentement le port, où nos Maltais nous attendaient au fond de notre barque, nous remontâmes à bord du steamer qui déjà essayait ses palettes et tournait sa proue vers l'Orient.

IV

LA RADE

Nous l'avons dit en commençant, peu de Français connaissent Tunis, et nos colons algériens eux-mêmes ne songent guère à s'embarquer pendant un jour pour visiter la plus grande ville du littoral africain.

Aussi le navire qui, chaque semaine, part de Marseille pour Tunis, doit-il faire escale en Algérie. Si peu de passagers vont à Tunis, que le bateau semble s'y rendre par pure complaisance et pour permettre à quelques Anglais, grands visiteurs de ruines, de descendre aux rives de Carthage.

Après notre double escale à Philippeville et à Bone, le navire reposé continue vers Tunis sa trop lente navigation.

De Bone à Tunis, Bizerte est à peu près la seule agglomération importante qu'on aperçoive au bord de l'eau. Les collines, si verdoyantes en Algérie, jaunissent, se dessèchent et s'effritent de plus en plus à mesure qu'on se rapproche du cap de Carthage. Enfin le fameux promontoire punique est doublé par le steamer, et l'œil curieux interroge le rivage, y cherchant les restes imposants de l'infortunée rivale de Rome.

D'abord apparaît le charmant village de Sidi bou Saïd, juché pittoresquement sur un versant du cap Carthage au-dessus des ruines de la ville. Puis, les ruines elles-mêmes s'offrent complaisamment à votre regard. Quelques tronçons de colonnes marmoréennes que le flot a noircis, quelques débris de chapiteaux, un pan de muraille incliné, cinq ou six cavernes peu profondes, voilà tout Carthage. Du moins voilà tout ce qu'en peut découvrir le passager qui, du pont du navire, braque sa lorgnette sur le rivage. En verrons-nous beaucoup plus quand nous serons à terre? Hélas! guère plus peut-être. Tant de fouilles ont été faites, tant d'archéologues ont passé par là, enlevant une statue, une colonne, un chapiteau, ou même une simple pierre, que Carthage, dispersée dans le monde entier, est partout et n'est nulle part. Pour reconstituer ses ruines il faudrait emprunter leurs piliers à plus d'un palais de Tunis et d'Italie, et dégarnir les étagères de cent musées et de mille cabinets. La chapelle élevée par la France à saint Louis sur ces ruines de Carthage où mourut le roi croisé domine tout le paysage.

Cependant l'hélice continue de tourner, le vapeur avance, dépassant les maisons de campagne où les seigneurs tunisiens viennent prendre les bains de mer, et bientôt la Goulette, cette sentinelle avancée, cette redoutable forteresse, gardienne de Tunis, se dresse comme une menace devant notre navire.

Tunis a raison de prendre entre autres noms celui d'El Chattrah (la bien gardée), car les forts de la Goulette ont un aspect terrible. Nous ne sommes plus habitués aujourd'hui à voir aux approches des villes ces énormes murailles trouées d'embrasures et lardées de canons lorgnant la mer jusqu'aux derniers plans de l'horizon. Quoique les forts de la Goulette n'aient pas été bâtis par les Maures et soient l'œuvre des Espagnols, l'Espagne, au temps de Charles-Quint, se souvenait trop bien de l'occupation des Maures pour avoir oublié le style de leurs constructions. La Goulette a donc un aspect suffisamment oriental.

Le navire mouille au large, bien loin de Tunis qu'on aperçoit à gauche comme une ligne blanchâtre au fond du golfe. Des embarcations, remplies, les unes d'indigènes ramant avec une correction parfaite, et les autres de Maltais moins automatiques, s'approchent du navire à l'ancre. Les barques arabes accostent, et bientôt une foule d'officiers tunisiens en tunique de drap bleu, en pantalon blanc ou gris, coiffés de la chechia traditionnelle, envahissent le pont et viennent respectueusement baiser la main d'un général et d'un amiral tunisiens revenant de France avec nous.

Après les compliments d'usage, les hauts dignitaires descendent dans leur canot qu'ombrage un parallélogramme de toile grise, et bientôt, sous les efforts de douze rameurs, ils s'éloignent du navire et gagnent la Goulette.

Sur le pont causait en toutes langues un curieux personnage qui semblait jouir d'une grande popularité. Petit, trapu, les yeux prudemment garantis par les cloisons multiples de lunettes à verres bleus articulés, il s'agitait dans sa jaquette à l'européenne, sous son chapeau de paille orné d'un ruban rouge. Un diamant fermait sa chemise ; d'énormes breloques pendaient à une énorme chaîne d'or soutenant une belle montre de Genève ; des bagues nombreuses et fort grosses, toutes chargées de pierreries, cachaient à demi les doigts de ses deux mains.

Ce personnage, resplendissant de l'éclat de tant de pierreries, répondait en arabe aux indigènes, en italien aux Italiens, en maltais aux Maltais, en français aux Français. Il savait toutes les langues, plus la sienne propre, un composé de toutes les autres, un patois de polyglotte comme il s'en forme dans les ports de mer. A la courbure de son nez, on devinait qu'il appartenait à la nation juive. Il vint à nous, se donna pour le plus honnête des guides, et s'offrit à nous conduire à l'hôtel que nous avions choisi.

Malgré notre horreur des guides, nous accueillîmes Karoubi comme une Providence. Abandonné sur le navire, nous ne savions trop comment nous allions gagner la terre, le guide se chargea de nos bagages, les descendit dans le canot qui l'avait amené, fit signe aux Maltais, ses rameurs, de prendre les avirons, et bientôt nous voguions vers la Goulette.

V

LA GOULETTE

Au bout d'un quart d'heure environ, notre barque pénétrait entre deux rangs de navires arrêtés dans un port étroit, ou plutôt dans le goulet qui, probablement, a donné son nom à la forteresse. Les jetées du port ne nous semblèrent pas dans un état de parfaite conservation. En revanche, les fortifications de la Goulette nous parurent admirablement entretenues. A notre droite, le long d'un quai ouvert sur le goulet, une interminable file de canons énormes allongeaient la langue par les créneaux d'une muraille basse. Derrière un châssis de toile mobile accomplissant sa révolution avec l'astre du jour, une sentinelle, préservée par cet abri d'une insolation certaine, montait la garde patiemment.

Des canonniers accroupis contre la muraille suaient à grosses gouttes dans leur uniforme à l'européenne, pantalon garance, veste de drap bleu boutonnée jusqu'à la cravate de coton blanc. Ils étaient coiffés de la chechia nationale, ornée sur le devant d'une plaque de cuivre aux armes du bey. Sur l'autre rive, dans une maison de bois, étouffaient de chaleur d'infortunés soldats calfeutrés de même sorte. La réputation de bravoure des zouaves et des *turcos* algériens a fait abandonner, depuis notre voyage, ce costume européen adopté à l'époque de nos succès d'Afrique. On semble penser à Tunis que l'uniforme fait le soldat.

Notre arrivée produisit un léger mouvement dans le poste : la sentinelle fit sortir l'officier qui vint causer un instant avec notre guide. On se fit des politesses, on s'offrit réciproquement la prise de tabac. Les soldats étaient des douaniers.

Sans doute, à l'inspection sommaire et à vol d'oiseau de notre mince bagage de touriste, l'officier jugea que nous n'apportions pas pour un million de contrebande; aussi, nous laissant continuer notre navigation, il rentra recommencer son kief interrompu.

Après avoir dépassé un assez grand nombre de petits navires arabes de construction fort simple, dans lesquels des Maures vêtus de blanc sale mangeaient, reposaient ou fumaient; après avoir laissé derrière nous quelques bricks et quelques goëlettes du continent européen, nous arrivâmes à un petit pont vert assez élégant jeté sur le canal. Nous prîmes terre, et nous nous trouvâmes sur une grande place.

La Goulette n'est pas seulement une forteresse, c'est encore une petite ville très-vivante, grâce à son port. La place où nous débarquâmes était pleine d'animation. Des Européennes, peut-être des femmes de consuls ou de gros marchands, se promenaient en jolie toilette, abritant sous leurs ombrelles de gracieux visages; des juives en costume pittoresque traversaient la place; des Arabes, montés sur des mulets superbes, allaient et venaient; d'autres, déguenillés, reposaient à l'ombre, près d'un corps de garde devant lequel des officiers causaient en fumant le chibouque, tandis que la sentinelle, épuisée de chaleur, sommeillait sur son arme au risque de se piquer le nez à sa baïonnette.

Les officiers, reconnaissables aux étoiles fixées sur le col de leur tunique, interrompirent un instant leur conversation pour examiner le nouvel arrivant, autour duquel Karoubi faisait un tapage d'enfer. Il fut décidé que c'était un Anglais. Les dames daignèrent aussi jeter sur l'Européen un regard à demi voilé par leur ombrelle, mais l'oiseau rare, repliant ses ailes, disparut dans une cage à deux chevaux qu'un Maltais amena au grand trot. Dix autres cages, déçues dans leur espoir, se retirèrent d'un pas lent et désolé vers la porte de Carthage fermant le fond de la place.

VI

LE LAC EL BAHEIRA

Il y a deux moyens de se rendre de la Goulette à Tunis : le premier consiste à traverser dans une barque à voile latine, conduite par des Arabes, El Baheira, la petite mer, grand lac salé qui s'étend devant la ville ; le second, à prendre la route de terre qui n'est pas de moins de deux heures ; c'est ce dernier moyen que nous préférâmes.

En effet, Tunis n'est pas située absolument au bord de la mer. Nous avons dit un peu plus haut qu'en mouillant au large, non loin de la Goulette, Tunis nous était apparue à gauche comme une ligne blanche, au fond d'un vaste golfe, dont la Goulette, bien inutilement d'ailleurs, défend l'étroite entrée. Quand les Arabes de la côte se faisaient une guerre acharnée, ils avaient une flottille de bâtiments légers qui pouvaient pénétrer dans le goulet, traverser le lac dont les eaux n'ont que peu de profondeur et venir inquiéter la ville; mais les navires européens, destinés à voguer en pleine mer, ont pour la plupart un tirant d'eau trop fort pour entrer dans le lac. Les *sandales* même, ces barques aux voiles latines qui seules peuvent aborder au port tunisien, à la plage de la Marine, restent souvent ensablées au milieu de l'eau.

Pour ne pas nous exposer à une pareille fortune, nous suivîmes les conseils du guide, et nous adoptâmes la route de terre, quoiqu'elle soit fort longue.

Nous passâmes sous la porte de Carthage, hérissée de canons, comme il convient à une porte de forteresse, et nous côtoyâmes El Baheira, tournant le dos, pour le moment, à Tunis elle-même.

Vu du large, El Baheira, dont les eaux n'ont pas plus d'un à deux mètres de profondeur, mais dont l'étendue est considérable, semble se confondre avec la mer. Tout au plus soupçonne-t-on l'existence d'une étroite langue de terre au bord de laquelle sont construites quelques maisons. Illusion de la perspective! Le lac de Tunis est séparé de la mer par un très-large espace. Il y a entre les deux rives des maisons de campagne, de grands jardins et des champs plus ou moins cultivés. A mesure que l'on s'éloigne de la Goulette l'espace s'élargit. Bientôt on aperçoit au loin l'entrée de citernes à demi comblées : ce sont les restes de Carthage.

La grande cité punique s'étendait, dit-on, jusque dans la plaine qui borde le lac, et même occupait une partie du sol à présent envahi par les eaux. Si l'on draguait El Baheira, peut-être retrouverait-on plus de monuments carthaginois qu'on n'en a jamais découvert sur les collines où se voient les débris de la ville. Quoi qu'il en soit, passons, nous y reviendrons plus tard ; ce qui importe pour le moment, c'est de gagner au plus tôt Tunis : le temps s'écoule, la faim nous talonne et notre estomac ne saurait se repaître du spectacle offert à nos yeux.

VII

LA ROUTE DE LA GOULETTE

Nous voyageons à peu près à travers champs, car la route est à peine dessinée sur la terre sablonneuse, ou plutôt vingt routes sont tracées les unes à côté des autres, selon la fantaisie des automédons qui récemment ont conduit par là leurs attelages de mules ou de chevaux. Nous admirons notre Maltais qui, parmi tant de voies imparfaites, sait choisir la plus courte et la moins cahoteuse. Enfin, le lac contourné en partie, la Goulette, qui, tout à l'heure, s'élevait derrière nous, a passé à notre gauche, et Tunis apparaît déjà plus distincte à nos yeux.

Nous ne sommes plus seul sur la route; une circulation assez active règne aux lieux où nous passons. Des Arabes au turban blanc et à la chechia rouge à flot de soie bleue, circulent enveloppés de leur burnous de laine blanche à glands effarouchés. Ils montent de superbes chevaux qui, malgré la chaleur, bondissent sur le chemin, fiers de se montrer sous le riche harnais de maroquin brodé d'or ou d'argent couvrant leur pelage. Le cavalier, assis sur sa selle haute, tient presque lâche la bride multicolore sous le poids de laquelle s'infléchit et s'encapuchonne la tête du fier coursier. Sur le pommeau de la selle, un long fusil au canon couvert d'arabesques d'argent, à la crosse plaquée d'ivoire, incrustée de nacre, constellée de corail, repose attendant qu'une pièce de gibier tente le possesseur de cette arme magnifique. Un peu plus loin de la ville, quand les voyageurs deviendront rares et la route moins sûre, le brillant cavalier glissera une balle dans le canon de son fusil, de peur de mauvaise rencontre.

Voici un cavalier non moins brillant monté sur une mule; la bête est belle, si belle, que nous hésitons entre elle et le cheval. Le cheval est noble, et nul Africain ne songe à lui contester son rang, les Arabes le placent avant la femme; mais le mulet n'est guère moins estimé, à cause des services matériels qu'on peut lui demander : son pied sûr, sa force infatigable, sa sobriété, sa santé si parfaite, lui méritent les soins les plus attentifs. Aussi voyez comme il est pansé! comme son poil a du lustre! Sa robe ne le cède point en éclat à celle du cheval; ses oreilles seules, beaucoup trop longues au milieu des petites oreilles des chevaux arabes, décèlent son origine bâtarde. Mais il n'importe; pour un voyage de fatigue, pour porter un lourd fardeau, et même pour la promenade, quand il ne s'agit pas de fantasia, l'Arabe préfère le mulet; un joli cheval coûte 500 francs, un beau mulet en coûte 700.

Cependant tous les mulets et tous les chevaux n'ont pas le brillant, l'éclat, l'élégance de ceux que nous venons de rencontrer. Voici un Kabyle; il apporte de la campagne pour le vendre à la ville le produit de ses champs entassé sur plusieurs chevaux et sur son mulet qu'il monte. Plus d'oripeaux splendides, plus de selle en maroquin ou en velours, de broderies et de damasquinures. Un bon gros bât, joli encore, — ces Orientaux ne savent pas mal travailler, — et point de bride. L'agreste montagnard juché sur sa mule, les pieds le long du cou de la bête, agite une branche arrachée à l'olivier de la route; il en frappe sa monture qui trotte. Les chevaux portefaix au pelage hérissé, aux côtes proéminentes, à l'encolure médiocre et sans grâce, à l'arrière-main basse et décharnée, hâtent le pas, aiguillonnés par la branche qui de temps en temps les flagelle. Pauvres chevaux, pauvres mules, condamnés par leur destin à cette existence vulgaire !

Mais voici un Maure avec sa moitié ou son cinquième, car les Musulmans peuvent avoir quatre femmes. L'époux et l'épouse, *à cheval* l'un et l'autre sur un petit âne courageux déjà chargé de deux paniers, s'avancent vers la ville. Ce sont, eux aussi, des gens de la campagne. La femme est-elle belle? Qui sait? Le yachmach cache ses traits et ne laisse percer que les deux éclairs d'une prunelle de jais; le feredgé enveloppe et dissimule sa taille aux regards; sa jambe seule s'échappe de dessous l'étoffe ; elle est nue, tatouée; les calus de la marche en plein air sur le sol raboteux ont donné à ses pieds une semelle naturelle rendant toute chaussure inutile. De petites blessures mal fermées où les mouches s'attachent montrent assez la rudesse de ses occupations. C'est une femme de douar, une de celles qui travaillent, et non l'indolente épouse, hôtesse du harem élégant, parfumé de santal. Donc elle est laide, car les soins seuls, là comme ailleurs, conservent la beauté.

La route que nous suivons est celle qu'on prend

pour venir de la Marse, ancienne résidence de Sidi-Mohammed-Bey, frère et prédécesseur du Bey actuel.

La Marse est située au bord de la mer, à quelques kilomètres de Carthage, et à douze kilomètres de Tunis. Sidi-Mohammed s'étant fait bâtir une résidence en cet endroit, toute l'aristocratie tunisienne imita son exemple; les seigneurs de la cour, les consuls étrangers eurent leur maison à la Marse, et bientôt une ville se forma près de la résidence du souverain.

Sidi-Mohammed mourut là, et, selon l'usage, son palais fut abandonné. Aujourd'hui le Bey ne réside pas dans ce splendide édifice, où son frère a rendu le dernier soupir. On laissera la Marse s'en aller en poussière. Mais les seigneurs n'ont pas abandonné leurs campagnes si bien situées; les jardins, où mûrit l'orange et la banane, conservent leurs jardiniers habiles; les maisons gardent leurs serviteurs; le consul de France ne délaisse pas sa maison mauresque, du style le plus pur; et cette foule de fonctionnaires que la présence du souverain avait attirés ont toujours un pied-à-terre à la Marse.

C'est ce qui crée sur la route de Carthage une animation dont nous fûmes frappé tout d'abord. Si les chevaux, les mules et les ânes portant leur faix; si les cavaliers à grands chapeaux, gagnant la campagne, apparaissaient en foule, les équipages attelés de deux ou trois mules n'étaient guère moins nombreux. Dans ces voitures on voyait des Européens en costume de toile blanche, coiffés du feutre ou du petit chapeau de paille; des fonctionnaires ou des officiers tunisiens en tunique ou en redingote, la chechia sur la tête; enfin, des Maures dans leur antique et magnifique costume : djemala soyeuse s'étageant en blanches spirales autour de la chechia, djabadoli brodée d'or ou d'argent dessinant la taille, samla de soie et d'or s'enroulant autour des reins, séroual de laine fine descendant jusqu'aux genoux, babra aux semelles souples et gefara légère enveloppant le tout.

VIII

UN CAFÉ ARABE

Les voitures et cavaliers se détournaient de leur route pour s'arrêter à une maison solitaire qu'on apercevait dans la plaine. Notre Maltais fit comme les autres, et bientôt nous descendions devant un café arabe.

L'indigène qui fonda ce café fut un homme intelligent. Il se dit sans doute que de Tunis à la Goulette, à Carthage, à la Marse, à Sidi-bou-Saïd, la route est longue, la plaine embrasée de soleil, un diminutif du Sahara; qu'un peu d'eau pour les bêtes, un peu d'ombre et de café pour les hommes seraient considérés comme providentiels en cet endroit, et il établit son oasis. Il se construisit une maison précédée d'une cour plantée d'arbres et ornée en son milieu d'une noria que meut un cheval.

La noria fournit l'eau dont s'alimente un abreuvoir public placé devant le café. Tandis que les chevaux boivent à la grande auge de pierre, les maîtres pénètrent dans la cour, s'accroupissent sur des nattes disposées sous un abri, contre le mur de la maison, et dégustent lentement la boisson noirâtre.

En nous voyant entrer, le kaouadji, un grand diable noir aux formes athlétiques, coiffé d'un énorme turban de mousseline et vêtu de blanc, mais dépourvu, comme la plupart de ses compatriotes, de bas et de chaussures, se leva de l'endroit où il était accroupi. Nous montrant le carré de tapis qui recouvrait la place d'honneur, il nous invita à nous y asseoir, et bientôt il nous apportait le café bouillant, servi dans un coquetier sans pied reposant dans un autre coquetier complet. Les Orientaux n'ont sans doute connu l'anse que fort tard; pour éviter de se brûler les doigts en prenant le café, ils ont imaginé de servir la tasse dans une autre tasse, ce qui est ingénieux, mais insuffisant.

En même temps que le café, on nous offrit un charbon ardent pour notre cigarette. Nous laissâmes reposer un instant le breuvage épaissi par la présence du marc, et quand un filtrage naturel se fut opéré, nous humâmes à petits coups et jusqu'à la lie le nectar oriental. Alors on nous présenta un récipient d'étain tout rempli d'une eau très-fraîche que nous portâmes à nos lèvres. Le guide y but à son tour. Cet usage de l'eau après le café nous était inconnu, il nous étonna ; mais nous en comprîmes bientôt l'utilité, et jamais nous ne manquâmes, pendant notre séjour à Tunis, alors que nous prenions douze ou quinze tasses de café par jour, de boire cette gorgée rafraîchissante.

Le kaouadji, en reprenant les tasses, échangea avec le guide les quelques mots de politesse usités ; quant à nous, une sobre pantomime à la française remplaça le langage qui nous faisait défaut.

Avant de partir, nous nous plûmes à contempler le spectacle que nous avions sous les yeux. C'était dans la cour un curieux mélange de redingotes bleues et de burnous blancs, de turbans de diverses couleurs, de chevaux et de mulets avec leurs maîtres en selle qui auraient chevauché jusque dans la maison s'ils l'avaient cru nécessaire. Les beaux harnais de soie, d'or, d'argent, brillaient au soleil et réjouissaient nos yeux. Nous sortîmes après que notre guide eut jeté quelques caroubes, ces décimes tunisiens, dans un plateau de cuivre destiné à recevoir la recette.

Avant de remonter en voiture, j'examinai sans trop m'en approcher, de peur d'être indiscret, des véhicules remplis de femmes. La jalousie du maître avait fermé tous les stores, mais la curiosité des filles d'Ève les avait relevés.

Dans un de ces équipages il y avait deux blanches mauresques et une négresse ; dans d'autres, deux ou trois femmes blanches. Elles étaient vêtues de soie et d'or, mais je n'eus pas le temps de détailler leur costume, que la voiture me cachait d'ailleurs en partie. Je vis de beaux bras bien potelés, trop potelés peut-être, noyés dans la mousseline, chargés de bracelets, bracelets d'or pour les femmes blanches, bracelets d'argent pour les femmes noires; des yeux brillants et des visages assez jolis que ne voilait pas complétement le yachmach, détaché à cause de la chaleur; mais ce fut tout : examen trop sommaire pour que je pusse bien juger de la beauté de ces femmes. J'appris que ces Mauresques étaient en partie fine. Le Maure qui va faire le kief à la campagne emmène généralement deux Mauresques à la peau blanche et une négresse : les Orientaux aiment les contrastes.

Notre Maltais, après avoir, selon l'usage, pris sa tasse de café à côté de ses chevaux, remonta sur son siége, et bientôt la voiture reprenait la route de Tunis.

IX

SCORPIONS ET SERPENTS

La terre, aux environs, portait des traces de culture en plusieurs endroits; mais le soleil avait tout desséché, et des chèvres noires très-velues qui paissaient sous la conduite d'un berger armé d'un yatagan ne trouvaient à broyer que des fétus de paille, débris de la dernière récolte.

Un grand carré de verdure ressortait vigoureusement sur le ton jaune pâle de la plaine sablonneuse : c'était une exploitation de cotonniers qu'un Anglais était venu récemment établir en cet endroit.

Nous laissions par derrière nous de vénérables oliviers qui avaient vu les bannières de saint Louis. Ces arbres, six fois centenaires, avaient leur tronc à jours comme de la dentelle. Nous ne comprenions pas que la séve pût circuler abondamment à l'intérieur des minces canaux formant la partie inférieure de l'arbre. Cependant les années n'avaient point affaibli la force productive de ces oliviers, car leurs branches vertes étaient chargées de fruits.

Tandis que nous approchions de la ville, nous nous renseignions auprès du seigneur Karoubi, notre guide, sur les dangers que pouvait offrir au voyageur la présence des scorpions, serpents, vipères et autres bêtes venimeuses qui, dit-on, pullulent en Afrique. Nous avouons que nous attendions la réponse du guide avec anxiété. Les Arabes armés n'avaient pas une mine trop rassurante ; mais l'idée que nous pourrions nous rencontrer un jour ou même une nuit avec les affreuses bêtes que nous venons de nommer nous était bien plus insupportable.

— Vous arrivez bien, monsieur, répondit le guide ; vous pourrez voir des scorpions ; c'est la saison tout justement.

Et il se mit à chantonner :

> Saison des melons,
> Saison des scorpions.

La saison des melons est plus tardive en Tunisie qu'en France.

Nous commencions à trouver que nous avions mal choisi notre temps.

— Et la piqûre de ces scorpions est-elle dangereuse ?

— Très-dangereuse, monsieur ; l'on en meurt tout bonnement. Dernièrement, une juive, belle comme l'aurore, devait se marier. On l'avait enfermée dans une de ces salles basses et humides où on retient les fiancées et où on les soumet à un régime d'alimentation particulier, grâce auquel leur corps acquiert cet embonpoint phénoménal qui constitue la beauté en ce pays. Le jour où on vint prendre la jeune fille pour la conduire au bain et lui faire sa toilette d'apparat, tandis que la musique sacrée jouait dans la cour, attendant la fiancée, les femmes poussèrent tout à coup d'horribles clameurs ; la belle juive avait cessé de vivre. Son joli visage blanc et rose était devenu noir comme du charbon, ses beaux traits si fins et si purs s'étaient altérés et n'étaient plus reconnaissables. Quelle maladie l'avait frappée, monsieur ? Ce n'était pas une maladie, c'était un scorpion. L'affreux animal fut trouvé caché dans la chevelure épaisse de la jeune fille. Sa queue dégouttante de venin avait piqué la nuque de la pauvre enfant, et de tant de charmes il ne restait plus rien. Un amas informe de chair noirâtre avait remplacé ce beau visage, le plus gracieux qu'on pût rêver.

Nous nous sentîmes ému.

— Et dit-on que des voyageurs aient été piqués par des scorpions?

— Oh! non, monsieur; d'ailleurs, les étrangers sont très-rares en cette saison-ci; il en vient assez en hiver, mais ce n'est plus la saison des scorpions. Et puis, il n'y a de scorpions que dans les ruines, dans les décombres, dans les maisons abandonnées. Là, monsieur, ils vous montent aux jambes sans que vous les sentiez, et ils vous piquent. Oui, monsieur, tout bonnement.

Nous soupçonnâmes qu'il y avait bien quelque exagération dans la réponse de Karoubi, heureux de faire valoir la couleur locale du terroir aux yeux d'un voyageur à la recherche du pittoresque, toutefois nous nous promîmes de surveiller à nos jambes si nous allions dans des ruines ou des décombres.

— Et les serpents? ajoutâmes-nous.

— C'est autre chose, monsieur; bénis soient les serpents! c'est la fortune de la maison qu'ils habitent. Toute maison maure un peu prospère possède son serpent. Ça lui porte bonheur. Aussi le serpent a-t-il, sinon son couvert toujours mis, du moins son dîner toujours prêt. Il sait cela. A l'heure du repas, il arrive, quittant le trou qui lui sert de refuge ; il entre en rampant dans la salle où les mets sont servis. Voici sa part, il la connaît, la dévore et puis s'en va. Personne ne mange avant le serpent. C'est le seigneur de la maison, c'en est la providence. Mais vous n'en trouverez pas à l'hôtel où nous allons : ce sont des Français qui tiennent la maison. Les Maures seuls ont des serpents chez eux ; les autres habitants les respectent, mais ne les attirent pas.

Franchement, nous n'en fûmes pas fâché.

X

LES FAUBOURGS

Cependant les murailles de Tunis grandissaient peu à peu. Déjà nous distinguions la porte crevant la tour crénelée, protégée de longs canons de fonte, qui allait nous livrer passage, en dépit de son air rébarbatif.

Laissant à droite un cimetière sans clôture, aux tombes à peu près semblables, toutes tournées vers la Mekke, et ornées — celles des hommes du moins — de turbans de pierre ; laissant à notre gauche un marabout, cube de maçonnerie blanche, à la porte rouge, sous une coupole de tuiles vertes, abritée par un palmier chétif, nous pénétrâmes dans la ville par Bab-el-Carthagen, la porte de Carthage.

Cette porte est curieuse ; elle est formée d'une

triple voûte donnant, d'un côté sur la campagne, de l'autre sur le faubourg de Bab-el-Souika, et du troisième côté sur une rue que notre cocher fit prendre à ses chevaux. Les trois voûtes à l'arc mauresque sont soutenues par de fines colonnettes de pierre. Dans les flancs des murailles, de vastes niches rondes servent de lit tout le jour, et probablement toute la nuit, à des dormeurs arabes attirés par la fraîcheur relative de ce lieu toujours abrité.

La rue dans laquelle nous nous trouvâmes après avoir dépassé la porte était bordée de murailles peu élevées, crépies à la chaux et trouées de distance en distance d'ouvertures profondes à un mètre au-dessus du sol. Ces ouvertures étaient des boutiques. Des fruitiers, des frituriers, des cordonniers étaient établis dans ces réduits éclairés uniquement par la porte grande ouverte et repliée sur la muraille. A mesure que nous nous éloignions de Bab-el-Carthagen, les boutiques devenaient plus rares, et nous n'aperçûmes plus guère que des maisons qui paraissaient en ruine.

— Sommes-nous dans la ville? demandâmes-nous au guide.

— En plein faubourg, dit tranquillement notre digne cicerone.

Nous songeâmes aux scorpions.

Quelques murailles en meilleur état de conservation s'élevaient à peu de hauteur et finissaient brusquement là où le premier étage aurait dû commencer.

De petites fenêtres carrées, obstruées les unes par de forts barreaux comme ceux des plus sombres prisons, les autres par des grilles ouvragées dessinant en relief des courbes gracieuses, perforaient la muraille de temps à autre. Une porte ornée de clous en fer disposés en croix et en croissants, garnie de deux anneaux pour frapper, reposant sur un relief de métal semblable à la coquille d'une rapière, se rencontrait de distance en distance. Dans des impasses étroites, des portes semblables, dont quelques-unes ouvertes, ne laissaient voir qu'un obscur vestibule en contre-bas.

Une certaine inquiétude commençait à nous gagner : nous cherchions les habitations.

Nous savions bien que les maisons orientales n'avaient pas pignons sur rue et que leur toiture était une terrasse, mais encore supposions-nous l'existence de quelques étages, avec des fenêtres et des balcons. Les gravures des *Mille et une Nuits* nous revenaient à la mémoire, et nous nous écarquillions les yeux pour découvrir les palais enchantés qui leur avaient servi de prototype.

Nous nous consolâmes en songeant que nous étions dans un faubourg, et nous rêvâmes le cœur de la ville avec de grandes places, des palais de marbre, des colonnettes ouvragées, des balcons polychromes et ces architectures impossibles chez nous, mais réalisables dans le pays des magiciens et des génies.

Nous avions à notre droite une muraille au delà de laquelle s'élevait une toiture verte, révélant la kouba ou marabout. Cette kouba renferme les saints et augustes restes d'Aben Hamet, l'héroïque amant de dona Blanca de Bivar : c'est là le tombeau du dernier Abencerrage, si vraiment cette race est éteinte ; mais, paraît-il, elle ne l'est pas, elle se perpétue en Espagne, et nous avons même rencontré à Tunis un Français descendant de cette illustre famille.

Quand nous fûmes arrivé au bout de la rue que nous suivions, nous aperçûmes les murailles de la cité de Tunis proprement dite : car la capitale a deux enceintes, l'une en très-bon état et qui enveloppe la ville et les faubourgs, l'autre que l'on démolit en ce moment et qui protégeait la ville ancienne.

La circulation était devenue presque impossible. Il y avait beaucoup à voir en cet endroit, et nous y revînmes plus tard pour admirer le spectacle de l'activité qui y règne ; mais, ce premier jour, fatigué par les émotions de la matinée, nous laissâmes notre cocher se frayer un chemin à travers la foule des chevaux, des mulets, des ânes, des chameaux, et, après avoir passé devant la porte principale de la cité, la porte de la Marine, Bab-el-Bahar, nous nous engageâmes dans une large rue au bout de laquelle nous nous arrêtâmes.

Nous nous trouvions sur une route qui longe extérieurement les murailles de la cité. A gauche s'étendent des marais où vont se perdre les égouts de la ville : plus loin sommeille le lac El Baheira. A l'extrémité de la route commence le faubourg fanatique de Bab-el-Djzira. Au-dessus l'on aperçoit la Mannoubia, blanche demeure funèbre d'une sainte princesse musulmane qu'un giaour ne saurait contempler sans péril.

La muraille de la cité était en partie détruite à notre droite ; il nous fut donc facile de pénétrer dans la ville ; toutefois nous dûmes abandonner notre voiture, car les rues trop peu larges ne laissent circuler entre leurs maisons reliées par des arcades que la fantasia perpétuelle des hommes et des chevaux.

XI

HOTEL MAURE

Étant descendu de notre équipage, nous suivîmes notre guide qui marchait sous nos malles dans une sorte de chemin de ronde, derrière la muraille de la cité, rongée par le temps. Le chemin poussiéreux était tout rempli de moellons détachés de la fortification chancelante. Une planche en relief avec ces mots : *Hôtel de France*, attira nos regards ; nous étions enfin arrivé.

Nous eûmes d'abord une médiocre confiance en une maison située dans un tel endroit. Habitués aux somptueux hôtels du continent, nous rêvions, à côté de la Tunis arabe, un quartier français avec toutes les ressources du confort européen. C'est le faible de notre nation, de chercher Paris en tout lieu, fût-ce même chez les Hottentots. Rome avait un défaut semblable; mais, dès qu'une province était conquise, elle en transformait les villes à son image, et, comme le monde entier était devenu romain, les conquérants se trouvaient chez eux sur toute la terre.

Ce ne fut pas sans appréhension que nous suivîmes notre guide. Au tintement d'une sonnette résonnant au-dessus d'une porte à claire-voie, accourut une gracieuse jeune fille qui nous introduisit dans l'hôtel le plus confortable de Tunis.

Nous pénétrâmes sous un vestibule dallé de pierres noires et blanches en échiquier. Un escalier dont les marches étaient formées d'une mosaïque de faïence d'Italie nous servit à gagner notre chambre, située à l'unique étage de la maison et dallée en faïence. Jusque-là rien de bien extraordinaire. Cet hôtel était cependant une maison mauresque : toutefois, là comme dans toutes les habitations indigènes, il fallait pénétrer plus avant pour être initié aux mystères de l'architecture indigène.

Au vestibule venait aboutir un étroit corridor que nous enfilâmes en descendant pour déjeuner. Ce corridor nous conduisit, après un retour d'équerre, dans une cour dallée en échiquier. Les parois jusqu'à la hauteur d'un balcon régnant au premier étage, étaient garnies d'une immense mosaïque de faïence italienne. Au-dessus du premier étage, un grand châssis vitré garantissait le *patio*, — c'est ainsi qu'on nomme les cours intérieures d'une maison mauresque, — des intempéries de l'hiver et des chaudes rigueurs de l'été.

Quatre salles s'ouvraient sur le rez-de-chaussée du patio. Les deux principales, se faisant vis-à-vis, avaient leur porte au centre, et sur le côté, des fenêtres que protégeait une grille de fer ouvragé. Ces grilles, sur une cour intérieure qui était plutôt un salon qu'une cour, nous surprirent et nous charmèrent. Elles nous surprirent par leur inutilité, elles nous charmèrent par l'élégance et la grâce de leur dessin. A l'intérieur, les deux salles n'étaient point semblables : l'une, cintrée, chargée d'arabesques formait une kouba, salle peu profonde flanquée de ses deux maksoures ou cabinets latéraux; l'autre salle était un carré long. L'une et l'autre étaient garnies de mosaïques de faïence jusqu'à la hauteur de trois mètres, où naissaient des bandes d'arabesques montant au plafond.

Les salles se faisant vis-à-vis dans l'autre sens étaient éclairées chacune par une fenêtre grillée, placée au centre: on y pénétrait par des portes latérales. Aucune fenêtre ne s'ouvrait extérieurement sur ces quatre pièces qui, empruntant le jour du patio, restaient sombres en plein midi.

En revanche, il y régnait une fraîcheur délicieuse, et nous commençâmes à nous expliquer l'étroitesse des fenêtres dans le faubourg que nous avions parcouru.

Au premier étage, sur le balcon régnant tout autour du patio, s'ouvraient les portes et les fenêtres de plusieurs appartements.

Là circulait en chantant sur un rhythme monotone une jeune négresse coiffée d'une saffaka noire, sous laquelle apparaissait le bord du front rasé. Une longue natte retenait les cheveux du centre de la tête, respectés par le fer de l'épileuse. Le buste était à peine voilé par une transparente dakila ouverte sur la poitrine jusqu'à la ceinture et laissant entrevoir les vastes formes de cette sombre beauté à face de guenon. Les reins se dessinaient sous une étoffe noire et jaune enveloppant le bas du corps comme dans un fourreau, et se repliant en nœud au-dessous du nombril. Les bras et les jambes sortaient du vêtement, nus et tout chargés de bracelets d'argent faits d'un lingot fléchi. Les pieds sans chaussure montraient leur plante blanchie par la marche sur le sol rugueux.

Aux quatre angles du plafond de cristal pendaient des cages bleues où des canaris gazouillaient.

De temps à autre un grand domestique berbère, sans seroual, passait.

Dans un coin du patio, cinq jeunes filles d'une beauté biblique travaillaient à l'aiguille : c'étaient nos hôtesses. Harmonieux tableau qu'on ne saurait oublier !

Quand un assez bon repas, trop marseillais peut-être, eut renouvelé nos forces et calmé notre émotion, Karoubi vint nous proposer un *kief* oriental. Mais le repos est l'ennemi du voyageur; nous répondîmes en prenant notre feutre, et nous nous aventurâmes dans la ruelle sous un soleil de plomb.

XII

LES SOUKS

Le guide passa devant nous pour nous conduire, et bientôt nous nous trouvâmes sur la place de la Marine, derrière la porte de ce nom. A travers l'arcade mauresque fuyait la perspective d'une large rue toute remplie d'Européens et d'Arabes, de chevaux, de mulets et de chameaux. Rien de plus pittoresque : un sol inégal, poussiéreux, des maisons basses à gauche, des maisons plus hautes à droite, avec de rares fenêtres à grilles et à moucharabys. Au-dessus, le ciel implacablement bleu. Au premier plan, la foule bruyante.

Karoubi ne nous laissa pas longtemps contempler ce spectacle; il avait l'idée fixe, excellente d'ailleurs, de nous conduire aux souks abrités.

Nous entrâmes dans une rue étroite où des boutiques relativement grandes étaient occupées par des Européens, Italiens pour la plupart. Nous suivions notre guide à l'aventure, sans nous rendre compte du chemin parcouru. Les maisons en pierre, toutes d'un blanc grisâtre, crépies à la chaux, n'offraient rien qui nous permît de les reconnaître au besoin. D'ailleurs il y avait sur la voie une telle confusion d'hommes et de quadrupèdes, tant de cavaliers trottinant sur leurs chevaux ou leurs mulets, tant d'ânes chargés comme des chameaux et tant de chameaux chargés comme des ânes, que nos yeux troublés ne distinguaient plus rien. En vain cherchions-nous à reconnaître les types, à deviner à la couleur des vêtements la classe, la profession, la position de ceux qui les portaient; tout s'agitait confusément devant nos yeux. Plus était grande notre attention, moins était fidèle notre mémoire qui, distraite à tout instant, oubliait aussitôt. L'ahurissement et la crainte s'étaient emparés de nous. Perdu au milieu de cette foule d'Orientaux graves, dédaigneux ou terribles, il nous semblait que par une audacieuse intrusion nous avions franchi le seuil sacré d'une ville interdite. Nous avions peur!

La vue des femmes mauresques, mystérieusement voilées sous le sassari qui les enveloppait tout entières, nous inquiétait. Le takreta descendu sur le front, le baskir relevé jusqu'aux yeux, laissaient à peine filtrer à travers l'hiatus de leur tissu un regard noir qui nous figeait. Quant aux juives au visage découvert, à la veste de soie cerise, au seroual presque collant et serrant le mollet dans son maillot d'argent ou d'or, aux pieds nus sans chaussures ou reposant dans une babouche privée de quartiers, elles nous donnaient des vertiges.

Lorsque nous pénétrâmes dans les souks aux voûtes ombreuses, ce fut pis encore. Il nous fallait examiner les passants, si curieux pour un étranger, admirer ce carnaval qui pour nous ne devait durer qu'un instant, et détailler en même temps toutes ces boutiques recélant dans leur cube étroit les secrets de l'industrie tunisienne tant vantée dans l'univers.

Nous nous jetâmes à corps perdu dans la foule; nos beaux projets d'étude méthodique et raisonnée étaient abandonnés, nous avancions, n'osant pas reculer, à cause du guide qui marchait devant nous. Plus tard nous revînmes souvent aux souks, l'éblouissement du premier jour avait cessé, nous pouvions enfin soutenir l'éclat des couleurs vives étalées sous nos yeux. Cette foule remuante qui, par son étrangeté, nous avait paru menaçante le premier jour, ne nous effrayait plus. Nous nous étions apprivoisé : sous ces costumes du temps des Sarrazins terribles battaient des cœurs naïfs, tendres, dévoués, sous ces énormes turbans la pensée fermentait non plus pour préparer des meurtres de chrétiens, mais pour essayer de comprendre et d'appliquer les progrès de la civilisation occidentale.

Les souks sont à la fois la fabrique et la boutique des commerçants de la seconde Constantinople. Destinés à être fréquentés durant tout le jour, ils sont couverts d'arcades en brique crépies à la chaux, entretenant dans le bazar une fraîcheur favorable. Dans les murailles s'ouvrent les nombreux réduits où l'on confectionne et où l'on vend. Mais on se tromperait fort si on croyait retrouver à Tunis les vastes boutiques parisiennes avec leur étalage si bien disposé pour séduire l'acheteur. Le marchand ne provoque nullement la curiosité du client. La boutique est une simple voûte plus ou moins profonde, généralement sans devanture et dont les portes ouvertes laissent pénétrer un jour suffisant, surtout pour le vendeur.

La boutique est distribuée diversement, selon

les marchandises qu'elle renferme, mais elle ne contient d'ordinaire qu'un seul genre de produits. Le marchand, accroupi sur une sorte de parquet à un mètre au-dessus du niveau de la rue, semble un portrait enfermé dans son cadre. Autour de lui, contre les parois, des rayons sont chargés d'étoffes, de vêtements, de récipients à essences, selon qu'il est marchand de tissus, tailleur ou parfumeur. Le parquet sert de comptoir, et l'acheteur s'assied sur de petits tabourets disposés à niveau du sol sur le devant de la boutique : c'est, on le voit, d'une grande simplicité. Cependant ces échoppes si petites contiennent quelquefois pour des sommes considérables de marchandises, et plus d'un commerçant qui dispute à sa pratique deux ou trois caroubes de bénéfice, possède des millions et travaille par délassement.

Certaines boutiques où l'on fabrique sont plus larges et plus profondes que celles où l'on vend, et l'on peut pénétrer dans les premières en se servant de ses pieds, au lieu de se traîner sur les genoux comme chez les revendeurs.

Le premier souk où nous nous risquâmes était celui des tisserands. Là nous vîmes faire au métier ces haïcks diaphanes, mélangés de laine et de soie, que l'on place sous le burnous et qui peuvent envelopper la tête et le corps tout entier. Ce vêtement n'est pas destiné aux Maures de Tunis, les Arabes de la plaine et de la montagne en font seuls usage ; — les Maures ou Arabes citadins vivant dans les maisons n'ont généralement pas besoin de se garantir le front et le cou des piqûres des insectes et des rayons du soleil. — Là se confectionnent le sassari des femmes à Tunis, voile maudit, cachant au touriste curieux les splendeurs de toilette de la Mauresque.

Les tisserands, assis devant leur métier à main, travaillaient tranquillement dans leurs boutiques un peu sombres; la soie et l'or se changeaient sous leurs doigts en écharpes éclatantes. Ils ne semblaient pas soupçonner l'existence de ces machines qui feraient en Europe mille haïcks en moins de temps qu'il n'en faut à Tunis pour en tisser un seul. Heureux Maures qui, sous un climat énervant, peuvent travailler à leur aise et produisent sans fatigue des marchandises excellentes et à bas prix !

La voie que nous suivions nous conduisit dans le souk des bonnetiers ou fabricants de chechias.

La plupart de ces boutiques sont divisées en deux étages. Dans le compartiment inférieur le fabricant donne à la chechia la dernière façon. Armé d'une petite brosse dure, il lisse la laine que son ouvrier, grimpé dans une soupente, formant le compartiment supérieur, a tondue avec de longs ciseaux. Ce n'est pas là que se confectionne le tricot de la coiffure nationale, ce n'est pas là non plus qu'on lui donne cette belle couleur de pourpre qui fait sa réputation, mais c'est là qu'elle reçoit sa forme élégante et ses derniers apprêts. Enfin c'est là qu'on la vend. C'est de là qu'on l'expédie en ballots énormes dans l'Afrique entière et dans la Turquie. Le commerce qui s'en fait est considérable. Plus d'un Musulman a renoncé à son turban, aucun n'a délaissé la chechia. Elle est si coquette, si gracieuse, avec son flot de soie bleue descendant sur le col, elle se moule si parfaitement sur le front fuyant des Maures, qu'il leur en coûterait de s'en séparer.

Quand Ackmed-Bey prit le costume européen et porta par cette réforme un coup fatal au fanatisme et aux superstitions des Maures, il eut soin de conserver la chechia qui prit un caractère religieux et national. C'est pour le Maure travesti en Européen le seul signe auquel on reconnaisse son origine, sa religion, sa nationalité. Pour nous c'est une coiffure pittoresque, sans laquelle le musulman nous semble impossible. Le jour où le chapeau remplacera la chechia, c'en sera fait du vieil Orient.

Passons maintenant dans le souk des selliers, et regardons un instant les artistes qui brodent en or, en argent et en soie le maroquin et le velours. Voilà donc, à l'ouvrage devant nous, les auteurs de ces merveilleux assemblages de fils de métal et de paillettes étincelantes. De nos propres yeux nous pouvons surveiller la confection de la selle ou de la têtière de notre coursier.

C'est un métier noble que celui de broder sur cuir ; les jeunes Maures de bonne famille ne dédaignent pas de prendre l'aiguille pendant plusieurs années. Aucun dessin préparatoire ne guide leur outil ; comme les auteurs de ces arabesques merveilleuses ornant les palais des princes, l'inspiration les conduit seule : sous leur aiguille la soie devient fleur, l'or devient soleil, et l'argent se change en symbole de l'islam.

La boutique du sellier contient des harnachements complets pour le cheval. Voici la selle, voici la housse, voici la têtière, voici la bride, voici les étriers larges et recourbés tout niellés d'argent ou d'or. Voici le mors ouvragé aux formes diverses, voici le croissant fait de métal ou de défenses d'ivoire pour préserver du mauvais œil.

Circulons dans le souk des tailleurs ; il ne manque pas d'intérêt : aux murailles sont appendus les burnous bordés de rouge, les burnous blancs sans bordure, les caftans de toute couleur, les djabadoli, gilets soutachées d'or ou d'argent, et les serouals de laine plus ou moins délicate. Les tailleurs coupent, bâtissent et cousent. Tout cela se fait dans la même boutique et à bon marché. Un très-beau burnous de drap noir coûte 35 francs.

Le souk aux babouches forme un bazar sans fin. Le chaussetier est l'unique artisan qui emploie le tabouret, lui seul ne travaille pas accroupi. Son siége est formé de branchettes étagées. Le nombre des fabricants de chaussures est incalculable ; non-seulement leurs boutiques occupent plusieurs galeries des souks, mais encore on en retrouve dans tous les quartiers de Tunis.

Les marchands de meubles ne se montrent pas nombreux : les anciens Arabes ne connaissaient pas le mobilier; quelques bahuts aux couleurs vives, avec de l'or en abondance, quelques tables microscopiques on marqueterie, quelques coffrets en bois précieux, quelques miroirs encadrés d'or ou de nacre, voilà tout. Une natte et des parfums ont suffi durant des siècles au Maure indolent. Ses vêtements, il les gardait sur son corps pendant la nuit, ne les quittant que pour le bain ; un coffre unique conservait ses parures de cérémonie.

7

En visitant les maisons mauresques, nous verrons les changements que ces intérieurs ont subis.

Le souk des armuriers ne répond aucunement à l'idée qu'on s'en peut faire avant de l'avoir vu. Les Orientaux sont grands amateurs d'armes; obligés de se protéger eux-mêmes, ils sont toujours armés. En Orient, la sécurité de chacun est dans sa force personnelle et dans la qualité de ses armes plutôt que dans la force des lois. Aussi recherche-t-on les armes bien trempées. En outre, on les veut d'une grande richesse de monture, étincelantes d'or et de pierreries, afin qu'elles concourent à l'éclat d'un costume brillant.

C'est pourquoi l'on doit s'attendre à Tunis, comme à Constantinople, à trouver un bezestin, merveille des arsenaux. Rien de plus ordinaire cependant que le souk des armuriers dans le bazar tunisien. Ce souk n'est pas disposé dans une vaste salle comme celui de Stamboul; les alvéoles des armuriers ressemblent aux boutiques de tous les marchands qui fabriquent sur place. Non plus élégantes que des forges de serrurier, elles n'offrent aucune de ces séductions d'étalage si profitables au commerçant français.

Les armes sont démontées, et les parties qui concourent à leur ensemble demeurent disséminées dans la boutique jusqu'à ce que l'acheteur, en quête d'un fusil, choisisse le canon, la crosse et la batterie. Alors seulement a lieu l'assemblage, selon le goût de l'acheteur.

A Constantinople, le bezestin est curieux comme un musée d'artillerie : c'est une véritable exposition rétrospective. A Tunis on ne trouve guère que des armes tunisiennes fabriquées sur les lieux mêmes, dans ces étroites boutiques des souks, ou, du moins, dans la Régence. Il est vrai que les lames de Damas n'y sont pas rares; mais on les monte à Tunis, à la mode du jour, et l'on obtient ainsi des spécimens de l'armurerie orientale moderne tout aussi curieux que les armes anciennes.

Le goût arabe s'est conservé très-pur : aussi les armes fabriquées maintenant sont-elles extrêmement jolies quoique leur prix n'atteigne pas un chiffre élevé. Un long fusil à canon extérieurement octogone, couvert d'inscriptions niellées en argent, reposant sur un bois sculpté, marqueté en ivoire et constellé de corail, coûte cinquante ou soixante francs. Les vieux fusils sont beaucoup plus chers.

Au reste, les Maures ayant remarqué la qualité bien supérieure de nos fusils courts à double canon commencent à leur donner la préférence.

Quant aux armes blanches, les damas sont toujours recherchés pour les poignards, mais les lames anglaises servent à fabriquer les grandes épées grossières des Arabes de la montagne. Nos voisins d'Outre-Manche font pénétrer partout, grâce au bon marché, leurs aciers de pacotille.

Nous avons réservé pour la fin le souk des marchands d'essences précieuses : c'est le souk aristocratique. Beaucoup de ces vendeurs de parfums sont des gens fort riches et très-considérés ; quelques-uns, des ulémas, ne sont pas détournés de leurs saintes fonctions par un commerce lucratif.

Le marchand de parfums est souvent instruit : quelquefois il est polyglotte. Ami du progrès, il accueille l'Européen avec distinction, le fait asseoir dans sa boutique, lui offre le tabac et le café de l'hospitalité.

Au souk, les marchands de parfums apprennent les dernières nouvelles, ils voient leurs amis, causent avec les étrangers, s'instruisent et surtout évitent l'ennui. Que peut faire à la maison le Maure désœuvré ? Il ne lit pas de journaux : la presse n'existe à peu près point à Tunis, — il ne s'imprime qu'un recueil officiel ; — il reçoit peu de lettres, la poste étant inconnue. Manger, dormir, reposer dans le harem, voilà ses seuls moyens d'écouler une existence monotone.

Dans le souk, au contraire, le marchand s'amuse et se distrait, et il augmente en se délassant le capital que lui ont légué ses ancêtres.

Mais il y a là d'autres boutiques non moins curieuses et que cependant nous n'avons pas décrites, parce qu'elles ne sont point agglomérées. Partout ou rencontre le scribe, le boucher, le marchand de fruits, le cafetier, le barbier et le friturier.

Les boutiques des scribes sont nombreuses. Ces personnages qui rédigent les contrats sous seing privé servent aussi de secrétaires aux ignorants assez rares à Tunis. Leur réduit n'a qu'une natte pour mobilier. Les scribes attendent, nonchalamment couchés, qu'on vienne leur demander le secours de leurs lumières ou de leur calligraphie. Ils ont une écriture superbe, et c'est plaisir de les voir aligner sur le papier, avec un brin de bois, ces beaux caractères arabes qui ressemblent à de l'ornement.

L'étal d'un boucher tunisien, il faut bien le dire, n'est point séduisant comme l'étal d'un boucher de Londres ou de Paris. La viande s'y corrompt vite, et les mouches font entendre aux environs un infernal bourdonnement. Cependant nous avons mangé à Tunis d'excellent bouilli et des côtelettes aussi fraîches que celles du meilleur restaurant de Paris.

C'est au dehors de la ville, derrière la Casbah, sur les bords d'un grand lac salé que l'on tue les bœufs et les moutons destinés à la consommation tunisienne. Aucun bâtiment n'abrite cet abattoir. A une heure matinale les animaux sont égorgés, dépecés, mis en morceaux et transportés dans les diverses boucheries de la ville ; le sang s'écoule sur le sol et y laisse sa trace rouge.

La boutique d'un marchand de légumes et de fruits fait plaisir à voir. Le raisin s'étale en grappes longues blondes ou violettes. Chaque grain vaut une mirabelle d'Europe. La figue se présente énorme avec sa peau brune pâlie par une fleur immaculée. L'aubergine montre des dimensions phénoménales. La pastèque et le melon alternent le blanc et le vert de leur enveloppe ovoïde.

Le cafetier est un commerçant très-affairé ; la clientèle ne lui manque pas. A tout instant le bonhomme va voir ses fourneaux et verse la double tasse qui contient la liqueur épaisse. Dans les souks, le cafetier est plus occupé à servir au dehors qu'à la maison. Les marchands, accroupis sur l'aire de leur boutique, font venir la tasse de café qu'ils savourent lentement en fumant la cigarette ou le chibouque au long tuyau.

Quand ils portent en ville, les kaouadjis se munissent d'autant de petites cafetières qu'ils ont de tasses à servir ; ils posent les récipients de porcelaine sur la devanture de la boutique du marchand qui offre ou prend le café ; puis ils versent la liqueur brûlante. Ensuite ils font passer une coupe d'eau froide qui circule de bouche en bouche.

Les barbiers tunisiens ont des boutiques assez coquettes, bariolées de mille couleurs attirant l'œil agréablement. Cependant elles ne sont pas comme à Constantinople le rendez-vous des oisifs, et l'on ne s'y rend guère que pour s'y faire raser la tête ou le menton.

Nous ne savons ce que deviendraient les Maures sans les frituriers. Il est peu de boutiques plus achalandées que celles de ces marchands. Les *phtères*, espèces de beignets de pâte, frits dans l'huile, sont très-goûtés du peuple arabe. Les garçons frituriers parcourent les souks, un plateau de phtères sur la tête, et les vendent une caroube la pièce. En peu de minutes le plateau est allégé considérablement. Nous avons mangé de ces beignets, et nous les avons trouvés délicats.

Les frituriers jettent encore dans leur poêle des morceaux d'aubergine, des piments et des légumes très-recherchés par les gamins et même par les adultes. Il y a dans les souks une foule d'Arabes déguenillés, passant la nuit à la belle étoile, qui se nourrissent à raison de deux ou trois caroubes par jour : un morceau de pastèque ou de melon, un phtère et une tasse de café, composent leur ordinaire.

Enfin, il y a des boutiques dont nous dirons deux mots : ce sont celles des postes de police. Là, sur un lit de camp, sont couchés des militaires à la chechia ornée d'une étoile. Ces soldats ne se fatiguent guère, car la population maure est honnête, tranquille et peu querelleuse. Il est rare qu'un accident réclame leur présence, et, sauf le cas où un filou malhabile se laisse prendre par sa victime, le soldat de police peut dormir tout le jour sur les planches sans matelas.

XIII

LE CONSULAT DE FRANCE

Nous venons, en parcourant les souks, de jeter sur le commerce et l'industrie de Tunis un coup d'œil rapide, mais assez large déjà. Toutefois, il nous faut bien l'avouer, ce n'est pas en une visite que nous avons pu réunir les éléments dont se compose cet aperçu. Notre éducation tunisienne n'était pas assez avancée. Un Français pouvait seul nous initier à tous ces mystères. Nous devions une visite à notre consul, nous nous empressâmes de la lui rendre.

C'est pour le consulat une bonne fortune que l'arrivée d'un compatriote. Les cigares sortent de leur étui anglais, la fumée s'échappe en spirales sans fin, et la conversation prend ce ton léger, piquant, ironique dont Paris a le secret. Les Franco-Tunisiens se revoient un instant dans leur patrie, assistant à une première représentation ou foulant le bitume du boulevard des Italiens. Aussi fûmes-nous reçu cordialement et pûmes-nous oublier que cinq cents lieues nous séparaient de notre pays. Dans ce salon français nous nous croyions en France.

Notre consulat est situé hors de la ville à quelque distance de Bab el Bahar, la porte de la Mer ou de la Marine, sur une large route, ornée de jeunes arbres qui formeront plus tard un abri précieux dans la plaine brûlée du soleil. Cette route, dont l'ouverture est due à l'initiative du consulat de France, rend les plus grands services à la ville de Tunis ; elle est le trait d'union entre la capitale et le port d'El Baheira où prennent et déposent leur chargement les sandales naviguant sur le lac. Un quartier européen doit s'établir à cet endroit, mais aujourd'hui le mouvement des constructions, qui est très-prononcé, a son centre ailleurs dans un district curieux que nous visiterons.

L'habitation du consul est fort belle ; c'est la seule qui rappelle complétement à l'extérieur les hôtels parisiens ; les autres consulats, situés dans la ville même, ont tous un caractère plus ou moins oriental. Toutefois, dans la maison bâtie pour le représentant de la France par les soins du Bey de Tunis avec un luxe vraiment princier, le patio n'a point été oublié. Cette cour mauresque, si bien appropriée au climat du pays, se retrouve au centre des appartements. Elle forme un immense salon carré, orné avec infiniment de goût. Le consul général y donne pendant l'hiver des bals où le souverain lui-même, rompant avec la vieille étiquette orientale, ne dédaigne pas de se rendre.

Derrière le consulat est un jardin dessiné à l'anglaise, mais trop fraîchement planté pour qu'on y trouve encore beaucoup d'ombrage.

En deux mots nous avions fait connaître le but de notre voyage à Tunis : nous voulions visiter avec ordre et méthode cette ville mauresque dont un étroit district à peine nous était connu ; parcourir les somptueux appartements des palais resplendissants de merveilles arabes ; pénétrer dans les forteresses inaccessibles telles que la Kasbah ; nous introduire dans les jardins de l'aristocratie, à la campagne, pour avoir une idée de la villégiature mauresque ; recueillir enfin autant de détails qu'il était possible sur les mœurs et les usages.

Tandis que le consul se chargeait de nous obtenir les permissions ordinaires et extraordinaires devant nous ouvrir toutes les portes, un élève drogman qui depuis a géré avec intelligence et fermeté le consulat de la fanatique Djeddah, s'offrit à nous guider dans nos explorations.

Un guide aussi distingué devait être une bonne fortune pour nous. Notre jeune cicerone, sorti récemment du lycée même où nous fîmes nos classes, il y a trop longtemps déjà, devenait un camarade et un ami. Maniant la langue arabe avec habileté, aimant à courir dans les souks et les faubourgs, afin de se rendre familier l'idiome vulgaire, prenant plaisir à observer les coutumes orientales, il connaissait Tunis mieux que les Maures eux-mêmes. Non-seulement il savait les grandes pages de son histoire, mais encore il n'ignorait point ses chroniques populaires ; non-seulement, il pouvait dessiner ses principales lignes topographiques, mais il aurait parcouru sans s'égarer ses méandres les plus inextricables. Érudit, enthousiaste, infatigable, il devait être pour nous le vrai compagnon de voyage, celui qui voit tout, que rien ne lasse, et qui trouve son plaisir dans sa peine même. C'est lui qui nous a révélé Tunis, dont nous n'avions encore aucune idée distincte, et si nous commettons quelques erreurs dans cette description, c'est à notre mémoire infidèle et non à notre cicerone infaillible qu'il faudra en reporter le blâme.

Quand nous sortîmes du consulat, nous rencontrâmes devant la porte même un groupe d'Arabes formé autour d'un cheval blanc richement caparaçonné. C'était le type le plus pur du cheval arabe de grande taille : tête intelligente, belle encolure, jambes fines et longjointées, croupe médiocre, queue abondante. Un jeune gars était monté sur la bête qu'il maniait avec une habileté sans égale. Souple comme un élève de Franconi, le noble animal accomplissait sans efforts les évolutions gracieuses exigées par la main où les jambes du cavalier. Tout à coup les larges étriers approchés vigoureusement des flancs du coursier le firent bondir et disparaître sur la route dans un nuage de poussière. Quelques instants après, il fut visible de nouveau; son ventre rasait le sol. Il revint vers nous et, sous une pression de main violente, il s'arrêta court. Ses flancs étaient rouges, le sang s'échappait de sa bouche meurtrie, les Arabes admiraient ! Dans leurs fantasias, le cheval presque toujours saigne des flancs et de la bouche. Quant à nous, Occidentaux, que la vue du sang dégoûte, nous éprouvions un sentiment pénible. Nous savons, comme les Arabes, arrêter court le cheval, mais par des moyens tout opposés; les leçons de Baucher nous revenaient à l'esprit, et nous donnâmes la préférence à l'école française.

En face le consulat est un cimetière musulman ceint d'une blanche muraille et n'éveillant point d'idée mélancolique comme les cimetières occidentaux. Puis on aperçoit la plaine où grattent la terre de leur groin des porcs à l'engrais. Des porcs en pays maure! c'est un fait surprenant, premier exemple de la tolérance parfaite existant à Tunis. Les Italiens qui occupent en grand nombre le quartier franc, c'est-à-dire européen, ne pourraient se passer de viande de porc; ils ont donc des troupeaux qu'ils font paître hors de la ville. Les Maures les voient et restent indifférents.

XIV

LES RUES

A la porte de la Marine par où nous rentrâmes, on remarquait une animation que seul fait cesser le déclin du jour. Située aux abords des consulats et dans la direction du lieu de débarquement pour les sandales du lac, Bab el Bahar est la principale porte de Tunis. Des fondouks où s'installent des marchands forains, l'avoisinent et ajoutent encore au mouvement qui s'y produit. La foule, composée à peu près en partie égale d'Européens et d'indigènes se heurte et se coudoie : les Maltais s'en allant à droite, dans leur quartier tout nouvellement bâti ; les Français et les Italiens entrant en ville ; les Arabes de la campagne s'échappant de tous les côtés, sur leurs ânes et leurs mulets ; d'autres arrivant.

Près de la porte, le long de boutiques nombreuses où des Maures appendent des chapelets d'oignons, des Arabes peu vêtus étaient couchés et fumaient la cigarette. A la porte même, des gamins indigènes coiffés de la simple chechia et couverts de lambeaux de laine, portaient sur l'épaule avec une grâce antique une de ces cruches étroites du col et de la base, aux anses légères échappées des flancs rebondis. Le goulot, bouché de paille, laissait filtrer, quand on l'inclinait, une eau pure et fraîche dans un verre de cristal. Aussi les gamins criaient-ils en arabe : « A la glace ! qui veut boire ? » comme chez nous les marchands de coco. Il régnait une température caniculaire ; par hasard le sirocco soufflait ; les vendeurs d'eau faisaient une bonne recette, leur verre se remplissait à tout instant, en dépit de la prudence qui conseille en pays chaud l'usage des boissons tièdes.

Après avoir franchi la porte de la Marine, nous nous engageâmes dans le quartier franc.

La ville se divise en quartier franc, quartier maure et quartier israélite. Le quartier franc Sidi-Morgiani, où se trouvent la plupart des consulats, commence à Bab el Bahar.

La place de la Marine, située en deçà de la porte, est le lieu de rendez-vous des Européens qui s'y entretiennent de leurs affaires, vendent et achètent, transformant le pavé en une sorte de parquet d'agents de change. La place de la Marine, à peu près la seule place qu'on rencontre dans le quartier franc, est la Bourse de Tunis. Elle est régulière et monumentale. Au fond s'ouvre la porte avec son beau cintre arabe, formé de pierres blanches sauf une seule qui est noire.

Cette pierre est symbolique; elle se retrouve dans toutes les constructions mauresques. Les Orientaux donnent à entendre par là que nulle œuvre humaine n'est parfaite, que toute œuvre pèche par un point. En outre, c'est une concession faite aux djins. Les mauvais génies pourraient renverser une construction irréprochable; mais ce souvenir de leur puissance, cet hommage rendu à leur pouvoir, les touche profondément, et la pierre noire, la pierre imparfaite, devient la protectrice des pierres blanches, des pierres sans défaut.

A partir de la porte, commence une double ligne de maisons en arcades qui, par un retour d'équerre, forment les côtés de la place.

Du côté droit, les arcades sont interrompues par le consulat d'Angleterre, construction que l'on cite, et qui nous a semblé peu remarquable. Deux postes, l'un de police, l'autre de troupe, sont installés sous les arcades. On y voit encore un café français, un cercle italien, des magasins de draperie et de nouveautés.

Des Arabes portant sur leurs genoux des tables de bois couvertes de caroubes y font le commerce du change de la petite monnaie, commerce considérable. A Tunis, presque tous les commerçants sont changeurs de gros sous.

De la place s'élancent, semblables à deux fusées, deux rues qui conduisent, l'une aux galeries des souks, l'autre à la porte de la Kasbah. Cette dernière rue s'étend ainsi d'un bout de la ville à l'autre extrémité.

Laissant la rue des souks que nous avons parcourue déjà, engageons-nous dans la rue de la Kasbah.

Quelle est la véritable dénomination de cette voie? Nous l'ignorons, et nous sommes excusable, car aucune rue de Tunis ne porte d'inscription. Leurs noms se transmettent d'habitants en habitants, de génération en génération; mais les étrangers ont grand'peine à les connaître. Cette impossibilité de savoir où nous allions était une des principales causes de notre malaise le premier jour de notre exploration.

Il n'en sera plus ainsi. Bientôt chaque rue aura sa

plaque indicative; de vastes trouées à la mode parisienne ouvriront dans la ville de larges artères ; le progrès, paraît-il, veut sa place au soleil à Tunis comme à Paris.

Hâtez-vous donc, amateurs du pittoresque, vous qui souhaitez voir ces villes orientales qui font frissonner : courez à Tunis ; car, avant quelques années, vous n'y trouveriez peut-être plus que l'Occident. Dans quelques années peut-être vous ne verrez plus sur la route de la Goulette les Arabes en partie fine s'en allant à la campagne avec leurs grasses Mauresques dans un équipage attelé de jolies mules ; vous ne rencontrerez plus le Maure citadin sur sa selle brillante, l'Arabe campagnard sur le bât de son baudet ; vous n'apercevrez plus au loin les chamelles suitées de leurs petits venant à la ville apporter le grain, les fruits, le bois et le charbon. Mais vous verrez une ligne de chemin de fer, de belles grandes routes bien droites et tous nos engins d'amélioration. Adieu le gentil café maure dans la plaine brûlante ! Que sera devenu son propriétaire ? Un drapeau rouge à la main, il montrera lui-même au convoi rapide la route de Tunis, il ouvrira la barrière à la civilisation.

Ce n'est pas nous qui nous plaindrons de l'envahissement des idées nouvelles qui constituent le vrai progrès, mais nous ne pourrons voir sans gémir l'Orient s'uniformiser à l'instar de l'Occident. Nous serons les premiers à rendre justice au ministre illustre qui depuis trente années tient dans ses mains puissantes les destinées de la Tunisie, et prenant pour modèle la France sa voisine, s'assimile notre civilisation ; mais pourquoi ne conserverait-il pas ce qu'il faut garder ?

Les rues étroites et les maisons sans fenêtres sont nécessaires pour se préserver du soleil. Les larges voies ne conviennent que dans nos pays septentrionaux. Vos costumes, vos armes, vos usages qui sont les costumes, les armes, les usages de vos pères nous effrayent, nous, par les souvenirs qu'ils évoquent en notre esprit, mais ils vous sont nécessaires. Inspirez-vous de notre esprit d'égalité, de fraternité, mais conservez de vos vieilles mœurs, celles que n'entache pas la barbarie : la vénération des ancêtres, la foi des serments, les droits de l'hospitalité, ces vertus essentiellement orientales et que l'Occident n'a pas toujours respectées.

La rue que nous montions était étroite, tortueuse et très-fréquentée ; à l'entrée, les décrotteurs maltais se disputaient les chaussures des Européens. En Algérie ce sont de jeunes Arabes qui manient la brosse et le pinceau noirs ; ici les Arabes n'auraient garde d'une si vile occupation, mais les jeunes Maltais se montrent moins scrupuleux.

Quoique la rue soit très-étroite et très-encombrée, des revendeurs de fruits trouvent encore moyen de disposer entre deux boutiques italiennes un étalage en saillie où l'on vend à bon marché. Dans les tavernes profondes qu'éclairent une partie de la journée des lampes nourries de schiste, des Italiens consomment des liqueurs fortes et ces boissons fermentées que Mahomet eut si grand soin d'interdire à ses adeptes. Quelques Arabes se glissent dans ces repaires, et, dans un coin obscur, oublient la loi et le prophète.

Nous continuons notre chemin sur un pavé que les débris de fruits et de légumes ont rendu glissant. A chaque instant nous donnons du nez contre un cheval ou un mulet monté par un Arabe de la plaine, au grand chapeau de sparterie, au fusil long d'Afrique, ou même au fusil double d'Europe; à chaque minute, un djemel au long cou, au nez épaté, à la babine pantelante, arrive chargé de longs sacs remplis de grains, de légumes ou de fruits, et nous force de lui céder, au milieu du chemin, le ruisseau large et sans eau que ses pieds fourchus foulent lourdement.

En Tunisie comme en Algérie, c'est le chameau

qui a eu, nous devons le dire, notre grande part d'attention. Dans les rues surtout, il nous étonnait. Très-soumis à son conducteur, il reconnaît sans peine la voix de l'homme qui le guide, et n'a guère besoin d'être aiguillonné.

Toutefois, on ne distingue pas entre l'homme et le chameau cette relation, cette association, cette complicité qui existent entre l'homme et le cheval. L'œil du chameau, très-vif et très-brillant, ne décèle pourtant pas l'intelligence; l'animal circule dans les rues en restant presque étranger au mouvement qui s'y fait. Il porte son fardeau sans peine ni plaisir, et simplement parce qu'on le lui a placé sur l'échine. Il va droit devant lui, cherchant à n'écraser personne, ou plutôt évitant de se heurter lui-même. Il est hésitant, le moindre obstacle l'arrête, il a peur de se faire mal; il fuit la caresse, il est sauvage. En dépit de la dimension des sacs ou des paniers qu'il porte, jamais il ne heurte ni un homme ni une muraille, tant il redoute le contact. Quelquefois cependant son maître le dirige en saisissant à pleine main les trois amulettes triangulaires que porte au cou, comme un talisman, tout chameau d'Arabe superstitieux.

Après le chameau c'est l'âne qui mérite une mention. Le petit bourriquet marron de Tunisie, un peu plus grand qu'un chien de Terre-Neuve, ou plutôt un peu plus râblé, disparaît dans la foule épaisse; à tout instant vous avez un arcadien pour vis-à-vis. D'un revers de main vous écartez la pauvre bête qui, docile et humble, vous cède sans résistance le haut du pavé.

La rue monte en décrivant des zigzags, et nous avons toujours devant nous un horizon très-court. La vue du ciel est interrompue presque incessamment par des arcatures étroites s'élançant d'une maison à l'autre par-dessus la voie comme les frises dans un théâtre, ou bien une habitation placée carrément sur la rue même et s'étageant au-dessus d'une arcade, interrompt brusquement la perspective.

A notre droite et à notre gauche, des ruelles non pavées, mesurant un ou deux mètres de largeur, commencent des impasses compliquées. Sur ces ruelles donnent des portes en arcades d'une dimension inégale et qui sont les entrées d'habitations mauresques. Ainsi que nous l'avons dit précédemment, ces portes se distinguent par leur ornementation. Sur le bois sans peinture ni vernis, ayant pris à la longue le ton et le grain poussiéreux du sol ou de la muraille crayeuse, des clous dessinent des arabesques toujours semblables. A une certaine hauteur, quatre croissants et quatre croix semblent marier deux cultes longtemps ennemis. La vérité est qu'ils n'ont point de caractère religieux : on les met aux portes pour préserver la maison du mauvais œil, si redouté des Orientaux. Sur la clef de la voûte, un autre signe, bien plus puissant encore et qui conjure plus sûrement les malins esprits, est tracé en noir : c'est une main, les cinq doigts étendus. Cette main, vous la retrouvez partout, sur la muraille de la plus humble maison de musulman ou de juif et sur l'arcade en marbre du patio, dans les palais du souverain. Seulement, aux lieux où les artistes arabes ont exercé leurs pinceaux, comme à la porte des cafés, des barbiers et des marabouts, la main un peu défigurée par l'imagination du peintre, s'est transformée en lyre à trois cordes : le pouce et le petit doigt forment les montants, des arabesques complètent la ressemblance.

XV

ENLUMINURES ET CROQUIS

Nous aperçûmes un exemple frappant de l'ingéniosité des artistes peintres tunisiens à la porte d'un café maure où nous entrâmes pour nous reposer. La main préservatrice du aïn était devenue une véritable lyre : toutefois en apprenant qu'on faisait de la musique dans ce café, nous nous demandâmes si l'emblème n'était pas une enseigne parlante. Après avoir admiré les coloriages de la porte nous montâmes deux marches qui nous permirent d'accéder à une première boutique occupée par les fourneaux du kaouadji. Des nattes entouraient à un mètre au-dessus du sol cette petite pièce où quelques Arabes, paraissant être des habitués de la maison, fumaient en causant avec le cafetier.

Nous montâmes encore deux marches et nous parvînmes dans salle rectangulaire éclairée par d'étroites fenêtres latérales. Un vitrage placé au-dessus d'un tambour crevant le plafond suppléait à l'insuffisance des fenêtres. Ce tambour figurait le patio. Il était supporté par quatre colonnettes peinturlurées. D'une colonnette à l'autre régnait une balustrade à jour, le long de laquelle des nattes étaient étendues. Ces nattes sont destinées à des musiciens. A certaines heures, des instrumentistes indigènes viennent dans les cafés, se placent sous la coupole du patio et charment la société par leurs chants et leurs morceaux d'harmonie étrange.

Tandis que le kaouadji faisait son agréable mélange de sucre et de café en poudre, versant sur le tout l'eau chaude destinée à bouillir de nouveau, nous passions en revue les illustrations de la muraille. De vieilles gravures françaises, dues au burin des meilleurs maîtres, et des lithographies de dernier choix, enfermées dans des cadres modestes, alternaient entre elles. Au-dessus, des enluminures d'Épinal reproduisant des zouaves à la douzaine étaient appliquées sans cadre sur la muraille blanche. Au centre, un portrait dessiné et colorié par un artiste arabe représentait le Bey. Le souverain de la Tunisie, qui a la physionomie très-douce, était devenu sous la brosse du peintre, un musulman terrible de la vieille roche. Des moustaches aiguës comme des poignards semblaient vouloir embrocher le premier giaour qui se présenterait. Au côté du Bey, à distance, pour qu'on le distinguât bien, pendait un sabre immense dans son fourreau énorme. De plus, l'artiste naïf avait cherché à montrer le Bey par-devant et par-derrière tout à la fois, afin qu'on n'en perdît rien, et, prodige d'habileté orientale! il en avait fait voir plus des trois quarts.

Plus loin, un autre coloriage représentait le Bey à cheval. Le coursier, très-fougueux, était tout petit; le Bey plus calme que dans l'autre tableau, était très-grand. Assurément, à l'échelle du cheval, il avait au moins vingt pieds.

Cette exagération de l'artiste procédait en somme d'une intention louable. Il avait voulu donner par là une idée de la puissance de son maître. N'avons-nous pas eu chez nous un artiste qui exagérait la grosseur de la tête, sous prétexte qu'elle est le siége de l'intelligence?

On nous apporta notre café : nous nous assîmes sous le Bey courroucé. Ce repos nous fit du bien, la liqueur chaude suivie de sa gorgée d'eau-froide, pour opérer la réaction, nous rafraîchit. Après avoir jeté un coup d'œil sur nos voisins, des Maures convenablement vêtus, qui, dans cet esprit d'égalité de l'Orient, fraternisaient avec d'autres Maures couverts de guenilles, nous recommençâmes notre ascension.

XVI

LE DAR EL BEY

La rue que nous montions était devenue très-propre depuis que nous avions quitté le quartier franc pour entrer dans le quartier arabe, reconnaissable à l'étroitesse particulière des fenêtres toutes garnies de moucharabys. Le pavé était parfaitement entretenu ; des nègres travaillaient à l'amélioration des égouts.

C'est par les soins d'une municipalité formée récemment que ces travaux de voierie s'exécutent. Toutefois, le quartier franc, le plus populeux, le plus commerçant, le plus fréquenté, celui qui, par conséquent, a le plus grand besoin de propreté, nous parut être le plus négligé. Le refus des Maltais et des Italiens de contribuer de leurs mains ou de leur bourse à l'entretien de la voie publique en est la cause. Les Maures, au contraire, se soumettent volontiers à l'impôt de la voirie.

Bientôt nous arrivâmes à une grande place, celle du Dar el Bey, palais que n'habite pas le souverain, mais où il reçoit les ambassadeurs et préside les grandes cérémonies.

Ainsi que nous l'avons dit déjà, le Dar el Bey n'offre rien de remarquable à l'extérieur. Ce précepte : « Cache ta vie, » est en pratique chez le souverain comme chez le peuple. Toutes les magnificences de construction ou plutôt d'ornementation se trouvent donc à l'intérieur.

Le Dar el Bey n'est pas un ancien édifice; il n'y a guère plus de soixante ans qu'il fut bâti par le bey Hammouda. Cependant l'art s'est conservé si pur chez les Arabes, que les morceaux d'ornement du Dar el Bey ne sont pas inférieurs à ceux de l'Alhambra. Le Dar el Bey, paraît-il, est le plus beau de tous les palais mauresques : nous lui préférerons la résidence du Bardo, demeure ordinaire des Beys.

C'est une faveur rare que la permission de visiter le Dar el Bey; aussi quand un étranger l'obtient, une vingtaine de personnes sont-elles mises sur pied pour recevoir le visiteur qui devient l'hôte du souverain. Au lieu de domestiques vulgaires, des officiers supérieurs et jusqu'au gouverneur lui-même vous ouvrent respectueusement les portes des appartements.

Une sentinelle monte la garde à l'entrée du palais, sous un large vestibule garni de nattes tout autour. Le gouverneur, à la tête d'une foule d'officiers, nous attendait là. De grandes voûtes nous conduisirent à un escalier en pierre, large et magnifique, montant à l'étage unique du palais.

La première salle où nous fûmes introduit était celle du conseil suprême, salle très-simple, mais qui, par son importance politique, méritait néanmoins toute notre attention.

Au centre de la salle est un trône abrité sous un dais de velours crépiné d'or; c'est là que se place le Bey quand il préside le conseil. En face, un fauteuil de velours vert sans ornement est destiné au président ordinaire, le kasnadar [1] Sidi-Moustapha, premier ministre. De chaque côté s'élèvent en gradins des fauteuils de velours, au nombre de soixante, pour les membres du conseil. Des carac-

---

1. Gardien du Trésor.

tères arabes indiquent à chacun le siége qu'il doit occuper. Au-dessus du fauteuil du kasnadar s'ouvrent des tribunes assez vastes où l'on admet le public pendant les séances.

Le conseil suprême est à la fois le sénat, le corps législatif et le conseil d'État de la Tunisie. Le conseil est le gardien du pacte fondamental et des lois, le défenseur des droits des habitants, le conservateur de la constitution. Ainsi la Tunisie, cet empire arabe qui a conservé l'aspect farouche du vieil Orient, est en réalité une régence constitutionnelle ; le mécanisme administratif et politique le plus perfectionné du xixe siècle y fonctionne comme chez nous.

Toutefois, cette révolution dans le gouvernement, les lois et les mœurs ne s'est pas opérée en un jour. Nos consuls y ont travaillé longtemps, mais sans se lasser ; leurs efforts ont triomphé des résistances les plus opiniâtres. Soutenus dans leur lutte contre l'esprit de routine du peuple par l'esprit de progrès des Beys ; aidés par Sidi Moustapha, kasnadar, qui unit son influence à l'influence française, nos consuls ont obtenu la promulgation de cette constitution, sauvegarde de tous les intérêts.

Dès lors, dans le pays du sabre et du lacet, plus

d'arbitraire, la loi répond à tout : elle est la même pour tous, et personne ne se soustrait à son niveau. L'esprit d'égalité parfaite y domine et range tous les sujets du Bey dans une même catégorie : l'esclavage est aboli, les distinctions de castes et de religions sont supprimées, les signes extérieurs infamants sont effacés. Dans les tribunaux, des juges juifs ou chrétiens sont appelés à juger leurs coreligionnaires ; quoique les magistrats musulmans restent en majorité, le *veto* du juif ou du chrétien suffit à infirmer la sentence. Les jugements concernant les étrangers sont rendus en présence de leurs consuls, qui ont le droit d'en appeler au Bey des décisions prises.

A Tunis, les étrangers, plus favorisés qu'en Angleterre même, peuvent devenir acquéreurs du sol sans être grevés d'impôts extraordinaires.

Le Bey Akmed, au retour d'un voyage en France, adopta le costume européen en horreur aux Orientaux, et commença des réformes que le kasnadar auquel il légua en mourant le soin de continuer sa politique, introduisit sous les Beys qui se succédèrent. Le souverain actuel, Mohammed-es-Sadok, très-partisan de ces réformes, les laisse accomplir par son premier ministre, auquel il a abandonné le gouvernement général du pays, se réservant d'adoucir par sa clémence la rigueur de la loi nouvelle [1].

Si le peuple est resté profondément arabe, la cour, c'est-à-dire l'ensemble de tous les fonctionnaires, est devenue européenne, au moins par la douceur des mœurs et la subtilité de l'intelligence.

Peu à peu le progrès descendra dans les classes inférieures. Déjà l'aristocratie du commerce affiche des tendances non douteuses : les marchands d'essence de rose, à l'instar du Bey, du kasnadar et des hauts dignitaires, envoient leurs fils étudier à Paris. L'exposition universelle de 1867, à laquelle la Tunisie s'est décidée à prendre une si large part, a été pour elle l'occasion de prouver son désir de marcher dans la voie de la civilisation et de garder cependant les saines traditions de ses arts et de son industrie.

Espérons que le progrès, qui chaque jour pénètre plus profondément dans la régence tuni-

---

[1]. Pendant l'insurrection qui troubla l'année 1864, les fanatiques demandèrent le retrait de la Constitution et la suppression du conseil suprême et de la municipalité. Cette insurrection inspirée par le vieil esprit d'intolérance religieuse, donne la mesure du courage du souverain et du ministre qui n'avaient pas craint d'introduire des réformes civilisatrices dans un pays où la routine orientale avait encore des racines aussi vivaces.

sienne, et qui, favorisé par la création de routes, de chemins de fer et d'un réseau de télégraphie électrique très-serré, va se répandre si rapidement, ne portera pas aux vieilles mœurs un trop rude coup.

Sous l'influence du mouvement nouveau bien dirigé, la Tunisie gagnera en puissance, en richesse, en considération extérieure ; son commerce prendra des développements inespérés, sans que le pays perde rien de son aspect pittoresque. S'il en est ainsi, nous ne devrons pas aller chercher aux Indes ces émotions que nous rencontrons à Tunis.

De la salle du conseil suprême nous passâmes dans un patio tout dallé de marbre. Ce patio, sans être très-grand, montre une élégance rare. Tout autour règnent des arcades de marbre blanc et noir, reposant sur des colonnes torses en marbre blanc au nombre de seize. Au midi et au septentrion ces arcades sont aveugles; elles abritent des bancs de marbre où l'on peut s'accroupir et prendre le frais. Les arcades à l'orient et à l'occident sont praticables; elles soutiennent des portiques à plafonds polychromes, ornés avec infiniment de richesses, de finesse et de goût. Ces plafonds en bois sont couverts de fleurs, de rinceaux et de lacs bleus, rouges, verts et or des plus délicats. Au-dessous règnent de pâles arabesques admirablement fouillées.

Le patio, là comme dans tous les édifices mauresques, est flanqué d'une kouba complétée par ses deux maksoures. La kouba du Dar el Bey est ornée à une certaine hauteur d'arabesques blanches, et plafonnée d'arabesques en couleur, avec baguettes en or fin, dont les sequins pris à Venise fournirent la matière première. En face, s'ouvre un salon avec arabesques polychromes, d'une finesse merveilleuse. La salle à manger, très-longue, montre un plafond à pans inclinés entièrement arabesqué. Enfin, la salle du conseil des ministres est couverte d'une coupole octogone, délicate comme la guipure elle-même.

D'abord il semble que l'arabesque, cette décoration de plâtre exécutée au couteau, soit un art sauvage, sinon grossier, et que le caprice de l'artiste ait présidé seul à l'enfantement de cette fantaisie. En effet, il y a encore aujourd'hui des dessinateurs d'arabesques travaillant d'inspiration, sans un plan arrêté d'avance, et appelant à leur aide les caractères arabes, qui sont eux-mêmes de l'ornement. Mais nous ne pouvons croire que les coupoles et les plafonds blancs du Dar el Bey n'aient pas été médités d'abord et tracés ensuite sur le papier. Tant d'harmonie règne dans leurs lignes et dans tous les détails, que l'exécution ne peut être l'œuvre d'une soudaine inspiration!

Une charmante salle est celle où le Bey se tient d'ordinaire; elle est presque toute en cristal. De là le souverain peut voir au dehors sans être vu. C'est là qu'il passe le temps du Ramazan. A l'extrémité de la salle est un de ces jolis portiques en bois, peint comme les étagères orientales.

Nous renonçons à décrire tous les cabinets, tous les patios mignons en marbre et en or, par lesquels on passe dans ce palais. D'ailleurs tous ont la même forme et à peu près les mêmes ornements.

XVII

LA KASBAH

En quittant le Dar el Bey, nous gagnâmes la forteresse, devant laquelle règne une place irrégulière et accidentée, d'un très-beau caractère oriental.

A Tunis, tout forme tableau : la simple ruelle avec ses bandes d'arcades, ses deux ou trois portes cloutées, ses petites fenêtres à moucharabys ; les souks avec leurs voûtes longues, leurs boutiques pittoresques et la foule agitée ; l'homme même, l'homme détaché du cadre qui l'environne, l'Arabe dans son vêtement complet ou son simple lambeau de laine. Delacroix, Decamps, Marilhat, Fromentin, Bida, Frère et tant d'autres, nous ont mille fois prouvé ce que l'on peut rendre avec un coin de l'Orient. Mille fois nous nous sommes arrêté devant ces toiles reproduisant des horizons, des perspectives, des maisons, des hommes et des animaux que nous n'espérions pas voir jamais autrement qu'en peinture.

Mais la place de la Kasbah, c'est l'idéal de l'Orient réalisé. Devant vous, sur le sol inégal, gisent au premier plan des ruines romaines et sarrasines; au second plan se dresse la redoutable citadelle; derrière vous s'étale la ville qui, sans grimper en amphithéâtre, est cependant sur un plan incliné. Elle apparaît éblouissante avec ses terrasses blanches, ses minarets gris et les coupoles vertes de ses mosquées et de ses marabouts formant des points de repère au milieu de cette implacable blancheur. A votre droite s'allongent des maisons basses et une rue fuyante; à votre gauche se montre une fontaine qu'ombrage un palmier, plus loin est un café arabe.

Ce café mérite quelques lignes de description. Entre les deux ailes d'un bâtiment peu élevé, une toiture de briques bombées abrite une galerie ouverte soutenue par des colonnes délicates. Un peintre tunisien a prodigué le vert, le rouge et le jaune pour enluminer les colonnes et la corniche de la galerie sous laquelle des Maures nonchalants fument, à l'ombre, des chibouques de terre rouge. Au-dessous s'étalent des nattes où les Arabes sont accroupis. A côté repose la tasse de café à moitié pleine, sur le sol dallé de marbre, au milieu des babouches jaunes des consommateurs. Devant le café, un jardinet laisse grimper sur le toit de la maison des pariétaires protégées par l'ombre d'un figuier immense.

Quand nous eûmes admiré ce tableau tout à l'aise, nous nous présentâmes à la porte de la Kasbah. Sous une large voûte sombre, des soldats, parmi lesquels un officier était assis sans façon, s'ébranlèrent à notre aspect. L'officier se leva et vint à nous. Il était vêtu, comme ses hommes, d'une simple veste ronde en drap bleu de roi et d'un pantalon garance. Une épée du temps du premier Empire français pendait à sa ceinture. Sa tête était coiffée de la chechia aux armes du Bey. Sur le col de son habit deux étoiles d'or indiquaient son grade.

Nous demandâmes au lieutenant la permission de visiter la citadelle. Après quelques hésitations, il y consentit. Nous visitâmes d'abord la poudrerie; nous vîmes les cuves où se font les mélanges et les portes des salles où la poudre est conservée. Au-dessus de doubles portes bien fermées, des inscriptions arabes indiquent la destination des salles.

Nous fûmes surpris de l'ordre extrême qui régnait dans cet établissement, dirigé il est vrai par un de nos compatriotes. Nous n'assistâmes point à la fabrication de la poudre ; grâce à Dieu, la Tunisie vit en paix et n'a pas besoin tous les jours de renouveler ses munitions.

Nous n'eûmes pas non plus le spectacle d'une exécution de condamnés Turcs ou Koulour'lis, fils de Turcs et de Mauresques, mais nous vîmes la salle où ils sont étranglés. Le supplice qu'on leur inflige est considéré comme moins infamant que la pendaison et la décapitation, il se subit sans témoins à la Kasbah. Quatre bourreaux servent à cette exécution : une double corde est attachée au cou du condamné ; deux bourreaux tirent à droite et deux autres à gauche jusqu'à ce que le patient ait rendu le dernier soupir.

Après avoir parcouru la fonderie de boulets, après avoir admiré dans de vastes salles les beaux trophées d'armures enlevées aux Espagnols au temps des grandes guerres avec l'Europe, nous montâmes un escalier peu large et parvînmes à un vaste rempart.

De là nous dominions toute la ville. Quelle ne fut pas notre surprise en apercevant sur cette fortification, à vingt-cinq mètres au-dessus du sol, deux bœufs qui paissaient tranquillement? La végétation d'ailleurs était assez maigre : l'herbe rare, desséchée par le soleil, offrait une triste pâture aux deux ruminants qui vinrent à nous d'un pas rapide avec des intentions équivoques. Mais ils s'arrêtèrent et nous permirent de nous accoter à un parapet.

XVIII

A VOL D'OISEAU

Du haut des remparts, appuyé sur un immense canon de bronze qui tonne à tout instant pendant les jours de fête, nous regardions sans nous lasser cette cité de craie d'abord inintelligible à vol d'oiseau comme à ras de terre. Toutes ces terrasses blanches, accidentées de coupoles monochromes, mouchetées à grands intervalles de toitures vertes de marabouts, fatiguaient notre regard.

Enfin, suivant de l'œil les fortifications extérieures, et celles intérieures, nous commençâmes à distinguer les trois grandes divisions de Tunis. Au-dessous de nous, dans la direction de la Goulette, la Tunis ancienne terminée par El-Baheira, le grand lac d'azur où moutonnaient comme des nuages les bandes de flamants blancs et roses. A notre droite, le faubourg tout musulman de Bab el Djzira, s'étendant aux pieds de la Manoubia. A gauche la Tunis israélite et la Tunis franque occupant le bord de la vieille ville et une partie du faubourg de Bab el Souika.

Au delà de la porte de la Marine, le long des anciens murs que l'on détruisait et à l'entrée du faubourg, on distinguait le nouveau quartier maltais et italien, où une foule de maisons se construisaient en ce moment. Mais ce qu'on n'apercevait pas encore et ce que nous aurions voulu voir, c'est un quartier français. Les nombreux produits de la Tunisie, les bijoux du Levant, les essences de rose et de jasmin, les tissus délicats de soie et de laine, les couvertures épaisses, les burnous légers, les caftans de laine grossière, la tabletterie, la marqueterie de bois rares, d'ivoire et de nacre, les armes de luxe, les métaux, les coraux, les fourrures, la poterie, la sparterie, l'huile, les olives, les dattes, enfin tous les produits de l'Afrique orientale et centrale pourraient être exportés par les Français, qui développeraient ainsi à Tunis une activité commerciale avantageuse à la France et à la Tunisie.

Dans la campagne on soupçonnait à droite le village de Rhadès où Régulus battit Hannon, et au dernier plan, on admirait les hauteurs de l'Hamman-lif, du Djebel-Recas et de Zahouan perçant le ciel de leurs sommets; à gauche, s'élançait dans la mer le cap Carthage, ayant en croupe le blanc village de Sidi-Bou-Saïd; dans une autre direction, se dessinaient la caserne d'artillerie, le magnifique palais du Bardo, les aqueducs de Carthage et les fraîches oasis de la Manouba.

Pour jouir complétement de ce vaste panorama, nous cherchâmes un autre point de vue. En nous retournant, nous vîmes les deux bœufs qui flairaient nos vêtements. Nous les effarouchâmes, et ils se retirèrent en faisant des bonds comme des chiens.

Afin de gagner un point plus favorable à notre observation, nous nous jetâmes dans un labyrinthe de corridors, d'arcades et de voûtes qui remplissent les cours. La Kasbah est immense, c'est une véritable ville. Elle est très-forte : ses murailles épaisses, garnies de nombreux canons, résisteraient à un long siége. Plus d'une fois, les anciens souverains de Tunis ont cherché là un refuge; mais à cause de cette incurie que nous avons déjà signalée, les bâtiments dont l'existence n'assure pas la défense de la forteresse ont été négligés et tombent en ruines.

Par un escalier à peine praticable sur les marches duquel un figuier avait grandi, nous arrivâmes à une plate-forme où nous pûmes jouir mieux encore du spectacle des environs. De là notre regard plongeait dans une caserne occupée par le 1er régiment de grenadiers. La cour de cette caserne formait un admirable patio d'une immense étendue; elle était entièrement dallée. Tout autour régnaient des arcades mauresques à pierres blanches et noires alternées. Au centre, un joli pavillon abritait des officiers fumant le chibouque. La propreté la plus grande régnait dans cet édifice, qui, grâce à la richesse de son architecture, nous parut l'emporter de beaucoup sur la plupart des casernes européennes. Au reste, c'est un Français, nous dit-on, qui commande là et entretient dans ce quartier une sévère discipline.

Quand nous sortîmes de la citadelle, la chaleur était excessive. Nous renonçâmes à parcourir les rues baignées dans une atmosphère à 40 degrés, et nous rentrâmes à la maison. Nous y trouvâmes l'autorisation nécessaire pour visiter le Bardo. Le général Elias Moussali, ministre de la maison du Bey, sollicité par notre consul, se mettait à notre disposition.

XIX

LE BARDO

Nous résolûmes de nous rendre au palais du Bardo le lendemain même.

A sept heures du matin, nous montâmes dans la voiture d'un Maltais et nous nous dirigeâmes vers la résidence souveraine.

Notre équipage était un coupé très-propre, attelé de deux chevaux superbes. Le cocher avait grand'-peine à maîtriser leur fougue et à les empêcher de faire quelque malheur. Certes, le danger était imminent, car la foule se pressait dans les faubourgs à cette heure matinale où les approvisionnements arrivent de tous les côtés aux fondouks et sur les marchés ouverts. Nous gagnâmes à petits pas le faubourg de Bab el Souika et nous nous dirigeâmes vers la porte Bab el Aly Ben Zouaouaï.

Quoiqu'il fût de bonne heure et qu'à ce moment de la journée les Arabes, reposés par la longueur de la nuit, soient moins endormis qu'au milieu du jour, il y avait déjà sur les trottoirs, et même au bord de la route aux endroits où les murailles étendaient leurs ombres, de nombreux Croyants qui sommeillaient ou du moins contemplaient tranquillement l'azur du ciel dans une position horizontale. Notre Maltais, d'aussi loin qu'il apercevait ces grands gaillards au teint bronzé, aux vêtements poussiéreux, au corps à demi révélé par les lacunes du burnous, criait à tue-tête à ces nonchalants de retirer leurs jambes étendues en pleine chaussée. Mais déranger un Arabe n'est point chose facile. « Si je dois mourir, je mourrai, » telle est la pensée du musulman toutes les fois qu'il expose sa vie même pour les causes les plus futiles. Aussi se déplace-t-il rarement : quand il y consent, c'est pour obéir à un instinct de conservation plus fort que sa volonté.

Des fonctionnaires se rendaient en grand nombre au Bardo, quelques-uns dans des voitures attelées de trois mules de front. Après avoir dépassé des bordj ou fortins abandonnés, dont le vaste cube de pierre, troué de nombreuses ouvertures pour les canons, faisait dans la campagne un très-bel effet, nous arrivâmes à un aqueduc immense, gigantesque construction espagnole. Nous passâmes sous une des arcades, et bientôt nous aperçûmes les épaisses murailles du palais.

Les Tunisiens respectent le Bardo à l'égal d'un édifice sacré. Les corbeaux même logés dans les trous des murailles sont vénérés, et jamais un Arabe n'essayerait d'attenter à leur vie.

Flanqué à droite, à gauche et à l'arrière de fortifications imposantes, le Bardo se montre sans voile de pierre sur le devant. Une plate-forme précédée d'un fossé protége des constructions au ton rouge qui rappellent notre château de Saint-Germain. Sur cette plate-forme de jolies coulevrines brillent au soleil. Autour, des soldats montent la garde.

En face la porte d'entrée sont deux tertres : l'un est en partie occupé par une fontaine où les cavaliers qui passent sur la route et ceux qui s'arrêtent au palais font boire leurs montures; l'autre sert d'emplacement pour les chevaux qui attendent leurs maîtres occupés au Bardo. Quand nous arrivâmes, la foule des chevaux plus ou moins richement caparaçonnés formait sur le tertre une sorte de troupeau. Il y avait là plusieurs centaines de chevaux sellés et bridés, rangés les uns à côté des autres, et qui restaient fort tranquilles, bien différents en cela des chevaux d'Europe, si remuants et si difficiles à vivre.

Ce même tertre est la place des exécutions, mais pour les Maures seulement. C'est par le sabre que périssent les Maures condamnés à la peine capitale. Ils quittent la prison du Bardo entourés de leurs amis et surveillés à distance par des soldats, et se rendent d'un air gai au lieu du dernier supplice. Le Maure ne redoute point le trépas, le fatalisme musulman et l'espérance d'entrer dans le paradis lui font considérer la décapitation comme un mince châtiment. Une fois qu'il a pris son parti de quitter ce monde, le Maure devient le plus tranquille et même le plus heureux des hommes.

Les musulmans se disputent les lambeaux de vêtements du supplicié. Comme chez nous pour la corde de pendu, l'on croit que la possession de cette guenille doit porter bonheur. Il paraît que la foule n'est pas moins grande à ces exécutions qu'elle ne l'est en Europe.

Il est d'usage que le condamné demande pardon à Dieu et aux hommes du crime commis, et les graves islamites assemblés autour du tertre répondent tous d'une seule voix : « Esmaàh ! » c'est-à-dire : « Nous te pardonnons ! »

A la porte du Bardo, espèce de poterne ressemblant à celles des châteaux forts du moyen âge, descendent de voiture ou de cheval des Maures et des Arabes respectueux qui n'osent pénétrer avec fracas dans les cours. Avant d'entrer, on nous fait admirer une sorte de tour blanche sur laquelle est fixé le vaste cadran monochrome d'une horloge à l'européenne. Nous sommes tellement blasé sur les horloges et cela nous semble si naturel de voir des cadrans sur tous les édifices que nous n'eussions point de nous-même remarqué l'horloge du Bardo. Mais à Tunis, c'est une merveille. Et cependant, il y a onze siècles, le grand calife arabe Haroun al Raschid envoyait à Charlemagne la première horloge qui parut en Occident !

Nous donnons l'ordre à notre cocher d'entrer dans le palais. La voiture pénètre sous la poterne, dont les murailles évidées fournissent un abri à la troupe de service. Les soldats, nonchalamment couchés, passent le temps à regarder la double haie des voitures et des cavaliers qui entrent et qui sortent.

Nous nous trouvons dans une première cour assez insignifiante. Les bâtiments qui l'entourent ont des fenêtres grillées, garnies, comme la plupart des fenêtres orientales, de moucharabys à mailles serrées. A gauche, une porte gardée par deux sentinelles s'ouvre sur la plate-forme hérissée de canons dont nous avons parlé. Nous pénétrons sous une seconde voûte, et nous nous engageons dans une sorte de rue longeant des palais. Les frères du Bey, ainsi que les ministres, ont chacun leur résidence separée dans le Bardo. A droite, une galerie couverte règne tout le long de la rue. Là se voient des boutiques où vendent, sans distinction de caste ni de religion, des musulmans, des juifs, des chrétiens, des Orientaux et des Occidentaux. La galerie est interrompue en son milieu par la porte d'une caserne.

Arrivé au bout de la rue, nous descendons de voiture et nous admirons le dernier bâtiment bordant à gauche la voie que nous venons de suivre. C'est le palais du premier ministre. Le grand arc en fer à cheval qui en dessine la porte est tout en marbre de diverses couleurs. Le vestibule immense, formé de quatre arcades, venant se rejoindre en un point central d'où pend une lanterne énorme d'un style excellent, se montre chargé d'arabesques délicates. Les parois des voûtes jusqu'à une certaine hauteur sont garnies de mosaïques de faïence. Le sol est couvert d'un dallage blanc et noir du dessin le plus heureux et le plus original. Le bach-bawouab et l'oukil, entourés de deux ou trois r'dims, personnel ordinaire du vestibule des palais, causent accroupis sur des nattes le long des murailles.

Nous savons qu'en Orient la curiosité est presque un crime, qu'elle est au moins la marque d'une éducation barbare, mais au risque de mécontenter monseigneur le bach-bawouab ou portier en chef, nous admirons pendant quelques minutes les splendeurs de ce vestibule.

Assurément si le maître était là il nous tendrait la main et nous inviterait à entrer, le kasnadar aime les Français; il nous ferait offrir des rafraîchissements que nous ne refuserions pas par cette chaleur africaine, mais il est auprès du Bey qui tient son conseil.

Nous tournons l'angle de la rue et nous nous trouvons sous des voûtes longues comme des tunnels. Tout le long de ces voûtes des équipages attendent leurs maîtres, et parmi ces équipages, on distingue, mêlé avec les autres voitures, le carrosse du Bey. C'est une voiture à six glaces dont le coffre et les montants sont rose et or. Des peintures ornent les panneaux, sur les portières se voient les armes du Bey. Malheureusement les belles draperies du siége du cocher se cachent sous une chemise de toile vernie. Maudites soient les inventions économiques de l'Occident qui dérobent à nos yeux ces crépines d'or et ces broderies tunisiennes appliquées sur le drap fin ! Huit mules des plus belles sont attelées à ce charmant équipage au moyen d'un harnais noir beaucoup trop anglais. Pourquoi renoncer à ces gracieux harnachements arabes, à ces cuirs maroquinés tout brodés de soie et frappés de métal étincelant? La voiture du Bey permet, si même elle ne l'exige, un harnais du plus grand luxe.

Des valets de pied, des jockeys à livrée de drap bleu clair soutaché d'argent entourent la voiture beykale.

Nous continuons d'avancer sous la longue voûte, et nous débouchons enfin dans une cour ornée à son centre d'une fontaine monumentale. Dans un coin repose un tronçon de colonne gigantesque, épave carthaginoise apportée à grand'peine au Bardo, pour servir de support à une large vasque, mais restée intacte, faute d'outils assez puissants pour entamer son granit éternel.

La cour où nous sommes est celle du harem : toutefois elle accède à plusieurs palais. A la porte du harem, des noirs, vêtus les uns à l'orientale, les autres à l'européenne, fumaient la cigarette. Parmi ces noirs il en était un occupant sans doute une position supérieure, car tous les fonctionnaires qui descendaient de voiture et pénétraient sous une voûte conduisant à la cour du palais du souverain ne passaient pas sans s'incliner humblement devant ce nègre. Quoique tout jeune il avait autorité sur les autres noirs. Il était vêtu d'une redingote noire, portait un pantalon et un gilet blancs, une chemise brodée avec des boutons en diamant, une chaîne d'or « à la mode de Paris, » et sur sa tête la chechia nationale. Il avait aux pieds des escarpins vernis. C'était le chef des eunuques.

Nous attendions dans cette cour l'arrivée du général Elias qui devait nous introduire, et, pour nous reposer, nous nous étions assis sur une sorte de banc de pierre régnant le long du harem, quand une sentinelle farouche vint nous faire déguerpir. Nul mortel, paraît-il, n'a le droit de s'asseoir en ce lieu sacré, sans la permission du chef des eunuques. Celui-ci, levant pour nous la consigne sévère et montrant une urbanité tout européenne, envoya un eunuque inférieur nous prier de ne point nous déranger, à moins que nous ne voulussions faire à son maître l'honneur de venir prendre place à ses côtés. Nous nous rendîmes à cette invitation, et, par l'intermédiaire d'un drogman, nous causâmes de Paris avec le tout-puissant négrillon. Mais le général étant bientôt arrivé dans son équipage, traîné par trois mules attelées de front, nous prîmes congé de notre hôte noir.

Nous franchîmes encore une arcade, et nous nous trouvâmes dans la cour extérieure du palais du Bey, la Cour des lions, une des plus belles que l'on puisse voir. L'escalier des lions, les portiques arabes qui règnent au-dessus, la perspective du grand patio du Bardo qui s'étend au delà, font de cet endroit le plus merveilleux tableau d'architecture arabe. Sur l'escalier, les lions, marbres venus de Florence, se rongent les ongles, et terminent les marches en façon de balustrade.

Auprès des lions, encombrant les degrés, des Arabes plus ou moins vêtus étaient couchés et contemplaient avec indifférence la foule des personnages de tous rangs qui montaient au sérail. Les princes, les ministres, les grands officiers passaient devant ces spectateurs de bas étage sans obtenir d'eux la moindre marque de respect. L'esprit d'égalité qui règne en Orient nous frappa au Bardo plus qu'ailleurs. Le dernier des Maures s'estime au même prix que le premier, et, sauf le chef souverain ou le marabout, il ne s'abaisse devant personne. Quand il montre de la déférence, c'est en toute liberté, jamais par esprit servile ou bas.

La hiérarchie lui est à peu près inconnue. Les fonctionnaires seuls ont l'idée du rang tel que nous le comprenons en Occident.

L'escalier des lions conduit à des portiques en fer à cheval, tout couverts d'arabesques délicates et soutenus par de fines colonnettes de marbre. De chaque côté, les portiques abritent une galerie par laquelle on se rend aux ministères de la Régence.

Nous passâmes sous les belles arcades arabes et pénétrâmes dans ce grand patio dallé de marbre qui fermait la perspective. Le patio est entouré de galeries arabes, soutenues par des colonnes de marbre, au-dessus desquelles par des fenêtres carrées on entrevoyait derrière les moucharabys les employés des ministères occupés à leur besogne quotidienne.

Le patio est troué à droite d'une porte carrée s'ouvrant sur des magasins; à gauche, d'une autre porte carrée donnant sur une vaste salle affectant la forme d'une église, et où le Bey préside les assemblées religieuses. Une grande porte cintrée, s'ouvrant au fond du patio, est celle du sérail. Trois factionnaires, deux soldats et un caporal, montent la garde à cette porte.

Une animation extraordinaire régnait dans cette

cour toute remplie de fonctionnaires, de magistrats en redingote noire et en cravate blanche, la chechia sur la tête; de sujets de diverses castes et de diverses religions, venant demander audience au Bey ou se faire rendre justice par les tribunaux; de soldats réguliers en costume européen et d'irréguliers dans leurs splendides vêtements arabes; enfin il y avait là quelques étrangers curieux, en quête d'impressions de voyage.

Des chefs de service appelés par le Bey se rendaient en toute hâte chez Son Altesse; les consuls des puissances étrangères arrivaient les uns après les autres pour conférer avec le Bey sur les affaires intéressant leurs compatriotes et recevaient les hommages des fonctionnaires et les saluts des sentinelles; les princes et les membres à divers degrés de la famille souveraine se rendaient au baise-main, la taille serrée dans des tuniques étroites, le col emprisonné dans le ruban vert et rouge du nichani iftikhar dont l'étoile diamantée brillait comme un soleil sous leur menton imberbe.

Mais ce qui était surtout pittoresque, c'était la foule des Arabes à demi vêtus qui sommeillaient plus ou moins profondément sous les arcades, et au milieu d'eux les chefs des troupes irrégulières, beaux cavaliers au visage blanc protégé par un énorme turban soyeux, au corps bien pris dans leurs vêtements légers de laine fine immaculée, à la jambe nue admirablement dessinée par la nature, au pied enfoui dans des babouches brodées en or ou en argent.

Nous allions pénétrer dans le sérail sous la conduite d'un officier mis à notre discrétion pour nous guider dans ce lieu dont les détours nous étaient inconnus, quand un bruit guerrier vint frapper notre oreille. C'étaient les grenadiers qui, musique en tête, étendard déployé, venaient faire la parade et changer la garde. Nous nous arrêtâmes pour jouir de ce spectacle. Les soldats sortirent en troupe du sérail, et, refoulant les Arabes couchés sur les dalles de marbre, s'alignèrent sous les portiques. Pendant que les caporaux relevaient les factionnaires, la musique jouait des airs arabes au rhythme monotone. Ces airs sont, paraît-il, fort jolis : ils nous ont paru au moins étranges. Les instruments des musiciens étaient ceux qu'on emploie en Europe ; il y avait de plus le chapeau chinois, abandonné chez nous. La Tunisie pourrait suivre notre exemple, sa musique n'y saurait rien perdre. En effet, les Tunisiens qui, à l'imitation de la France, ont adopté le chapeau chinois, paraissent avoir négligé d'apprendre le moyen de s'en servir. Le chapeau chinois est là pour l'œil plutôt que pour l'oreille. Jamais le musicien qui le porte n'a frappé sur sa hampe et fait tinter ses clochettes : c'est un figurant de l'orchestre, un instrument muet. Les musiciens jouent sans partition, de mémoire, avec des efforts de doigté, qui paraissent les fatiguer beaucoup. Dans leur maintien ils trahissent sans cesse la nonchalance arabe.

Après la parade, le Bey, qui depuis cinq ou six heures s'occupait en séance publique des affaires du gouvernement, se retira dans son harem pour prendre quelques instants de repos avant de retourner à la Goulette, où il passe une partie de la saison d'été.

Quant à nous, après avoir traversé un long vestibule obscur au fond duquel brillaient dans l'ombre les fusils des factionnaires, les sabres des officiers, les plaques de cuivre ou d'or des chechias militaires, nous gravîmes un large escalier conduisant à la salle de réception.

Ce salon, d'une très-grande étendue, est disposé à l'européenne. Des consoles Louis XV, des pendules rocaille, des fauteuils, des canapés dorés garnis de velours cramoisi le meublent avec assez de goût. Mais ce qui frappe le plus les yeux, ce sont les portraits de souverains en pied, de grandeur naturelle, qui s'étalent dans leurs cadres sur les parois couvertes de velours brodé d'or.

Au centre de la salle, à la place d'honneur, est le portrait de Napoléon III, d'après Winterhalter, offert au Bey par l'Empereur des Français. Le portrait du roi Louis-Philippe en tapisserie des Gobelins occupe la place voisine, et quelques autres portraits de souverains d'Europe font cortége aux premiers. Puis vient la foule des princes de la Tunisie. Quant au Bey régnant, il a modestement placé son image à l'extrémité de la salle, près d'une fenêtre. Les portraits de Mohammed-es-Sadok et des souverains de Tunis qui l'ont précédé sont dus au pinceau d'un artiste français, M. Moynier, peintre ordinaire du Bey.

Le salon du baise-main est plus petit que le salon des grandes réceptions. Il a un plafond très-riche en arabesques multicolores. Un autre salon est entièrement couvert de glaces sur les parois et au plafond. La salle des ministres mesure peu d'étendue, mais elle renferme de curieux portraits des sultans de Constantinople, peints il y a plusieurs siècles par des artistes arabes. Dans la plupart des salles, des gravures encadrées représentent les victoires de Napoléon Ier, très-populaire en Tunisie.

En sortant du palais du Bey, nous nous promenâmes dans tout le Bardo qui est grand comme une ville. Quoiqu'il y ait sept ou huit palais pour les membres de la famille du Bey, sept ou huit palais pour les ministres, un bâtiment où se frappe la monnaie, des casernes, des annexes de toute sorte, et enfin le palais principal destiné au Bey, il reste encore assez d'espace libre dans l'immense citadelle pour construire une vingtaine de grands édifices.

Dans les vastes terrains qui s'étendent derrière les palais en deçà de l'enceinte fortifiée, des porcs paissaient sans gardien un peu d'herbe croissant à l'ombre; sur les murailles les sentinelles veillaient; dans l'air passaient en croassant les bandes de corbeaux du palais sacré.

XX

LES RACES

Le lendemain, nous nous dirigeâmes vers les souks, nous promettant d'y faire une abondante récolte d'observations ethnologiques. Après nous être rendu compte de l'étendue, de la forme, des proportions de la ville, nous devions naturellement étudier les habitants qui lui donnent la vie. Les souks sont le meilleur endroit pour un travail de cette sorte, car on y trouve réunis tous les types et tous les costumes. On y rencontre les Berbères, les Arabes proprement dits, les Maures, les Juifs, les Turcs, les Grecs, et enfin les Occidentaux qui vivent et même s'enrichissent dans ce milieu oriental.

Les descendants des Berbères, dont le type est

moins beau que celui des Maures, se distinguent encore facilement parmi cette foule d'envahisseurs : les Maures, les Arabes, les Turcs et les Grecs. Les fils des premiers possesseurs du sol, déjà en lutte au neuvième siècle avec les califes de Kaïrouan, maîtres de Tunis, sont fiers de l'antiquité de leur race. Ils portent la chechia, mais ne s'emprisonnent point les cuisses dans le seroual. Ils se mêlent peu aux Arabes et aux Maures, qu'ils dédaignent.

L'invasion des Arabes nomades et des Maures a forcé les Berbères de devenir Kobaïls ou Kabyles, habitants des montagnes. Ils sont villageois. Ils n'ont pas la nature poétique des Arabes pasteurs et l'élégance des Maures civilisateurs ; ils ont le caractère du paysan, ils aiment le sol, et s'y attachent. Les Kabyles de Tunisie, selon M. Henri Dunan, qui les a minutieusement étudiés, sont excessivement industrieux ; ils s'entendent à merveille à cultiver les jardins, aménager les eaux, planter les haies et les arbres, greffer, semer et récolter. Très-laborieux, très-patients et d'une grande intelligence, ils établissent dans leurs montagnes des moulins à huile, des fabriques de savon, des poteries, des tuileries, des fours à chaux ; ils fabriquent des armes, des instruments d'agriculture et des vêtements. Ils viennent à Tunis vendre leurs récoltes ou les produits de leurs usines ; les Kabyles pauvres s'y font manœuvres, charpentiers, maçons, afin de s'amasser un pécule, grâce auquel ils retourneront dans leurs montagnes où ils bâtiront une maison et vivront du produit d'un champ.

La physionomie du Berbère diffère de celle de l'Arabe. Généralement petit, trapu, le Kabyle a la tête volumineuse, le visage carré, le front large et droit, le nez épais, la bouche lippue, les yeux bleus, les cheveux rouges et le teint brûlé par le soleil. Pour tout vêtement il porte une chelouhha, sorte de chemise de laine descendant jusqu'aux genoux. Sans doute il est autochthone.

On rencontre en moins grand nombre à Tunis l'Arabe proprement dit, l'indigène nomade, le pasteur, le cultivateur qui ne s'attache pas à la terre qu'il défriche, mais profite de la richesse d'un sol vierge sans tenter de créations agricoles durables.

Les Arabes nomades apparurent en Afrique vers le milieu du cinquième siècle de l'Hégire ; ils chassèrent de la plaine la race berbère et s'établirent à sa place. Les Berbères ou Kabyles se réfugièrent dans les montagnes.

Les Arabes proprement dits, sans être noirs ni jaunes, sont loin d'avoir le teint blanc des Maures. Ils sont bistrés, basanés, brûlés, mais de race blanche ; de haute taille, vigoureux, ils ont le visage ovale, le front fuyant, les yeux noirs et pleins de vivacité, le nez busqué, les lèvres minces, la barbe rare et noire.

On n'en voit pas beaucoup à Tunis, tandis que les campagnes de l'Algérie en sont encore entièrement peuplées. L'Arabe nomade a toujours la tête couverte et le cou protégé du haïck. Un simple burnous drape son corps.

Le Hadar, le Maure ou Arabe citadin, méprise profondément l'Arabe nomade qu'il considère comme barbare.

Quand, au treizième siècle, les Maures furent expulsés de Sicile par les empereurs d'Allemagne, quand, après la bataille de Tolosa, dont l'issue préserva peut-être l'Europe entière de tomber sous le joug musulman, les Maures émigrèrent en Afrique, ils retournèrent au pays qui les avait enfantés et se rapprochèrent du berceau et du tombeau du Prophète. Laissant sur le sol occidental des traces glorieuses de leur exquise civilisation, ils se réfugièrent sur tout le littoral africain, et Tunis devint l'asile et le tombeau des illustres Abencérages.

Les Maures étaient à cette époque le peuple le plus avancé en art, en industrie, en civilisation. Le Koran les avait illuminés alors que l'Europe, encore enfouie dans la nuit du moyen âge, essayait à peine de sortir des ténèbres où les invasions barbares l'avaient plongée.

Les Maures, dont les mœurs toutes citadines n'avaient aucun rapport avec celles des sauvages arabes de la plaine ou des Kabyles de la montagne, apportèrent à Tunis leur industrie si remarquable déjà, leur art si gracieux, leurs richesses si considérables. Tunis, l'une des villes soumises à Kaïrouan, devint capitale à son tour, et fit de l'ancienne capitale de la ville sainte le chef-lieu d'une de ses provinces.

De cette époque date la prospérité de Tunis. Le roi de Tunis ou roi des Sarrasins d'Afrique fit des traités avec les souverains de tous les royaumes méditerranéens de l'un et l'autre côté de la mer aux vagues bleues, et même, étendant son commerce vers l'Afrique centrale, favorisa le départ de nombreuses caravanes se dirigeant sur Tombouctou et la Guinée.

La civilisation enfante l'esprit de tolérance ; aussi dès le treizième siècle, à cette époque où les giaours étaient abhorrés des Sarrasins, le roi de Tunis accordait-il aux chrétiens la permission de circuler dans son empire, d'y commercer, d'y établir des marchés, d'y ouvrir des églises, d'y posséder des cimetières. Bien plus, des ordres religieux se formaient sous la protection des Beni-Hafs : les cordeliers et les dominicains prêchaient dans la Tunisie en toute sécurité, comme aujourd'hui même.

Quand on examine avec attention les Maures de Tunis, on remarque la pureté, la douceur et la beauté de leurs traits. Ils sont graves, paisibles, pleins du sentiment de leur dignité ; ils sont fiers, ils sont superbes, ils sont hautains, mais ils sont polis et courtois.

La plupart voient les étrangers d'un bon œil, surtout les Français ; ils apprennent notre langue avec une facilité singulière et se font renseigner sur les mœurs et les coutumes françaises, qu'ils sont tout disposés à admirer et même à adopter.

Souvent, vers le milieu du jour, quand le soleil dardait d'aplomb ses rayons de feu sur Tunis, nous attendions dans le frais patio de notre hôtel que la brise du soir rafraîchît un peu la chaude atmosphère et nous permît de parcourir la ville ; des Maures élégants, aux vêtements de laine légère orange ou rose tendre, des officiers indigènes en costume européen, venaient dans le patio. Ils causaient avec nous et nous écoutaient sans fatigue pendant des heures entières. Ils nous demandaient de leur parler de Paris, et de temps à autre ils prenaient des notes pour se rappeler nos paroles. Voir Paris était leur plus ardent désir.

Les Maures ont une nature poétique. Ils aiment le merveilleux, la musique, les parfums. Les longs récits les charment ; les contes, les légendes, les histoires de guerre ou d'amour les amusent et les persuadent. Ils croient surtout à l'impossible. On rencontre aux portes de Tunis des conteurs arabes qui feignent de s'accompagner d'une mandoline arabe où de simples ficelles ont remplacé les cordes à boyau. Ces conteurs sont entourés d'une foule d'auditeurs accroupis, dévorant des yeux le narrateur, et riant silencieusement aux plaisanteries qu'il débite.

La Tunisie, c'est l'empire des Maures d'Orient comme le Maroc est l'empire des Maures d'Occident. Les Maures, en Tunisie comme partout, occupent les villes importantes. A Tunis, ils font un immense commerce, et cela sans beaucoup de fatigue. On les voit tout le jour accroupis ou couchés dans leurs étroites boutiques, reposer sur des coussins leurs membres efféminés. Leur main, grasse, blanche, potelée, trouée de fossettes, terminée en doigts admirablement modelés, agite lentement un éventail de sparterie en forme de drapeau, et quand le sommeil arrive, ils s'étendent sans façon sur le comptoir, qui est en même temps le sol de leur boutique.

La vie que mènent les Maures, cette vie d'inactivité, de repos, en grande partie consacrée au sommeil, engendre une obésité précoce. La nourriture aussi, dont le couscoussou forme l'élément principal, concourt à ce résultat. On voit aux souks de jeunes ouvriers maures qui lutteraient avantageusement d'embonpoint et de développement physique avec les femmes les plus colossales que l'on montre dans nos foires. Rien ne nous étonnait davantage, et nous ne pouvions croire que ces individus appartinssent au sexe mâle ; il nous semblait voir des Mauresques travesties.

Toutefois, ne médisons pas trop de l'embonpoint des Maures : il leur sied bien, il ajoute à leur majesté. Si quelques hommes en sont déformés, beaucoup d'autres ne perdent pas à l'ampleur que la graisse leur donne. L'ovale du visage n'est pas altéré ; la peau, huilée sans cesse sous l'action de la chaleur, conserve son élasticité ; le teint reste mat et transparent. Les Maures sont les plus beaux hommes que nous ayons vus. Beaucoup ont du sang grec dans leurs veines. Les harems de Tunis ont reçu tant d'esclaves hellènes, que les Maures se sont régénérés, aux sources les plus pures. Au temps où toute l'Europe méridionale était envahie par les Arabes, ils se sont renouvelés au contact des races européennes les plus pures et les plus renommées.

Les Maures qui descendent de ceux d'Espagne forment une caste à part et constituent comme une aristocratie. On les reconnaît à leur type andalous. Ils ne frayent guère avec les autres Maures, ils se marient entre eux et ne désespèrent pas de rentrer un jour dans la demeure de leurs ancêtres, à Grenade ou à Cordoue. Ils vous montreront la clef de leur maison en Espagne; ils la conservent soigneusement, afin de se remettre facilement en possession de la demeure de leurs pères.

Les Maures portent la chechia rouge et le djemala blanc. Les turbans verts sont réservés aux chérifs, descendants du Prophète. La forme du djemala s'est modifiée depuis quelques années. Les vieillards, fidèles à l'ancienne mode, portent cette coiffure à petits plis si réguliers que le turban semble sortir d'un moule à pâtisserie. La génération nouvelle préfère les turbans moins corrects. Les Maures s'habillent presque tous en blanc; cependant quelques-uns ont des burnous de couleur, mais ils choisissent de préférence les tons clairs et les nuances délicates. Ils drapent ce vêtement avec une majesté que l'on retrouverait à peine dans les plis des plus nobles statues antiques. Au lieu de porter le burnous sur les deux épaules, ils le mettent sur le côté, passant le bras gauche dans l'ouverture du capuchon et se faisant ainsi une épaulette du triangle de passementerie qui orne le vêtement en cet endroit. Le burnous est infiniment plus gracieux porté de cette façon. Rarement les Maures s'habillent de noir, cette couleur leur semblant funeste. Ils affectionnent les gilets nombreux, brodés, soutachés, ornés de mille boutons, et passent plusieurs de ces sedria les unes sur les autres. Généralement ils ont les jambes découvertes; rarement ils mettent des bas ou des chaussettes. Leurs pieds reposent nus dans des babouches unies ou brodées.

Mais voici des Juifs. On les reconnaît immédiatement à leur type, qui est très-beau. Les israélites ne sont plus tenus aujourd'hui de porter un costume particulier; cependant, chose singulière, au lieu de profiter de la liberté qui leur a été donnée de se vêtir comme les Maures, ils affectent de conserver leur costume judaïque et semblent heureux de le montrer. Autrefois la chechia rouge était interdite aux têtes israélites, qui devaient en outre porter un turban noir. Aujourd'hui les Juifs conservent toujours le turban noir, et c'est à cette partie de la coiffure qu'on les reconnaît de loin. Quant à la chechia, ils ont adopté généralement celle de couleur rouge, beaucoup plus belle et plus chère. Les vieux Juifs avares ont seuls gardé la calotte noire.

Les israélites se rasent la tête comme les musulmans ; toutefois ils conservent à la tempe un petit carré de chevelure qui les ferait reconnaître encore s'ils perdaient leur turban.

Dans les souks, les Juifs brodent les tissus, taillent les habits, confectionnent les chaussures, vendent de la mercerie et de la passementerie, font le commerce des épices, de la pelleterie, de la joaillerie, de l'orfévrerie, et surtout le change de la monnaie.

Il y a peut-être 50,000 Israélites à Tunis. Tous paraissent intelligents. Ils ont le regard vif, l'esprit éveillé, la langue sans cesse en mouvement. Leur activité contraste avec la lenteur indifférente des Croyants. C'est eux qui, fourmillant au milieu des Islamites, donnent aux rues cet air d'activité qui étonne en pays musulman. Depuis que des lois libérales ont placé les Israélites sur le même rang que les Islamites, ils prospèrent à Tunis. Toutefois leur vœu le plus ardent est de retourner à Jérusalem. De même que les Maures d'Espagne espèrent rentrer plus tard dans leurs maisons de Cordoue et de Grenade, de même ils comptent finir leurs jours dans le pays de Chanaan. Chaque année un certain nombre de ces fervents nostalgiques quitte la Tunisie à pied, par Tripoli, l'Égypte et les déserts. Peu leur importe la longueur du voyage et les fatigues qu'il cause, pourvu qu'ils revoient le berceau de leur race. Mais, comme Moïse, beaucoup meurent avant d'entrer dans la terre promise. Il en est qui, l'apercevant de loin, tendent les bras vers elle et succombent; les élus seuls parviennent dans la cité sainte et ne reviennent jamais à Tunis. Les Juifs riches vont à Jérusalem par mer. De ceux-là il en revient quelquefois.

Les souks fermés le vendredi, qui est le jour férié des musulmans, le sont le samedi, jour férié des Israélites. Le dimanche, les boutiques du quartier européen restent closes, de sorte qu'à Tunis la semaine semble avoir trois dimanches.

On rencontre en minorité dans les souks les Grecs qui, dans la seconde Constantinople comme dans la première, s'y font leur place grâce à leur intelligence; les Turcs, derniers vestiges de la domination turque; les Koulour'lis, fils de Turcs et de femmes mauresques, et les nègres, presque tous esclaves autrefois, quand on les exportait comme marchandise de l'Afrique centrale.

Les Grecs ne portent pas le turban, mais seulement la chechia ; on en rencontre un certain nombre parmi les fonctionnaires ; une aptitude spéciale les rend propres aux carrières publiques.

Les Turcs, qui portent une chechia plus haute que celle des Maures, se font remarquer par leur air farouche. Ils ont la moustache longue et rousse, le teint blanc, le visage enluminé ; anciens dominateurs des Arabes, ils recherchent les emplois dans lesquels ils peuvent exercer encore une certaine autorité sur ceux qu'ils traitaient autrefois de Turc à Maure ; ils sont janissaires chez les consuls et prennent leur part du respect des indigènes pour les représentants des puissances étrangères.

XXI

LES FEMMES

Il nous reste à parler des femmes, et ce que nous en dirons ne sera pas conforme aux idées qu'on se fait en France de la femme orientale. Quoi qu'on ait écrit sur l'Orient, les Français croient volontiers qu'ils rencontreront des odalisques familières, belles comme le jour et toutes prêtes à se laisser aimer. L'Européen s'imagine qu'il trouvera en Afrique de beaux palais avec un balcon au-dessus de la porte extérieure, et une charmante captive attendant sur ce balcon le galant chevalier français qui la tirera de son triste esclavage. Ils oublient que les harems sont bien gardés et que les moucharabys des fenêtres rendent impossible toute communication, même l'échange d'une œillade.

Si les femmes turques, à Constantinople, jouissent d'une certaine liberté, leur permettant de sortir à pied ou en voiture, accompagnées ou non ; si elles peuvent se montrer à la promenade ou dans les bazars et y nouer des intrigues, il n'en est pas ainsi chez les Maures. D'ailleurs Constantinople est une si grande capitale, que forcément les mœurs y doivent subir un certain relâchement. La seconde Constantinople a plus de sévérités ; à Tunis la liberté des femmes est relativement restreinte.

Les Mauresques sont toutes voilées ; jamais elles ne se montreraient sans yachmack, et d'ailleurs elles sortent peu. Il est des femmes qui n'ont mis le pied dans la rue que pour passer du harem paternel dans le harem conjugal, ou si ce sont de grandes dames, pour aller de la ville à la campagne, dans un équipage hermétiquement fermé.

La Mauresque d'une condition un peu relevée ne circule guère par la ville, même pour faire des achats, car à Tunis les boutiques ne sont en réalité que des échoppes où l'on ne peut entrer et se mettre à l'abri des regards indiscrets.

La Mauresque est, paraît-il, fort jolie à dix ou douze ans, époque où on la marie, après l'avoir engraissée, en la nourrissant, pendant quelques mois, de couscoussou, de viande de jeunes chiens, de foie de cheval, et en la retenant dans un lieu sombre et humide, où elle est privée d'exercice et dort, presque continuellement, sur un lit de coussins. Quand la Mauresque est parvenue à un embonpoint phénoménal, le mariage a lieu. Le Maure trouve sa femme parfaite, mais les Européennes qui vont aux bains et voient la Mauresque sans le moindre appareil, ne prennent pas de l'indigène tant vantée une aussi favorable opinion.

Nous n'avons point pénétré dans les harems, le seul souhait d'une pareille intrusion eût été une inconvenance dont il faut qu'on se garde ; nous n'avons donc pu nous faire une idée par nous-même du degré de beauté des femmes mauresques ; le peu que nous avons entrevu dans la ville ne nous a pas séduit.

La Mauresque qu'on rencontre au dehors est généralement d'une condition modeste ou infime ; elle a d'ordinaire plus de onze ans, elle est mariée, elle a passé par l'engraissement, et, qu'elle soit ou non restée obèse, la pauvreté aidant, elle est devenue laide. Si donc il y a de jolies Mauresques, c'est comme s'il n'y en avait pas, car on ne les voit point. Celles qui ont peut-être un peu de beauté s'enveloppent si soigneusement la tête que rien ne révèle des charmes ainsi dissimulés.

Il paraît que sous les haïks qui les couvrent les Mauresques cachent souvent des costumes extrêmement riches, des djaboli de soie étreignant la poitrine, des rlila brochées d'or descendant sur les hanches comme une redingote, des fonta de soie rayée se nouant au-dessus des hanches, des ceintures de soie et d'or, des serouals de soie flottant jusqu'au genou et laissant la jambe nue ; mais les deux haïks, l'un léger, l'autre épais, dérobent à l'œil toutes ces merveilles ; la coiffure même, la charmante kuffia brodée en or ou en argent et formant queue derrière la tête en descendant jusqu'à la taille, disparaît sous le haïk. Tout au plus aperçoit-on de temps à autre un beau bras, une main petite avec un poignet chargé d'un bracelet énorme, massif et mal travaillé, espèce de barre d'or fléchie qu'on nomme m'saïs ; tout au plus voit-on le bas d'une jambe trop grasse, des pieds trop grands, à la cheville desquels des m'kaïs, anneaux d'or énormes, grossiers comme les bracelets, semblent des entraves plutôt que des ornements. On a dit que la Mauresque dans la rue avait l'air d'un paquet qui marche ; rien n'est plus juste que cette comparaison.

La négresse s'habille à peu près de même ; seulement aux bijoux d'or elle substitue des bijoux d'argent, car toute femme à Tunis porte des bijoux. On y mendie avec des m'saïs aux bras et des m'kaïs à la cheville.

Il n'est pas dans les usages que l'on parle aux femmes dans les rues. Les femmes étant voilées sont inaccessibles en pleine voie publique comme à la maison. La rikat elle-même, reconnaissable à sa coiffure pointue qui hérisse le capuchon du haïk, ne peut être abordée, surtout par un chrétien. Le réduit qu'elle habite est inviolable pour tout autre que le musulman.

Si les Mauresques et les négresses n'offrent rien de séduisant dans leur toilette voilée, le costume des juives qui apparaît dans toute sa splendeur est d'une magnificence et d'une richesse éblouissantes.

La Juive marche à visage découvert. Chez elle, ce n'est pas la beauté qui séduit : si les jeunes filles nubiles sont assez jolies, les femmes mariées, c'est-à-dire ayant plus de douze ou treize ans, laissent généralement à désirer. Chose singulière, le type juif chez les hommes est fort beau à Tunis, mais le type des femmes est assez défectueux. Le nez droit se retrousse un peu trop, la bouche est trop grande, le bas du visage trop large. L'embonpoint est pour quelque chose sans doute dans l'altération des traits, car les jeunes filles, non encore soumises aux pratiques de l'engraissement, sont vraiment jolies.

En réalité le costume de la Juive ne diffère pas beaucoup de celui de la Mauresque, seulement le seroual, au lieu de ne pas dépasser le genou, descend jusqu'à la cheville. Ce seroual est souvent d'une grande richesse; en soie jusqu'au genou, il se continue en tissu d'or ou d'argent du genou au bas de la jambe qu'il serre et dessine admirablement.

Nous détaillerons plus loin le costume de la Juive en conduisant notre lecteur à une noce israélite, où nous fûmes gracieusement invité.

XXII

MUSICIENS ET DILETTANTI.

Nous désirions voir un café oriental avec son accessoire de musiciens. Maintes fois, nous nous étions rendu dans des cafés conduit par l'espoir d'entendre les artistes indigènes jouant sur leurs instruments étranges, mais ce plaisir nous fut refusé pendant plusieurs jours. Le nombre des musiciens qui vont dans ces cafés n'est pas considérable, les divertissements du harem et les réjouissances de noces mauresques ou juives les accaparent si bien que l'on ne peut entendre de la musique tous les jours, même dans les établissements les mieux achalandés. Cependant on nous fit entrer non loin de la porte de la Marine, dans un café fréquenté par des Juifs, où nous devions rencontrer un orchestre à souhait.

Rien à l'extérieur ne trahissait l'existence de ce café. Nous montâmes une sorte d'échelle de meunier, et nous nous trouvâmes bientôt dans une vaste salle éclairée de deux côtés.

Cette salle, plus longue que large, affectait la disposition ordinaire des cafés maures : une sorte de patio dans le milieu pour les musiciens, et tout autour des nattes pour les consommateurs. Les fenêtres d'un côté de la salle donnaient sur une large terrasse d'où l'on contemplait la plaine dans la direction de Carthage et le lac El Baheira fermant l'horizon à droite.

Pour mieux entendre les musiciens au nombre de six ou sept, nous allâmes nous asseoir dans leur patio même. Les exécutants étaient des Juifs au turban noir, au nez en bec d'aigle, à la barbe longue, descendant sur la ceinture. Le chef d'orchestre, un excellent joueur de rebeb, le meilleur musicien de Tunis, était assis au centre. Déjà vieux, il avait une barbe vénérable, argentée par le temps.

Le reste des virtuoses se composait de deux guitaristes et de deux gratteurs de tarbouka. De temps à autre, ils s'accompagnaient en chantant. Les airs qu'ils jouaient étaient fort doux, et le vieux rebebiste tirait de son instrument primitif des sons filés qui allaient à l'âme et vous émouvaient profondément.

Devant les musiciens, au bord de la natte, le kaouadji avait disposé des rafraîchissements, des verres d'orgeat, boisson très-estimée à Tunis, que nous redoutâmes d'abord, mais dont nous reconnûmes ensuite la parfaite innocuité.

Dans le patio, quelques Arabes dilettantes étaient venus s'asseoir comme nous. Parmi ces hommes, il en était deux qui contrastaient singulièrement avec leurs voisins par l'aspect sordide de leurs vêtements. Le premier avait la tête carrée, le front large et rebondi, le nez épaté, les lèvres épaisses du Kabyle; mais ses yeux éteints s'ouvraient à peine, sa bouche souriait idiotement, et tout son visage offrait un air d'hébétement peu ordinaire aux hommes de cette race. Son vêtement se composait d'un grand morceau de laine dans lequel il se drapait, sans effort ni recherche de majesté, comme un Romain dans sa toge aux plis droits. La ressemblance était complétée par la chevelure, qui, chez cet homme, était coupée ras, à la Titus.

Les musiciens venaient d'achever un morceau quand cet homme descendit de sa natte, s'avança vers les artistes juifs, et, prenant sans façon le verre d'orgeat du chef d'orchestre, le vida d'un trait. Le vieillard sourit au lieu de se fâcher, et bientôt le kaouadji vint remplir à nouveau le verre ainsi vidé. Puis le Kabyle, si c'en était un, s'approcha de nous et nous tendit un bras décharné au bout duquel s'arrondissait en spatule une main suppliante. « A la bonne heure, pensâmes-nous, c'est un mendiant. » Nous n'étions pas fâché d'être édifié sur la position sociale de cet individu dont la mine nous intriguait. Nous tirâmes de notre bourse une caroube et nous l'offrîmes au quêteur. Il la regarda un instant, puis nous la rendit. « Oh! oh! pensâmes-nous, une caroube ne lui suffit pas, il lui en faut deux? Va pour deux caroubes! » Et nous mîmes une double pièce dans la main qui s'étendait de notre côté. Le mendiant prit la grosse caroube, la porta à ses lèvres, la baisa, et la remit dans notre main.

Nous étions de plus en plus étonné et même un peu choqué :

« Ça, dîmes-nous à notre guide, faut-il donc une pièce blanche à ce malheureux ; ne peut-il se contenter de ce qu'on lui offre?

— Vous vous méprenez, dit en riant Karoubi, qui avait tout observé sans parler ; cet homme vous rend votre pièce pour une raison bien différente de celle que vous soupçonnez ; il vous a remis votre caroube d'abord, et votre double caroube ensuite, parce qu'il ne veut pas plus d'un fels [1].

— Parbleu ! voilà un singulier mendiant qui préfère des liards à des sous.

— Cet homme n'est pas un mendiant, c'est un saint. »

Déjà dans les soucks nous avions rencontré un individu de cette sorte. Il traînait dans la crotte un lambeau de vêtement. La pièce de laine qui le couvrait laissait apercevoir toute une moitié du corps; mais à Tunis comme dans la plupart des pays chauds, l'on n'est pas sévère pour la nudité. Ce malheureux paraissait complétement abruti.

L'étrange déguenillé s'arrêtait devant un étalage, y choisissait des fruits à sa convenance, les dévorait, et partait sans payer le marchand. Le fruitier faisait la grimace, mais ne réclamait rien.

Nous nous informâmes auprès d'un Européen.

— Cet homme, nous répondit-on, est un saint; les mécréants disent un fou. Le dérangement de son esprit le fait respecter des musulmans, et comme il est incapable de gagner sa vie, il a le droit de prendre chez les marchands tout ce qui peut lui être nécessaire. S'il s'habille aussi peu, c'est qu'il ignore

[1]. Centime.

les lois des convenances. Il pourrait entrer chez un tailleur et se vêtir de neuf de la tête aux pieds, mais les idées d'élégance et de propreté ne viennent jamais à ces hommes que l'on croit animés de l'esprit d'en haut, parce que leur esprit terrestre est dérangé. Il en est un qui, habitué à vivre dans le ruisseau, voulut que son cadavre y reposât. Sa dernière volonté fut qu'on lui élevât un tombeau dans le souck des selliers en plein égout.

Nous aperçûmes en effet cette tombe qui, placée dans le ruisseau, gênait fort la circulation. Le vendredi, jour sacré de l'islam, on plante un drapeau sur ce monument, et les gens du peuple baisent en passant les plis de cet étendard sanctifié par son contact avec les restes qui reposent à son ombre.

Le second misérable que nous avions remarqué dans le café, un bizarre personnage dont la superbe physionomie était ennoblie encore par une maigreur excessive, marquait la mesure en balançant la tête. Enseveli presque tout entier dans son burnous, il se démenait parfois comme un possédé. Nous ne comprenions rien à son agitation. Tout à coup il rejeta une partie de son vêtement sur ses épaules et nous vîmes le malheureux gratter avec fureur deux ficelles attachées à un morceau de bois affectant la forme d'un rebeb.

— Encore un saint, nous dit notre guide.
— Celui-là nous demandera-t-il un fels ?
— Non, sa seule folie c'est la musique.

La vue de ces insensés nous affligeait, mais la plupart des consommateurs ne s'en inquiétaient guère. Dans un coin des Juifs jouaient aux cartes, contrairement aux arrêtés de police. Sur la terrasse, une foule d'autres Israélites se livraient à divers amusements. Après avoir encore écouté la musique quelques instants et pris notre café, nous sortîmes en jetant dans un plat disposé exprès des caroubes pour les musiciens.

XXIII

VILLÉGIATURE. — LES AÏSSAOUAS

On ne se rend pas compte, en Occident, de ce que peut être la villégiature chez les Orientaux. Les poëtes qui nous ont décrit les jardins des musulmans les ont plantés de tant d'arbres fantastiques tout chargés de fruits imaginaires en émeraude, en rubis, en topaze, que la véritable villégiature est restée à peu près ignorée.

Tunis, le pays du Levant sur lequel on a le moins écrit, quoiqu'il soit pour nous le plus intéressant à connaître à cause du voisinage de l'Algérie, nous fournira l'occasion de combler une lacune regrettable.

Dans la capitale on ne trouve, en fait de verdure,

que le feuillage d'un maigre palmier ou d'un figuier rabougri oubliés contre une muraille, le plus souvent à la porte d'une mosquée ou d'un marabout.

Les Maures ne sont cependant pas indifférents aux jouissances que procurent les jardins, ils les apprécient, mais c'est à grand'peine qu'ils arrivent à créer des ombrages en ce pays brûlé du soleil pendant un long été. Toutefois la Manouba est une véritable oasis dans cette grande plaine jaunâtre, qui s'étend aux environs du Bardo, le palais du Bey.

La Manouba, comme la Marse et la Mahommédié, doit son origine à la fondation d'une demeure souveraine. Les Beys qui ont précédé Mohammed-es-Sadek n'habitaient pas constamment le Bardo; ils se faisaient construire à grands frais des résidences de campagne autour desquelles les grands seigneurs élevaient des palais, et bientôt une ville était formée. Mais si le Bey venait à mourir dans ces palais d'été, la résidence était abandonnée et tombait en ruine : c'est ainsi que la Marse, habitation préférée de Sidi Mohammed Bey, construite avec un luxe tout oriental près de Carthage, au bord de la mer, se dégrade tous les jours.

La Mahommédié, élevée dans les terres par Ackmed Bey sur le modèle de Versailles, est une ruine aussi. Quant à la Manouba c'est une ruine beaucoup plus ancienne ; mais, en ce lieu, comme à la Marse, on rencontre des palais de seigneurs d'une parfaite conservation. Bien plus, à la Manouba on bâtit tous les jours, à cause du voisinage du Bardo.

Pour nous rendre à la Manouba, nous prîmes le chemin du palais sacré.

Nous venions de franchir Bal el Ali Ben Zaouai quand un spectacle inattendu s'offrit à nos regards.

La route, à notre droite, était bordée de Maures qui portaient des drapeaux immenses. Les couleurs vives des étendards, l'éclat de l'or dont ils étaient semés, les rayons du soleil réfléchis par les croissants et les boules de métal terminant la hampe des drapeaux, donnaient à la route un air de fête réjouissant. D'ailleurs, c'était un spectacle nouveau pour nous et même pour plus d'un Franco-Tunisien. En effet, nous avions sous les yeux les Aïssaouas, qui ne font leurs processions solennelles qu'une fois par an. L'on peut passer plusieurs années à Tunis sans avoir l'occasion d'assister à ce défilé de musulmans austères que la civilisation aura bien de la peine à entamer.

Pour le moment, les Aïssaouas, revenant de faire

des stations sur les tombes des saints du voisinage, étaient arrêtés à la kouba d'un marabout enterré près de Bab el Ali ben Zaouai. Dans le petit cube de pierre blanche à coupole verte avaient pénétré les principaux sectaires, ceux qui se jouent en tenant dans leurs mains des serpents animés, ceux qui avalent des sabres affilés et font mille autres miracles plus surprenants encore, ceux enfin qui dansent avec une extrême rapidité jusqu'à ce qu'épuisés et fanatisés par leurs danses mêmes et leurs contorsions, ils tombent sur le sol dans l'état où l'on voyait au dix-huitième siècle les convulsionnaires du cimetière Saint-Médard.

Devant la porte rouge et verte, semée de signes cabalistiques, une sorte de bedeau en costume arabe, soutenant de la main droite une hallebarde terminée par une pique longue flanquée de deux croissants d'acier, semblait défendre l'entrée de la kouba.

Sur la route, de distance en distance, les porteurs de drapeaux rouges, verts et jaunes les faisaient flotter au vent. Ils soutenaient dans leur ceinture la hampe de riches étendards ornés, en guise de cravate, de glands nombreux étagés jusques à terre.

Nous descendîmes de notre coupé pour contempler ce spectacle. Au bout de quelques instants, les prières ayant été dites, les incantations psalmodiées et les miracles ordinaires accomplis sur la tombe du saint vénéré, les exécutants sortirent de la kouba, et, se rangeant avec ordre sur la route, s'avancèrent vers Bab el Ali ben Zaouai.

En tête marchait le bedeau s'appuyant sur sa hallebarde longue. Derrière lui, des Aïssaouas, par vingt de front, portant tous le costume arabe, soutenaient dans la main gauche, à hauteur du visage, un tarbouka qu'ils faisaient résonner en le frottant de la main gauche. Avec les doigts, ils exécutaient une sorte de roulement précipité, que le rhythme interrompait. En même temps qu'ils tambourinaient, ils chantaient. Leurs incantations bizarres étaient parfaitement en accord avec la charge entraînante qu'ils battaient sur leurs tambours. Par derrière, deux ou trois lignes d'Aïssaouas se contentaient de chanter. Tous ces hommes avaient la physionomie grave des Orientaux ; mais, au lieu de cet œil tranquille et presque endormi des insouciants vendeurs des soucks, ils montraient un regard fiévreux d'où jaillissait l'éclair.

— Il y a quelque vingt ans, nous dit notre compagnon d'excursion qui regardait par-dessus notre épaule, un Européen n'aurait pas, comme nous le faisons, impunément contemplé ces sectaires : sa présence eût semblé une souillure et le poignard eût eu raison de son audace. Mais aujourd'hui la Tunisie est aussi sûre que la France ; les Aïssaouas eux-mêmes savent en quelle estime le Bey tient les Européens ; ils modèlent leur tolérance sur celle de leur souverain.

Tandis que les Aïssaouas passaient devant nous, un cri particulier, espèce de trille aigu sur la syllabe *you ! you !* retentit à nos oreilles. Il était poussé par une femme mauresque au voile impénétrable, debout à notre droite. Ce n'était pas la première fois que nous entendions le *toulouil*, cette expression étrange de la joie des Mauresques, mais dans cette circonstance il nous fit frissonner. A peine notre voisine de droite eut-elle fini par un brusque repos de pousser ce cri tremblé, que notre voisine de gauche lança son trille à son tour. Nous rejetâmes notre regard de ce côté : à travers le yachmach blanc de la musulmane, il nous sembla voir briller un œil de jais.

Les Aïssaouas défilèrent tous devant nous ; quelques-uns étaient à cheval. Ils passèrent sous la porte hérissée de canons et prirent une des rues de la ville. Rien de plus saisissant que le tableau de cette foule d'enthousiastes religieux au costume pittoresque, pénétrant au bruit des tambours et des chants maures, étendards déployés, dans cette ville blanche d'un aspect si caractérisé. Que n'avions-nous hérité de la palette de Decamps pour fixer sur la toile ce tableau si digne d'être conservé !

Nous remontâmes en voiture et nous revîmes cette route du Bardo que nous avions déjà parcourue.

Après avoir laissé sur notre droite la demeure souveraine, nous nous aventurâmes en des chemins à peine tracés. Au loin, on apercevait des édifices isolés ressemblant à ces palais des *Mille et une Nuits* que des démons sont toujours prêts à transporter à des distances impossibles. L'ensemble de ces édifices assez peu rapprochés les uns des autres, c'était la Manouba.

Bientôt nous reconnûmes que chaque habitation se composait uniformément d'un premier bâtiment peu élevé, dans lequel s'ouvrait la porte-cochère, en fer à cheval, surmontée d'un balcon fermé par un châssis en verre colorié ou dépoli pour le rendre impénétrable aux regards à l'extérieur.

Sous la porte, généralement grande ouverte, se tient le bawab ou portier, qui laisse assez facilement pénétrer dans la cour du palais. Cette cour est ordinairement flanquée d'écuries et de remises. Les écuries sont des sortes de hangars où l'on voit les beaux chevaux entravés manger l'orge dans leurs auges.

La première maison que nous visitâmes avait une vaste cour, bornée au fond par l'habitation du seigneur du domaine. Sous le vestibule sommeillaient les serviteurs, vêtus les uns à l'européenne, les autres à l'orientale. Toutes les fenêtres étaient grillées et garnies de moucharabys, qui donnaient au château l'aspect d'une prison. Sur les côtés de l'édifice, des avenues isolaient le bâtiment et conduisaient à un parc rempli d'orangers, de bananiers et de grenadiers, fléchissant sous le poids de leurs fruits.

Nous demandâmes le chef des serviteurs. Il ne tarda pas à se présenter, s'excusa de venir à nous dans une tenue un peu négligée, nous apprit que son maître faisait le kief, et par conséquent ne pouvait nous recevoir. Nous en fûmes fâché, car nous aurions aimé à parcourir l'intérieur de cette habitation, qu'on dit splendide, et dont le propriétaire, le Saheb el thaba, garde des sceaux, est des plus hospitaliers. Il reçoit en personne, et avec de grands honneurs, les étrangers qui veulent bien visiter son palais. Mais un seigneur maure qui fait le kief ne doit jamais être dérangé. Le kief c'est la suprême jouissance des Orientaux : l'interrompre ce serait commettre une sorte de sacrilége.

Si nous ne pouvions pénétrer dans la maison, nous avions toute permission de parcourir la forêt d'orangers qui s'étend derrière la maison. Nous entrâmes sous la conduite de l'oukil dans cette forêt dont les arbres à pomme d'or formaient des quinconces interminables. Dans un lieu très-frais l'on avait disposé des chaises européennes en fil de fer; nous nous assîmes et prîmes des rafraîchissements que des serviteurs nous apportèrent sur de larges plateaux.

Il régnait sous les orangers une température délicieuse. Quand nous fûmes reposé nous continuâmes notre promenade à travers le parc, examinant curieusement le mode d'irrigation employé dans ces oasis pour y entretenir une verdure perpétuelle, bien rare en Orient. Un réseau de petits canaux à ciel ouvert reliait entre eux tous les pieds d'arbres. De l'eau versée à la naissance de ces rigoles se répandait dans le réseau entier, fournissant aux racines l'humidité dont elles ont besoin pour envoyer aux feuilles une séve jamais tarie.

Outre les orangers, il y avait dans le parc des grenadiers, des bananiers, des jujubiers, des oliviers et tous les arbres à fruits des pays chauds. On y voyait aussi des essences communes en Europe, telles que le noyer assez rare en Tunisie, et dont les fruits nous furent donnés comme un cadeau de quelque valeur. Ces noix étaient d'ailleurs excellentes et nous prîmes plaisir à les manger.

Dans une allée du parc nous rencontrâmes un chameau, ainsi qu'ailleurs on rencontrerait un chien. Accroupi sur ses jarrets, il ruminait sous un bananier. Quoique nous vissions des chameaux par milliers tous les jours, leur domesticité nous étonnait encore. Il faut du temps pour s'accoutumer à rencontrer quotidiennement à l'état familier un animal qu'on a contemplé pendant trente années derrière les tristes grilles d'un jardin zoologique.

En quittant cette demeure, nous nous dirigeâmes vers la campagne d'un illustre général dont les jardins sont en grande réputation.

Ce général, nous pouvons le faire connaître; son nom qui est synonyme de bravoure est presque aussi populaire en France qu'en Tunisie. Mais d'abord nous rappellerons à propos du général Kaïr-Eddin une anecdote qui prouve l'intrépidité et presque la témérité de cet officier aussi vaillant soldat que diplomate habile.

C'était à l'époque de l'insurrection de 1864. Les

flottes française, anglaise, italienne et turque étaient assemblées en rade de La Goulette pour recevoir et protéger les Européens dans le cas où les tribus révoltées menaceraient Tunis et ses abords.

Le Sultan, n'a pas renoncé à tout droit de suzeraineté sur la Tunisie : or le Bey crut devoir faire partir pour Constantinople un commissaire extraordinaire, et choisit pour remplir cette délicate mission l'un de ses anciens ministres, le général Kaïr-Eddin, qui plus d'une fois avait été envoyé en ambassade auprès de la Cour des Tuileries.

Les consuls étrangers en résidence à Tunis furent informés de la résolution du Bey. L'un de ces consuls protesta. Selon lui, l'envoi d'un commissaire à Constantinople ne pouvait avoir lieu qu'après avoir été autorisé par les puissances alliées de la Tunisie. Cette prétention d'entraver les actes du Bey ne pouvait être accueillie, et le général Kaïr-Eddin reçut l'ordre de partir quand même.

Si l'on en croit les correspondances publiées alors par les journaux du continent européen, le consul invita le général à ne pas s'exposer au danger d'un départ furtif sous les canons des escadres réunies. Kaïr-Eddin, ne se laissa pas intimider, et déclara simplement mais fermement qu'il avait une mission à remplir et qu'il la remplirait.

Loin de s'inquiéter des menaces qu'on lui avait faites, Kaïr-Eddin partit sans se presser sur le vapeur tunisien *Bechir*. Une frégate fut envoyée à la poursuite du vaillant général, dont le navire marchant alors à toute vapeur ne put être rattrapé par la frégate blindée, qui le suivait comme une baleine suit un requin, mais qui peut-être ralentissait sa marche pour éviter un conflit dans les eaux mêmes de la rade.

Le soir, on se trouvait en face de l'île Temberé, à l'entrée de la baie de Tunis, la frégate gagnait sur le navire arabe : c'en était fait du *Bechir*, si la Providence ne venait à son secours. L'intrépidité de Kaïr-Eddin le sauva.

Le passage entre la terre ferme et l'île est dangereux pour un grand bâtiment, surtout pendant la nuit. Les navires d'un faible tirant d'eau s'exposent eux-mêmes en essayant de franchir cette passe dans l'obscurité, mais c'était la seule ressource qui restât au *Béchir* pour éviter une capture imminente. Le général Kaïr-Eddin ordonna au capitaine du *Béchir* de s'aventurer entre l'île et la terre ferme, dût le navire se briser sur quelque récif.

Le vapeur tunisien franchit heureusement la passe et le commandant de la frégate, comprenant l'inutilité de la poursuite, rentra en rade de Tunis.

Le général arriva sans accident à Constantinople où il remplit avec honneur la mission que son souverain lui avait confiée.

Cette anecdote suffit pour donner la mesure de la valeur du général.

La fortune de Kaïr-Eddin est considérable et il l'emploie à construire des palais et entretenir de splendides jardins. Dans son parc de la Manouba, les essences les plus diverses se rencontrent chargées de fruits. Le parc est dessiné à l'italienne avec une minutie singulière. Il y a tout un peuple de statues dans les bosquets, ce qui peut sembler médiocrement orthodoxe chez un musulman; mais la vieille loi qui défend la reproduction de l'image humaine est tombée en désuétude dans l'islam entier.

Les bâtiments habités par le général sont à la fois italiens et mauresques. Ce mélange, assez heureux de loin, laisse à désirer vu de près. L'intérieur des appartements est meublé à l'européenne, dans ce style qui florissait en Europe au commencement du dix-neuvième siècle, et qui est encore en grande faveur en Tunisie. Les pendules à globe, les vases de porcelaine à sujets, juchés sur des consoles d'acajou à marbre gris ou rouge, se laissaient voir de tous côtés.

Les Orientaux semblent affectionner tout ce qui

se met sous verre : pendules et vases de fleurs artificielles. Dans le palais du souverain, comme dans l'humble demeure de Karoubi, au fond du quartier juif, nous avons vu partout à la place d'honneur la pendule rocaille ou à colonnes, flanquée des deux vases à l'antique, placés comme la pendule sous une éprouvette protectrice.

L'aire des appartements était faite d'un dallage en mosaïque de faïence vernissée, les murailles revêtues de faïence semblable et les plafonds ornés de peintures à l'italienne.

Quant au harem, toujours même impossibilité d'en parler. Les bâtiments où l'on renferme les femmes sont ordinairement isolés du palais du maître ; on s'y rend par des galeries souterraines. Les barreaux de fer, les moucharabys qui obstruent toutes les fenêtres leur donnent l'air de prisons. Quelle autre chose, en effet, est, en Orient, cette vaste cage où l'on détient des êtres qui, pour engendrer des hommes, n'ont cependant pas leur place dans l'humanité?

Après avoir parcouru les jardins, donné à la dérobée un coup d'œil au tombeau bariolé d'un saint en grande vénération dans le pays, contemplé les murailles extérieures du harem qu'on recrépissait, nous remontâmes en voiture pour visiter un autre palais.

Nous entrâmes dans le château le plus grand de la Tunisie, encore inachevé : les maçons et les artistes décorateurs y travaillaient. Cependant le bawab de la première porte, en dépit de la consigne hospitalière de son maître, ne montra pas beaucoup de complaisance à nous recevoir.

Toutefois, au mot « argent » prononcé par nous, son œil s'alluma, sa bouche sourit, son échine devint souple et ses larges mains saisirent les nôtres dans une étreinte affectueuse. Il se mit à marcher en avant, nous montrant les jardins et nous faisant admirer la noria d'irrigation, merveille de la mécanique aux yeux des musulmans.

Mais cela ne nous suffisait pas, et nous demandâmes à visiter l'intérieur de la maison. Le bawab fit la grimace; cependant il se mit en devoir de nous contenter.

Il nous fit entrer sous le vestibule, où, dans un large fauteuil, était établi, somnolent, un énorme bach-bawab, admirablement vêtu à l'orientale et fumant une immense pipe. Ce personnage, qui avait des bas, chose rare ! ne portait pas de turban; une simple chechia couvrait son chef vénérable. Une longue barbe blanche descendait sur sa poitrine, et de ses lèvres s'échappait le tuyau d'ambre d'une chibouque de trois mètres. Le bawab vint humblement lui présenter notre supplique, mais le portier-chef montra peu d'empressement à se laisser persuader ; cependant, songeant peut-être que son inférieur avait souvent l'oreille du maître, se rappelant sans doute aussi combien ce maître est hospitalier, surtout à l'égard des Français, il finit par consentir ; toutefois il ne nous fit pas l'honneur de nous jeter même un léger coup d'œil.

Quant au bawab, il eut à peine obtenu l'autorisation convoitée, qu'il appela une négresse afin qu'on vînt nous ouvrir la porte du premier salon. Cette négresse était fort belle et très-bien mise ; elle avait aux pieds des kabkab, sabots de bois blanc, très-hauts de semelle et de talon, qui n'ont point d'empeigne et ressemblent un peu aux sandales monastiques.

La salle où nous fûmes introduit était très-vaste, elle l'emportait assurément sur les plus grandes salles des palais du souverain.

Le sol tout en mosaïque, était glissant pour nos bottines anglaises ; des étoiles et des dessins capricieux de diverses couleurs rendaient ce pavage très-agréable à l'œil. Les murailles étaient garnies de faïences italiennes jusqu'à la hauteur d'un balcon régnant au-dessus des fenêtres : tout autour de la salle de grandes mosaïques de faïence montaient jusqu'au balcon. La salle, à peine terminée, n'était point meublée encore. Par des escaliers latéraux, nous parvînmes à la galerie. Ces escaliers avaient des marches de faïence et des parois revêtues également d'azulejos.

En montant, le bawab nous prit sous les aisselles :

— C'est pour vous faire honneur, nous dit notre cicerone ; on ne soutient que les personnes de distinction ou que l'on a en haute estime. A la cour tout le monde se soutient ainsi, depuis les infimes officiers jusqu'au souverain qui, lui, ne soutient personne.

Mais peut-être notre guide craignait-il de nous voir trébucher sur les marches vernissées, ce qui eût été de notre part une grande maladresse, presque un crime. Aux yeux des Orientaux, trébucher porte malheur.

Arrivé sur le balcon éclairé par des fenêtres plus petites que celles du rez-de-chaussée, nous contemplâmes pour ainsi dire à vol d'oiseau cette vaste salle. Immobile et pensif, nous songions au bal magnifique qu'on eût pu donner dans ce vaisseau si les mœurs orientales l'eussent permis.

Là, comme dans la plupart des palais nouvellement construits, on avait, pour les plafonds, renoncé à la vieille mode des arabesques, et on leur avait préféré des peintures plates, exécutées, nous a-t-on dit, par des artistes italiens. Ces ornements rappellent, par leur style et la crudité de leurs tons, le genre en faveur en France au commencement du dix-neuvième siècle.

Quand nous descendîmes, le bawab nous soutint encore par les aisselles, et cette fois ce devait être vraiment pour nous faire honneur, car il nous entraînait avec une telle force, que nous eussions trébuché vingt fois s'il nous eût moins bien tenu.

Cet homme aux larges épaules qui foulait les marches de ses pieds sans chaussures était solide comme un bloc et fort... comme un Turc. Il nous montra toutes les autres chambres, et même les appartements des femmes; mais ces appartements, non encore pourvus de leurs meubles, n'offraient rien de particulier.

Quand nous sortîmes nous passâmes de nouveau devant le majestueux bach-bawab qui continuait de faire le kief dans son large fauteuil en fumant son éternelle pipe à tuyau sans fin.

Le bawab nous conduisit jusqu'à la porte extérieure, nous accablant de politesses et nous serrant à chaque instant la main. Nous tirâmes de notre gousset une lourde pièce d'argent.

— Glissez-la-lui dans une poignée de main, nous dit notre cicerone ; si vous la lui offriez à ciel ouvert, il ne la prendrait pas, quoiqu'il brûle de la tenir.

Nous suivîmes ces instructions et nous eûmes à essuyer une étreinte terrible. Nous remontâmes en voiture et nous visitâmes quelques autres palais où des scènes analogues se reproduisirent. Ces palais étaient meublés à la française, au goût de l'Empire, sauf pour les lits, la plupart en fer, plus ou moins ornementés.

Nous regrettâmes les tapis et les nattes, les armoires de nacre et les bahuts dorés rechampis en couleur, seuls meubles d'autrefois. Mais la civilisation occidentale envahit l'Orient, elle essaye de le submerger, lui apportant ce qu'elle a de laid avec ce qu'elle a de beau. Il faudra du temps pour déterminer un choix heureux, trier, émonder, faire renaître le goût pur de l'ancienne civilisation, et retremper l'Orient dans l'Orient même.

Une dernière habitation nous restait à visiter, — ce n'était pas la moins curieuse, — la demeure d'un Français qui remplit dans la ville un poste important.

Après avoir suivi pendant quelques minutes une route poudreuse, le long de laquelle se dressaient, sur des haies de terre, ces figuiers épineux et ces aloès pointus si funestes à nos soldats en Algérie; après avoir admiré la fleur de cette dernière plante, large bouquet rose juché à l'extrémité d'une tige unique haute comme un pin, nous arrivâmes devant une porte que s'empressa d'ouvrir un nègre de grande taille.

Nous demandâmes, ou plutôt notre cicerone demanda le maître de la maison, que nous vîmes aussitôt accourir à notre rencontre.

L'excellent homme ne portait pas la capote à nombreux boutons dorés et la casquette largement galonnée qui lui procurent tant d'envieux quand il passe dans les rues de Tunis. Il était en habit de campagne, il avait dépouillé l'importance du fonctionnaire pour la bonhomie du propriétaire enchanté de recevoir des compatriotes, et de leur montrer l'oasis créée par ses soins.

C'était, en effet, une oasis que l'immense verger de notre hôte. Les précieuses essences qui produisent les savoureux fruits de l'Orient, s'y mariaient à la plupart de nos arbres fruitiers occidentaux. Les plantes aromatiques et les arbustes à fleurs n'avaient point été négligés. Pas un pouce de terrain qui fût inoccupé. Les méandres de ce délicieux jardin avaient été dessinés avec un art exquis pour surprendre l'œil et favoriser à la fois le développement des cultures. Il était facile de reconnaître qu'une main française, habile dans cet art du jardinage où nous excellons, dirigeait l'entretien de ce parc avec un goût et une ingéniosité de ressources qui n'appartiennent qu'à notre pays.

Le propriétaire, tout en s'excusant de prendre au sérieux son rôle de maître de maison jaloux de montrer ses richesses horticoles, nous promenait dans son parc, nous faisant asseoir sur des tabourets en rotins étagés et alternés à angle droit, nous forçait à cueillir le fruit à la branche et nous racontait la légende de chaque carrefour de son verger; ou bien il nous forçait de grimper à des belvédères rustiques installés dans des arbres : belvédère du matin pour voir lever l'aurore, belvédère de midi abrité des rayons du soleil, belvédère du soir pour admirer le coucher de l'astre du jour sur cette France si lointaine et toujours regrettée. De temps à autre il nous faisait passer à travers la maison et nous apercevions de vagues formes blanches qui fuyaient à notre approche. Enfin ces formes furent surprises au point de ne pouvoir nous échapper. Ce fut pour nous l'occasion de saisir un détail de mœurs peu connu.

Le croirait-on? si l'Occident déteint sur l'Orient en Tunisie, l'Orient à son tour déteint sur l'Occident. Dans beaucoup de familles, les femmes européennes s'habituent à vivre à l'écart, elles fuient la présence des hommes et créent le harem sans la polygamie. Il y a plus d'une cause à cet effet, entre autres la température excessivement élevée, exigeant des vêtements très-légers pour les Européennes qui n'emploient pas le haïck préservateur. La simplicité de leur mise fait fuir les femmes, qui s'habituent peu à peu à vivre seules, mollement couchées sur des coussins à l'instar des Mauresques.

Les dames que nous surprîmes étaient d'ailleurs dans une toilette suffisamment montante et nous pûmes nourrir un instant l'espoir de jouir de leur société; mais, après une courte présentation, notre hôte nous fit passer dans sa chambre de prédilection, toute encombrée de bimbelots arabes et garnie, à la place d'honneur, d'un meuble dont il nous vanta l'utilité.

— Voilà ma bibliothèque, dit-il après bien d'autres, en tirant d'un bahut de nombreuses bouteilles de fine liqueur : buvons à nos santés.

En un instant les verres extraits d'une cave de marqueterie européenne furent remplis jusqu'au bord de vieille anisette et il fallut trinquer plus d'une fois à la Tunisie, cette terre hospitalière, et à nous-mêmes.

Jamais réception plus franche ne nous avait été faite. Nous quittâmes l'habitation en remerciant mille fois et de tout cœur notre digne hôte de son excellent accueil, puis nous reprîmes au galop de notre attelage la route de Tunis. Le soleil était descendu sur l'horizon et la nuit couvrait la ville de ses ombres, quand nous nous mîmes à table dans la kouba de l'hôtel de France.

XXIV

UNE NOCE JUIVE

On nous avait promis le régal d'une noce israélite, mais nous commencions à désespérer de voir cette cérémonie si pittoresque en Orient, quand un Juif attaché au consulat d'Italie et qui parlait suffisamment le français pour nous servir d'interprète, vint nous prier de la part d'une famille de sa religion.

Tout ce qui se rapporte aux noces se fait en grande pompe chez les Juifs de Tunis; la fête nuptiale très-compliquée ne dure guère moins de trois semaines. En effet, quinze jours avant le mariage a lieu l'envoi par le fiancé des souliers brodés d'or et d'argent, des parfums, du savon, du henné, du koheul, et de divers autres cadeaux devant servir à compléter la parure de la mariée pour les épousailles.

Huit jours après avoir reçu ces présents, c'est-à-dire une semaine avant l'union, la fiancée se rend au bain accompagnée de ses amies et entourée de musiciens. Elle est sous la conduite et la garde de quelque vieille matrone chargée de diriger le cortége. La fiancée semble alors avoir perdu la parole, il lui est interdit d'émettre un son, elle ne s'appartient plus, pour ainsi dire, et elle doit se laisser parer, conduire et transporter sans jamais ouvrir la bouche.

Afin que ses cheveux aient le reflet de l'ébène, on les pommade avec une sorte d'enduit qui les rend noirs et brillants. Le corps est tout barbouillé d'une pâte épilatoire qui sèche, tombe et entraîne avec elle le duvet couvrant la peau. Puis, selon la coutume orientale, on accuse et régularise les cils en les peignant au pinceau. L'intérieur des paupières est teint avec le koheul et les doigts sont trempés jusqu'à la deuxième phalange dans le henné qui les colore en rouge orangé.

La fiancée est revêtue de ses plus riches habits, et, jusqu'au jour de la noce, la famille s'étudie à rendre plus belle la future épouse.

Nous n'assistâmes pas à ces préparatifs, non

plus qu'à la recherche de la poule, par le fiancé, dans la maison de la future. Le fiancé et ses amis doivent découvrir, dans un coin de la maison, une poule cuite par les soins de la fiancée; celui qui la trouve épousera dans l'année, ce que l'on considère en ce pays comme une chose heureuse.

Nous fûmes appelés dans la maison du père de la mariée pour la partie principale de la cérémonie, l'union religieuse, laquelle ne se fait pas à la synagogue, les femmes n'étant pas admises dans les temples juifs à Tunis.

Après avoir franchi la porte du quartier juif, porte à l'entrée de laquelle sommeillent tout le jour deux sentinelles de la garde beykale placées là nous ne savons trop pourquoi, nous nous aventurâmes, sous la conduite de notre pacifique Italien, en des ruelles étroites et incorrectes.

La perspective dans ces ruelles est sans profondeur. Il s'y révèle une ignorance complète de l'alignement; on y circule entre les maisons placées au hasard, avançant leurs angles et semblant tout à coup fermer la voie. Mais ces angles peuvent se doubler, fût-on même à cheval ou à chameau. On risque bien, dans ce dernier cas, de se froisser les jambes contre les murailles : en Orient il n'y faut pas regarder de si près. Il grouille dans ces ruelles une foule de bêtes et de gens qui ne se doutent même pas que les choses pourraient être autrement. Quelques maisons envahissantes plantées sur la voie laissent par une étroite arcade en fer à cheval défiler sous elles la foule turbulente et pressée des enfants de Jacob.

Dans les impasses à droite et à gauche, de jeunes gars aux riches vêtements devenus sordides, mais d'où s'échappaient encore au soleil des scintillements d'or et d'argent, jouaient sur les seuils. Des juives énormes circulaient lentement, portant à la sueur de leur front le faix de leur embonpoint. Des rikas, de onze à douze ans, mères déjà, nonchalamment accroupies sur l'escalier en échelle de leur humble demeure, soutenaient sur leur sein découvert de petits êtres chétifs appendus à des mamelles à peine gonflées de lait. D'autres, qui n'avaient pas d'enfant avec elles, mais dont la jeune postérité faisait dans la maison un tapage infernal, causaient et riaient, provoquant les passants du regard, du geste et de la voix. Toutes laissaient voir leurs jambes serrées dans le seroual collant tissé d'or, d'argent ou de soie. Sur leur tête resplendissait la kuffia en pointe à la fine broderie métallique. Quelques-unes montraient leur buste nu ou couvert à peine d'un haillon : c'est assez généralement l'usage chez les juives de découvrir la poitrine jusqu'à la ceinture, usage peu ragoûtant d'ailleurs.

Le mariage auquel nous étions invité se faisait dans une famille de médiocre condition : aussi la maison était-elle de modeste apparence. Nous montâmes par une échelle de meunier pour atteindre le patio. La cage de l'escalier avait été récemment peinte à la chaux et l'on venait d'appliquer sur la blanche muraille une main teinte de sang de bœuf, qui avait, en plusieurs places, laissé sa trace rougeâtre. Cette main était destinée à préserver la maison du aïn, le mauvais œil.

La cour ou patio, assez mal dallée, avait sa kouba ouverte; nous y pénétrâmes, indiscrètement sans doute, car il ne doit pas être permis à des hommes, et surtout à des étrangers, d'assister à la toilette d'une vierge qu'on va marier. Mais on avait tant à faire que nous passâmes inaperçu.

La fiancée était dans une des deux maksoures, où on l'ornait comme une châsse. Plusieurs Juives en pantalons de soie, d'or, d'argent, entouraient la jeune fille.

La fiancée avait été amenée au point d'engraissement convenable. Ses jambes étaient de bons gros poteaux, ses hanches des renflements à défier les plus amples crinolines, ses bras des cylindres presque aussi volumineux que ses cuisses et sa poitrine des globes énormes. Ses poignets étaient surchargés de bracelets très-lourds. Des anneaux sans nombre faisaient naufrage dans la graisse de ses doigts noués aux phalanges. Nous en conclûmes qu'elle avait dû manger bon nombre de jeunes chiens pour obtenir un résultat aussi satifaisant. L'extrémité des mains était tout jaune de henné, les ongles d'un ton de brique très-vif.

Les traits de la fiancée paraissaient assez réguliers, et si l'on n'eût point altéré l'œuvre de la nature elle eût été fort belle. Quoique ses sourcils fussent abondants, on les avait fait paraître plus abondants encore, et surtout plus régulièrement tracés en les teignant, et en rejoignant par le koheul les deux arcades sourcilières. L'intérieur des paupières avait été peint en noir. Une ligne tracée à l'antimoine prolongeait jusqu'aux tempes les yeux exagérément grandis. La pommette avait été fardée; le rouge n'avivait qu'à grand'peine la physionomie un peu sombre de la jeune fille, bistrée par le soleil d'Afrique.

Quand nous arrivâmes, celle qu'on allait unir portait déjà le seroual, dont la partie inférieure, collant aux mollets, était toute gaufrée d'or, et la partie supérieure, entourant les cuisses, tissée de soie cerise. Une farmla ouverte, brodée d'or, retenue par quelques boutons au-dessous des seins, permettait d'entrevoir ses charmes exagérément développés.

La jeune fille était coiffée d'une kuffia brodée d'or, d'où s'échappait par derrière un large voile d'or descendant jusqu'à la taille. La kuffia rappelle beaucoup le bonnet de Phrygie, et il n'est pas impossible que ce soit cette même coiffure légèrement altérée. Bientôt on jeta sur les épaules de la jeune fille une sorte de zouka de soie qui voila son corps jusqu'aux genoux.

La fiancée montrait la plus grande indifférence à tout ce qui se passait autour d'elle. Pendant toutes les fêtes du mariage, elle devait ne prendre part à rien, et se mouvoir automatiquement, ou plutôt selon la volonté des femmes chargées de la diriger.

Les guides ne manquaient pas : il y avait là une jolie collection de femmes grasses toutes plus richement habillées les unes que les autres, toutes peintes et maquillées à l'envi, excellentes pour leur emploi.

Quand la toilette de la mariée fut achevée, on l'amena dans la kouba. Elle y était à peine que des chants retentirent, et bientôt une foule d'enfants firent invasion dans la cour. Une sorte de trône fut improvisé pour la promise au fond du patio. Une petite table sur laquelle on plaça une chaise qu'on recouvrit d'un drap d'or et de soie servit de *praticable*. On y jucha la jeune fille. On lui mit un coussin derrière les épaules et le dossier d'une chaise sous les talons. Nous admirâmes ses pieds qui étaient petits et se perdaient dans des babras de cuir verni noir, brodés en or. Le visage de la vierge juive disparaissait sous un voile d'or.

Les amis, les parents, les rabbins et enfin le futur pénétrèrent dans le patio. Le futur se plaça debout près de la table, et une sorte de poêle couvrit les deux êtres qu'on allait unir.

Le jeune homme paraissait avoir trente ans, mais n'en comptait que vingt-deux ou vingt-trois; il ne montrait pas plus de gaieté que la jeune fille. Nous en conclûmes, un peu à la légère, que ce n'était pas un mariage d'amour. La vérité, c'est que les coutumes l'exigeaient ainsi.

Et puis, en somme, le fiancé devait être inquiet, car la Juive avait des sœurs; or il arrive parfois que les parents substituent une sœur à l'autre, comme Lia fut substituée à Rachel. En outre, il pouvait se trouver dans l'assemblée quelque prétendant secret; quand celle-ci livrerait sa main pour recevoir l'anneau, ce prétendant occulte se montrerait peut-être tout à coup, et parviendrait à glisser son propre anneau d'or aux doigts de la fiancée; lui, n'aurait plus qu'à s'enfuir pour cacher sa honte, car son rival aurait triomphé.

Mais tout se passa sans accident, aucune substitution n'eut lieu, le fiancé chercha dans les vêtements de sa promise pour y trouver une main qui ne s'offrait pas, prit cette main et glissa l'anneau. A l'instant retentit de tous côtés le toulouil, trilles gutturaux dont nous avons parlé à propos des aïssaouas.

Nous étions à la droite de la mariée, appuyés contre une fenêtre. Il partit de cette croisée une douzaine de trilles qui nous remplirent encore une fois de terreur. Nous ne pouvions pas nous habituer à ces vocalises.

On apporta une verre de vin. Le jeune homme, son père, les parents des mariés et les rabbins y burent les premiers. Ensuite toute l'assistance se bouscula pour y plonger les lèvres. Enfin le verre fut jeté à terre et brisé en mille morceaux que se disputèrent les invités.

Le toulouil retentit de nouveau, les rabbins marmottèrent quelques paroles, et l'union fut prononcée. A ce moment nous nous disposâmes à nous retirer.

Le père de la mariée, vieillard à longue barbe grise, nous remercia d'avoir bien voulu lui faire l'honneur d'assister au mariage, il nous invita aux fêtes du lendemain et nous serra la main avec effusion en recevant notre promesse de nous rendre à son invitation.

Le lendemain donc nous retournâmes au quartier juif. Notre cornac israélite ne nous conduisit pas à la même maison, il nous fit entrer dans celle de l'époux, où la mariée avait été amenée la veille au milieu d'un nombreux cortége d'enfants de Moïse chantant des cantiques. La mariée avait, selon l'usage, montré toute la douleur convenable en quittant la maison paternelle, faisant trois pas en avant et deux en arrière, et mettant ainsi plus d'une heure à parcourir une distance de quelques minutes. Mais c'était plaisir pour elle, car plus le trajet s'effectue lentement et plus longtemps les amis qui accompagnent les époux chantent les louanges de la jeune femme, et dès lors, celle-ci est considérée comme d'autant plus sage qu'on a chanté plus longtemps ses vertus.

Nous traversâmes un patio de meilleure apparence que celui de la veille. Dans une kouba confortable était la noce, assise en rond autour d'une table chargée de pâtisseries et de liqueurs. Au milieu de cette table une bougie brûlait dans un flambeau d'où s'écoulait sur la table une cascade de cire, comme l'eau s'épanche d'une vasque trop pleine.

Au fond de la kouba, devant la table, un trône de coussins avait été élevé pour la mariée, dont les atours, différents de ceux que nous lui avions vus déjà, étaient cependant d'une égale richesse. Sa tête portait encore la kuffia, mais le tissu de son seroual était en argent au lieu d'être en or. Elle avait surchargé sa poitrine de colliers de perles, de corail, de sequins et d'amulettes. Ses bras étaient cerclés de bracelets d'or et d'argent, et ses pieds, nus dans des babras de cuir verni brodé en argent, étaient chargés à la cheville de m'kaïs d'or grossièrement travaillés ; ils reposaient sur le bord du canapé. Près d'elle son mari, placé moins haut que sa femme, était assis croisant ses jambes l'une sur l'autre.

En nous apercevant, l'époux vint à notre rencontre et nous embrassa respectueusement sur l'omoplate. Nous ne nous attendions pas à cette accolade, elle nous toucha et nous embrassâmes de tout cœur le jeune homme, quoiqu'il ne fît qu'obéir aux usages ordinaires de l'hospitalité.

L'époux nous pria de nous asseoir près de lui. Pendant que nos yeux contemplaient les invités, cherchant ces musiciens qui, d'ordinaire, égayent de leurs chants et du son de leurs instruments les noces juives, la mariée se fit donner ses kabkab de bois blancs, elle introduisit ses souliers brodés sous la courroie qui sert d'empeigne aux kabkab et faisant le tour de la table, elle vint nous serrer la main, puis élevant jusqu'à ses lèvres ses doigts tout teints de henné qui avaient serré nos doigts, elle se les baisa. Ensuite, gravement, elle retourna vers son trône sur lequel on la replaça. De nouveau elle s'assit les jambes un peu écartées, les genoux à la hauteur des seins et les pieds sur le bord du canapé, position fort naturelle avec le costume oriental, mais singulière aux yeux d'un Européen.

Pendant ce temps on nous offrait à manger des gâteaux glacés au rhum, exquis, et à boire de l'anisette douce et des liqueurs fortes difficiles à avaler.

Notre guide nous annonça qu'il n'y aurait pas de musiciens, la famille ayant récemment perdu l'un de ses membres. Mais pour remplacer les artistes, absents à notre grand regret, un des invités se mit à souffler dans une sorte de galoubet d'où s'échappèrent les sons les plus discordants. Néanmoins chacun trouva le musicien fort habile, et les braves invités, qui jusque-là semblaient s'amuser comme à un enterrement, commencèrent à dérider leurs visages.

Après le galoubet, un farceur imita le chant du coq et de tous les animaux connus en Afrique. Mais ce qui eut principalement du succès, ce fut la parodie d'une vente à l'encan à travers les souks, exécutée par un jeune israélite. Ayant pris un vêtement quelconque et l'ayant déployé sur son bras, il l'offrit à chacun en poussant le cri nasillard des enchérisseurs de l'Orient, qui ne le cèdent en rien aux commissaires-priseurs de l'Occident. Il offrit un seroual d'homme à la mariée que cette mauvaise plaisanterie laissa impassible et une kuffia au marié qui rit de bon cœur. L'auteur de cette folie recueillit les félicitations de l'assemblée tout entière.

— Et maintenant que va-t-on faire? demandâmes-nous à notre interprète.

— Recommencer jusqu'à la nuit.

En effet le joueur de galoubet souffla de nouveau dans son instrument. Ce fut pour nous le signal du départ.

XXV

LES ALMÉES

De retour à l'hôtel, Karoubi qui ne nous avait pas accompagné, nous demanda si nous avions pris plaisir à cette noce. Nous ne lui cachâmes pas notre désappointement de n'avoir point entendu de musiciens. Il s'offrit alors à préparer pour nous exclusivement une petite fête orientale avec des instrumentistes, des chanteurs et des danseuses « comme il n'y en a pas dans le paradis de Mahomet. »

Nous trouvâmes que notre guide s'avançait beaucoup, mais enfin nous étions allé à Tunis pour voir du nouveau, et surtout pour ne négliger aucun détail de mœurs; nous donnâmes donc notre consentement.

Le lendemain, pour la troisième fois, nous nous

rendions au quartier juif, et pour la troisième fois aussi nous pénétrions dans une maison de modeste apparence. Les palais n'abondent pas dans le district israélite, il y a trop peu de temps que les Juifs ont été proclamés les égaux des Islamites pour que l'aspect des habitations se ressente de l'amélioration du sort des habitants.

Dans une kouba sans maksoures des tréteaux avaient été disposés près d'une fenêtre, et sur ces tréteaux quatre musiciens juifs étaient assis, les jambes croisées devant eux. C'était à peu près la même composition que l'orchestre du café juif, et peut-être les mêmes musiciens. A peine fûmes-nous arrivé, que la musique commença. Les instruments étaient tous à cordes, sauf le tarbouka. Aussi les instrumentistes pouvaient-ils facilement s'accompagner avec la voix, et c'est ce qu'ils firent en effet.

Bientôt les almées parurent; elles avaient des costumes juifs comme ceux que nous avons décrits, costumes plus ou moins neufs, selon l'âge des femmes qui les portaient : les plus jeunes étaient les mieux vêtues.

L'une d'elles, presque une enfant, et qui était bien la créature la plus complétement peinte de l'univers et la plus admirée de notre guide, avait un costume de soie très-fraîche supportant une profusion de broderies, de soutaches, de plaques d'or et d'argent. Son petit bonnet phrygien lui allait à ravir et lui donnait une crânerie que démentaient ses yeux timides toujours fixés à terre. Elle vint se placer à nos côtés; trois autres s'assirent sur un canapé.

Les femmes chantèrent, alternant avec les hommes. Enfin, la danse commença, étrange, lascive, activée par la musique, au rhythme de plus en plus entraînant, et par des rasades fréquentes d'anisette. Pour danser, les femmes retiraient leurs babouches; leurs pieds sans chaussettes se posaient nus sur les dalles. Elles dansèrent d'abord seules accroupies, puis à quatre pattes, puis sur les mains, puis plusieurs ensemble. Peu à peu, sous l'influence de la liqueur, la danse devint vertigineuse; les musiciens grattaient leurs instruments à en casser les cordes, et les danseuses tourbillonnaient, roulaient sur le sol et se battaient avec une fureur écœurante.

Seule la petite Juive, assise à nos côtés, restait à sa place, nous regardant de temps à autre avec un œil noir étincelant dans son orbite blanche, losangée de paupières teintes au koheul.

Nous demandâmes au guide pourquoi celle-ci ne chantait et ne dansait pas.

— Elle ne saurait, dit-il; elle est si jeune.

Il paraît qu'elle avait neuf ans ; on lui en eût donné seize.

Quand nous sortîmes, Karoubi nous questionna d'un air de triomphe pour savoir si nous étions satisfait. Nous lui répondîmes que nous préférions le ballet de l'Opéra. Notre guide sourit avec un air de doute, leva les yeux au ciel, et nous trouva bien froid et bien blasé.

Pourquoi, en effet, restâmes-nous indifférent? Était-ce la gravité de l'Orient qui nous gagnait déjà?

XXVI

CARTHAGE

Nous avions réservé pour le dernier jour notre visite à Carthage, non pas toutefois que nous missions une grande confiance en la splendeur de ces restes tant vantés. Pour peu de chose, en effet, nous eussions quitté la Tunisie sans nous reposer, comme Marius, sur les ruines de la cité punique.

Mais un voyage de six cents lieues ne se recommence pas tous les jours, et d'ailleurs aucune autre curiosité digne de notre attention ne s'offrait plus à nous.

Si vraiment il restait à Carthage un morceau dont la beauté méritât notre visite, nous pouvions, en négligeant de l'aller voir, nous causer des remords éternels. Si, au contraire, comme nous le supposions, il n'y avait plus de Carthage que l'emplacement, même contesté, quelle joie pour nous, au retour, de nous moquer de ces prétendus trouveurs de villes qui, semblables à l'antiquaire de Walter Scott, voient un fossé de castel dans une vieille rigole, et l'enceinte d'une ville dans une dépression ou un relief de terrain!

En conséquence, nous décidâmes que nous visiterions la grande victime de Rome.

Les guides font un tel embarras quand il s'agit d'aller à Carthage, qu'il semble qu'on se mette en route pour la Mecque elle-même. Nous ordonnâmes donc à notre fidèle Karoubi de nous arrêter une bonne voiture pour le lendemain. Le coffre devait être garni de provisions de bouche, car on ne trouve rien à Carthage, et l'on nous avait donné à entendre que l'appétit est vif sur l'emplacement de l'antique Byrsa. Il faut de la nourriture pour soi, une nourriture délicate, bien entendu, puis de la nourriture pour le guide, puis de la nourriture pour le cocher. Enfin on emporte de quoi nourrir pendant deux jours quatre personnes, sous prétexte d'en faire déjeuner trois.

De bonne heure, le jour choisi, notre guide vint frapper à coups redoublés à la porte de notre hôtel encore endormi. Tout le monde dut être réveillé par les heurts terribles de cet important personnage. Cependant rien ne bougea. Le Berbère, à qui la tâche d'ouvrir la porte incombait le matin, n'avait pas beaucoup de toilette à faire pour se présenter décemment, car il couchait dans l'unique vêtement dont chaque jour il était vêtu; néanmoins, nous pûmes compléter notre travestissement en voyageur sérieux, boucler nos guêtres, appendre notre lorgnette à nos épaules et placer dans notre sacoche le flacon d'alcali, spécifique précieux contre les piqûres de scorpion, avant que la porte ne s'ouvrît.

Nous allions descendre, quand notre guide, après un quart d'heure de tambourinage couronné de succès, parut sur notre palier.

Il s'assura que rien ne nous manquait pour l'important voyage que nous allions entreprendre et nous gagnâmes une petite calèche à deux chevaux qui nous attendait au bout de la rue.

Il était à peu près cinq heures du matin. La voie poussiéreuse, hors des vieilles fortifications, que prit notre voiture pour tourner une partie de la ville, y rentrer un instant afin d'abréger la route, s'engager dans le quartier de Bal el Souika, et ressortir par la porte de Carthage, était encombrée d'Arabes, comme le jour où nous nous rendîmes au Bardo.

Comme ce jour-là, nous fûmes obligé de ralentir le pas de nos chevaux, de peur d'écraser quelque descendant du prophète, au turban vert.

A la porte de Carthage, des négresses, profitant du filet d'eau d'une fontaine, avaient transformé le côté droit de la route en un vaste lavoir. Au nombre d'une trentaine, elles savonnaient et resavonnaient, en faisant retentir l'air des coups secs du battoir sur le linge mouillé.

A gauche, des troupeaux de chèvres attendaient qu'on les débarrassât de leur lait, des escadrons d'ânes broutaient des restes de pastèques et de melons blancs.

Enfin notre calèche roula sur la route de Carthage, qu'on macadamisait avec des gravois apportés de Tunis. Mais bientôt nous nous retrouvâmes en pleine poussière terreuse, la route n'étant plus que la trace des véhicules.

A cette heure matinale, le soleil frappant au loin la mer de ses rayons obliques, et plus près le lac El Baheira, rendait lumineuse la plaine liquide. Au milieu du lac enflammé, le bordj de Chekli qui dresse vers le ciel des murailles à demi ruinées, émergeait en vigueur sur la glace des eaux étincelantes. A droite, au dernier plan, s'élançaient, à travers les brumes matinales, les aiguilles hardies de l'Hammam Lif. A gauche, le promontoire de Carthage surplombait les flots.

A mesure que nous avancions, le soleil montait à l'horizon, et ses rayons, plus perpendiculaires, se noyaient dans le fond du lac et se réfléchissaient moins ardents vers la terre. L'El Baheïra reprenait son aspect habituel. Les sandales se rendant à la Goulette apparaissaient avec leurs voiles latines, comme de blancs oiseaux étendant leurs ailes, et les troupes de flamants roses bercés par les vagues semblaient une écume légère rejetée vers le rivage.

Quand nous arrivâmes au café arabe, nous descendîmes de voiture, selon la coutume, et nous prîmes le breuvage noir. L'émotion que nous avions ressentie la première fois que nous mîmes le pied dans ce café, nous ne l'éprouvâmes plus : déjà nous étions accoutumé à ces mœurs orientales, et l'étonnement du premier jour avait cessé. Nous nous hâtâmes de remonter en voiture.

Sur la gauche du chemin nous vîmes un berger arabe qui gardait un troupeau de ces moutons à grosse queue dont la vue nous avait si fort surpris aux dernières expositions de races ovines en France; ces moutons sont communs en Tunisie.

Nous approchions des ruines de Carthage par un chemin qui pouvait n'être pas sûr, car le berger arabe portait au côté un terrible yatagan. Un autre berger que nous rencontrâmes plus loin était armé d'une escopette espagnole.

Jusqu'à l'endroit où la route bifurque pour tourner le lac et se rendre à la Goulette, nous avions eu quelques compagnons de voyage : des Kabyles au grand chapeau de sparterie, montés sur des ânes ou des mules, le fusil reposant sur l'avant du bât; de petits équipages remplis de Maures, les uns en habits européens, les autres en costume oriental; de pauvres piétons appuyés sur de longs bâtons recourbés, spectres des rois pasteurs; mais depuis que nous avancions vers une colline du haut de laquelle Carthage allait apparaître à nos yeux, nous étions devenus les seuls voyageurs de la route.

La colline que nous gravissions était occupée à son sommet par deux propriétés très-plantureuses. Celle à notre gauche, ombragée de palmiers verdoyants, était habitée par un officier du Bey, dont nous ne vîmes que les chiens. Ces énormes molosses, bondissant sur la route, n'eussent fait de nous qu'une bouchée si le nègre qui les soignait ne les eût rappelés en sifflant avec force.

La propriété verte à notre droite, c'était le jardin de Saint-Louis, la chapelle française élevée à l'endroit même où mourut le roi croisé.

Laissant notre voiture sous les palmiers, et descendant la colline de Byrsa, nous nous dirigeâmes du côté des citernes de Carthage.

Pour le moment nous n'avions devant les yeux qu'un sol jonché de pierres romano-carthaginoises, gravois vingt et trente fois séculaires, émiettés sur la colline aride. Au-dessous de nous, la mer venait battre quelques colonnes de marbre noir à demi submergées. Çà et là, l'arcade d'un souterrain bâillait, témoignant de fouilles récentes et inachevées.

Nous nous arrêtâmes et regardâmes Karoubi comme pour lui demander où était cette Carthage tant vantée, où gisaient ces ruines qu'il nous avait promises et dont nous ne voyions pas même la trace, car ces débris romano-carthaginois dont le sol était jonché le faisaient plutôt ressembler à un champ pierreux qu'à une ruine antique et solennelle.

— C'est à peu près tout, monsieur, dit notre guide.

Nous baissâmes la tête et nous suivîmes à pas lents notre cicerone qui nous conduisait vers les citernes. Nous avions oublié le danger des scorpions. Les névroptères énormes qui voltigeaient en bourdonnant ne pouvaient nous arracher de notre rêverie.

Nous repassions dans notre esprit les descriptions grandioses de la Carthage punique et de la Carthage romaine; et nous reportions nos regards sur cette terre désolée où tout de Carthage avait disparu, jusqu'aux ruines elles-mêmes. Le *delenda est Carthago* avait-il été assez scrupuleusement accompli non par les soldats de Scipion, non par les Vandales, mais par une sorte de fatalité qui avait voulu que, de cette cité deux fois reine de l'Afrique et presque du monde, il ne restât pas pierre sur pierre!

L'Arabe, ce fidèle serviteur de la fatalité, a porté à Carthage le dernier coup. Il en a dispersé jusqu'aux fondements. Tunis est en partie bâtie avec les ruines de Carthage, les plus grossières, car les plus précieuses ont été enlevées par les Européens. La cathédrale de Pise a été construite avec les marbres puniques, et les Génois, comme les Pisans, sont allés chercher à Carthage les marbres dont ils avaient besoin pour leurs palais et leurs églises. Depuis des siècles Carthage est une carrière à ras du sol où l'on est allé prendre les matériaux nécessaires pour édifier nous ne savons combien de monuments et de villes. Aujourd'hui encore, dès qu'un archéologue fait une fouille et met à découvert quelque pan de mur souterrain, il a un Arabe derrière lui pour le surveiller, et le lendemain même le pan de mur a disparu, emporté par les bêtes de somme du musulman avide de belles pierres toutes taillées.

Cependant nous approchions des réservoirs. Bientôt nous nous engageâmes dans un chemin creux et nous nous trouvâmes devant une première et vaste citerne toute remplie d'une eau verdâtre. Nous l'entrevoyions à travers les broussailles, les pariétaires et les essences arborescentes qui avaient poussé à l'entrée de cette mare souterraine. Il régnait sous la voûte un jour crépusculaire donnant à ces lieux un aspect sinistre.

Nous poussâmes un cri afin d'entendre l'écho, car toute citerne historique a un écho, et l'on nous avait parlé de celui de Carthage.

Nous écoutâmes.

O merveille! un effet d'acoustique imprévu se produisit aussitôt. Le bruit de notre voix répercuté imitait, à s'y méprendre, les aboiements d'un chien.

Nous regardâmes avec un étonnement mêlé d'inquiétude le guide que ce bruit laissait impassible.

Sans doute il y était accoutumé.

Nous continuâmes notre visite. Une seconde, puis une troisième citerne, semblables à la première, s'offrirent à notre vue; une quatrième ouverture nous permit d'accéder à l'arcade centrale où nous pûmes pénétrer à pied sec.

Alors, sans que nous eussions parlé, même tout bas, l'écho se fit entendre encore, et... un chien de chasse vint en grondant nous menacer de ses crocs aiguisés.

Tout s'expliquait : l'écho de Carthage n'avait rien de merveilleux. Le capitaine du navire qui, le lendemain, allait nous remporter en Occident chassait dans les ruines de Carthage le pigeon qui s'y trouve en abondance.

Le capitaine siffla son chien et lâcha quelques coups de fusil assez malheureux. Les pigeons, filant à tire d'aile par des regards pratiqués au centre des voûtes, allèrent chercher pour quelques heures un asile plus hospitalier.

Nous examinâmes les quatre autres citernes, mais nous n'eûmes pas même la consolation de nous trouver dans un monument punique. Ces citernes grandes, majestueuses et d'un aspect mystérieux, sont en blocage avec des pierres plates, disposées de distance en distance, témoignant de la modernité relative de la construction. Nous avions sous les yeux les réservoirs de la Carthage romaine et non de a Carthage punique.

Après avoir examiné ces citernes souterraines,

nous remontâmes à fleur de sol et nous parcourûmes avec précaution la superficie des voûtes. Il importait de ne pas tomber dans les réservoirs par les jours qui les éclairent et que des broussailles dissimulent en partie.

De là nous descendîmes au bord de la mer; nous nous assîmes sur des tronçons de colonnes de marbre battues par le flot depuis des siècles et qui sont les seuls débris monumentaux restés sur le sol carthaginois.

La mer était belle ; l'eau claire agitée par la brise sur un sable fin nous invitait à plonger. Se baigner sur l'emplacement du port Cothon, révélé par quelques pierres agrafées l'une à l'autre et submergées, cela ne manquait pas d'un certain charme : nous ne pûmes résister à la tentation.

Au sortir du bain nous nous dirigeâmes, en longeant la mer, du côté de la chapelle Saint-Louis, située sur l'emplacement de Byrsa.

Nous rencontrâmes un massif énorme de pierres, pan de mur étrangement posé dont le bloc d'une solidité à toute épreuve défie les efforts des ouvriers arabes les plus patients.

En tournant une légère élévation de terrain, nous nous trouvâmes tout à coup dans une petite anse bien abritée où un seigneur tunisien avait planté sa tente.

Cette tente était ronde, ouverte du côté de la mer, défendue contre les rayons du soleil par des paravents de toile, disposée enfin le plus commodément du monde.

Dans la mer une autre tente en forme de toiture anguleuse était préparée pour le bain. Bien fermée; avait-elle pour mission de dérober aux regards les charmes de belles Mauresques de harem, ou, dans son sybaritisme, le seigneur tenait-il à prendre lui-même le bain à l'abri d'un soleil ardent, c'est ce que nous n'eûmes pas l'indiscrétion de demander.

En nous apercevant, le seigneur maure, un ministre du Bey, nous dit-on, qui reposait sur des nattes et des coussins, retira de ses lèvres le bout d'ambre de son chibouque et nous salua bienveillamment.

Il était vêtu à la mauresque, avec des étoffes extrêmement fines et de ton clair.

Ayant appelé un de ses serviteurs, il lui remit sa tabatière, et nous l'envoya pour y prendre la prise de l'amitié. Nous puisâmes, par politesse, une pincée de tabac, et, soulevant notre feutre, nous saluâmes à l'européenne ce digne ministre. Celui-ci nous rendit notre salut en portant sa main à son cœur, à ses lèvres et à son front. Puis reprenant sa longue pipe, il se replongea dans son kief voluptueux.

Ayant gagné une sorte de chemin montant vers la chapelle Saint-Louis, que nous apercevions au-dessus de nous, nous gravîmes la hauteur avec un courage aiguillonné par la faim.

Après avoir tourné la colline de Saint-Louis, autrefois la citadelle de Carthage, nous arrivâmes à une porte où nous frappâmes.

Nous étions là en France, ou au moins dans une dépendance de la mère patrie. En effet, le roi Louis-Philippe a obtenu des Beys de Tunis la concession de ce plateau de Byrsa, où, selon la tradition, saint Louis a rendu le dernier soupir.

Au temps de Boabdil, Carthage n'était déjà plus qu'une bourgade dont les croisés s'emparèrent sans peine. Aujourd'hui, ce n'est pas même une bourgade, et la chapelle Saint-Louis domine seule l'emplacement aride de l'antique cité.

La chapelle, petit monument gothique construit au centre du plateau, dans un jardin, tourne son portail du côté de la mer. Quand nous pénétrâmes dans le saint édifice, il était absolument vide.

Nous vîmes des murailles ornées de quelques arabesques; des vitraux portant le monogramme de saint Louis et le chiffre de Louis-Philippe, alternant avec des fleurs de lis ; la statue du martyr couronné, se dressant au-dessus de l'autel, dans cet oratoire où elle a été placée par ordre du roi des Français.

L'image de la victime des Sarrasins, par Seurre, a été transportée sur la colline dans un chariot que traînait un bataillon de soldats musulmans. Ceux-ci s'étaient prêtés volontiers à cette ovation du saint roi, car Louis IX est maintenant en vénération chez les islamites, quoiqu'il les ait combattus et qu'il ait passé au fil de l'épée les quelques Sarrasins trouvés dans Carthage.

Les Arabes de nos jours confondent saint Louis et Bou Saïd, *le père du bonheur*, marabout enterré près de là et qui a donné son nom au village de Sidi Bou Saïd. Ils croient que Sidi Bou Saïd c'est saint Louis qui, selon eux, se serait fait musulman avant de mourir.

Voilà une version que n'admettrait pas Rome ; cependant elle est toute favorable à Louis IX, car elle attribue au saint roi une double béatification.

En sortant de la chapelle on nous fit admirer les voussures d'un temple que des fouilles intelligentes ont fait sortir de terre, vestiges d'arcades interrompues presque à leur naissance, mais suffisamment ornées pour démontrer la richesse de l'édifice dont elles faisaient partie.

Nous visitâmes les jardins tout remplis de statues plus ou moins incomplètes, de mosaïques, les unes fines et les autres grossières, de fragments d'ornementation en pierre dont quelques-uns très-bien conservés, trouvés à Carthage.

Puis, assis à l'ombre sur un banc de pierre, nous nous fîmes servir, à la satisfaction évidente de notre guide, ce repas fameux pour lequel nous avions emporté tant de provisions.

Il était alors neuf heures et nous eussions pu retourner à notre hôtel pour le déjeuner, mais cela n'eût pas fait l'affaire de nos gens, qui attendaient impatiemment les *miettes* du festin.

On étala devant nous les viandes froides, les fruits succulents, les gâteaux sucrés, et l'on disposa les bouteilles de vin et d'eau.

Nous eûmes bientôt satisfait notre appétit et calmé notre soif. Alors ce fut le tour de la valetaille. Le guide et le cocher invitèrent le gardien du monument à manger avec eux, et tous trois se mirent en devoir de faire honneur aux restes du repas. Ces restes étaient encore assez considérables, après l'apaisement de la faim de ces hardis mangeurs, pour suffire au déjeuner de plusieurs voraces.

Nous comprîmes alors pourquoi l'on emporte à Carthage de si lourdes provisions : cette franc-maçonnerie des guides, des cochers et de tous les exploiteurs de touristes nous fit rire de bon cœur et nous attendîmes patiemment que notre santé eût été portée une douzaine de fois et que les bouteilles fussent vides pour nous remettre en route.

Le lendemain, nous allions quitter le pays et cela nous affligeait. En arrivant, nous avions été péniblement impressionné : un sentiment de terreur s'était produit en nous à la vue de cet Orient farouche que nous n'avions pas même rêvé. Sur le point d'abandonner ces lieux, après avoir reconnu notre erreur des premiers moments, nous soupirions.

Durant notre séjour nous nous étions peu à peu accoutumé à ces mœurs nouvelles pour nous, et l'aspect peu rassurant de Tunis ne nous effrayait plus. Nous avions pu constater l'urbanité parfaite de ses habitants et l'absence à peu près complète de fanatisme.

Chez les fonctionnaires nous avions rencontré une douceur de mœurs, une politesse et un désir d'obliger poussés aussi loin que possible.

Partout nous avions joui du spectacle d'une liberté dont personne ne songeait à abuser. Dans ce pays où il eût été si facile de violer la loi, elle était respectée de tous; chacun vivait à sa guise sans gêner son voisin. Le Maure ou le Juif commerçant vendaient aux souks tout le jour; le Kabyle travaillait de ses mains, bâtissait, exerçait un métier quelconque; l'Arabe venu de la campagne trafiquait tranquillement de ses denrées dans les fondouks; le saint faisait des miracles et vivait aux dépens du commun; le pauvre dormait, se contentant d'une obole pour soutenir son existence; le soldat feignait de garder la ville qui n'avait pas besoin de gardiens; les étrangers s'agitaient, cherchant à gagner leur vie et trouvant la fortune.

Aussi quand, par suite de l'esprit remuant de certaines tribus qui ne veulent subir aucun joug, une insurrection bien peu prévue altéra pour quelques mois la sécurité du souverain et le força de lever une véritable armée, la ville de Tunis, confiante dans le Pouvoir dont elle connaissait la douceur paternelle, ne prit aucune part à la rébellion, et donna même au prince et à ses ministres de précieux gages d'inaltérable fidélité.

Le lendemain de bonne heure, nous reprenions à regret la route de la Goulette, où nous arrivions bientôt. La place avait toujours la même animation. Des officiers causaient encore à l'ombre d'une sorte de verendah. Parmi eux, dans un brillant costume, était le premier eunuque du harem de Son Altesse.

Cet important fonctionnaire s'élança vers nous pour serrer notre main et nous souhaiter un bon voyage; il nous accompagna jusqu'à notre barque.

En passant devant la douane, nous vîmes reparaître à son balcon flottant le même officier couvert de décorations qui avait dédaigné de visiter notre mince bagage. Cette fois encore il montra cette commode indifférence. Il nous salua, et nous étions déjà bien loin qu'il agitait toujours la main de notre côté.

Peu à peu notre barque s'était dégagée des navires encombrant le port, et nous commencions à nous sentir balancé sur les lames. Le *Zouave* nous reçut, et du haut de sa dunette, nous pûmes admirer pendant une heure écoulée trop vite la blanche perspective tunisienne.

Enfin le navire s'ébranla. Nous repassâmes devant Saint-Louis, Carthage, Sidi Bou Saïd, Bizerte, La Calle et toutes ces collines qui bordent la mer dans la direction de Bone.

Quand le soleil disparut au fond des flots, nous nous couchâmes tristement, et dans nos rêves nous pûmes nous croire encore à Tunis.

XXVII

TUNIS A PARIS

Si l'on *nous eût dit, quand nous quittions* Tunis, qu'un jour nous le retrouverions à Paris, on nous eût jeté dans un profond étonnement, ou plutôt, nous eussions levé les épaules et classé parmi les *saints* le prophète sincère d'une telle absurdité.

Et cependant c'est un fait accompli : l'apathique Orient, sorti de sa somnolence séculaire, est devenu tout à coup inquiet de l'opinion occidentale; maintenant l'Islam entier sollicite, à Paris même, l'admiration du giaour, si longtemps méprisé.

Ne dédaignons pas cet effort d'une race qui, pour adopter enfin nos mœurs et concourir avec nous au progrès de la civilisation, a dû rejeter des traditions enracinées profondément, des préjugés forts comme des lois, et des lois respectées comme la parole de Dieu même.

Mais si grande que soit l'activité déployée en Orient depuis quelques années, le Levant ne pouvait encore nous rien envoyer qui fût préférable à son ancienne industrie, et ce sont surtout les merveilles de ses arts passés ou transmis qu'elle a voulu placer sous nos yeux éblouis.

Procédant avec ce faste, que les Occidentaux ne connaissent pas, les Orientaux n'ont pas seulement exposé leurs produits naturels si précieux et si variés, leurs étoffes si fines et si délicatement tissées, leurs cuirs si somptueusement brodés de soie, d'argent et d'or, leurs armes si bien trempées, leurs poteries si légères et si élégantes, leurs meubles si joyeusement rehaussés d'or et de couleurs vives; ils ont transporté ici jusqu'à leurs monuments avec tout le détail de leur incomparable splendeur.

A voir, dans un coin du Champ de Mars, cet admirable palais du bey de Tunis, l'un des nombreux bâtiments qui composent le Bardo, Fontainebleau, Kremlin de Tunis, on dirait que le souverain a tiré de son trésor une de ces bagues enchantées, que doit posséder tout prince oriental en bonne intelligence avec les esprits extérieurs.

Il semble que Mohammed-es-Sadock, ou le gardien de son trésor, Sidi Mustapha-Khasnadar, ait frotté ce talisman, délaissé pendant des siècles, et, réveillant les génies esclaves de la bague, leur ait ordonné de transporter de Tunis à Paris l'Alhambra de l'Afrique, non moins précieux que celui des rois maures à Grenade.

Ainsi, ce que Rome faisait autrefois pour dominer le monde, l'Orient le répète aujourd'hui pour le séduire. En échange des arènes, des théâtres, des arcs de triomphe, que les Occidentaux sont allés planter sur le sol africain; l'Afrique élève dans nos villes ses palais mauresques.

Défié par nous tant de fois, l'Orient s'est décidé à accepter le combat, et maintenant il triomphe dans notre admiration. Pourquoi marchander l'éloge à qui l'a si bien mérité? Tunis, l'Égypte, la Turquie ont frappé un coup de maître. Tout l'Orient a été illuminé à la fois, et le croissant de Mahomet brille d'un éclat incomparable.

L'Orient avait pris une part à peu près nulle à l'exposition universelle de Paris en 1855, et à l'exhibition internationale de Londres en 1862. Depuis la guerre de Crimée la civilisation, entrée en Orient à la suite des défenseurs de l'Islam en péril, s'est développée sur ce sol aride. En voyant de près ces chrétiens, qu'ils avaient jusqu'alors profondément méprisés, les Orientaux ont commencé à estimer leurs frères d'Occident.

Tunis, plus rapprochée de nous que Constantinople, était depuis longtemps en rapport avec la France. Grâce aux efforts de ses beys et du Khasnadar, sa conversion à nos idées était déjà un fait accompli.

Ce fait ressort très-évidemment de cette exposition tunisienne, organisée avec tant de luxe et de minutie intelligente par M. le baron Jules de Lesseps, représentant du Bey à Paris.

Si séduisant que soit le panorama oriental, à l'Exposition de 1867, nous nous bornerons à parler de la seule Tunisie.

Ce qui fixe principalement le regard, c'est le Bardo. Ce bijou d'architecture mauresque avec ses tours dentelées, ses coupoles jaunes et vertes, ses toitures vernissées, séduit vu de loin, et enchante vu de près. Quand on s'approche, et qu'on peut saisir dans tous ses détails la miniature du palais du Bey, quand on monte l'escalier des Lions et qu'on se promène sur le vestibule aux murailles garnies d'azuléjos, aux plafonds arabesqués, aux colonnettes chevronnées de couleurs vives, aux arcades découpées en dents de scie, ce n'est plus de l'admiration que l'on ressent, c'est un charme véritable.

On entre avec recueillement dans ces salles polychromes, où, par les jours des châssis de plâtre arabesqué, pénètrent à travers des cristaux de couleur des rayons d'or, de pourpre et d'azur.

Nous ne ferons pas une fois de plus la description du Bardo, quoique sa splendeur soit rendue mieux saisissable encore dans cette miniature du Champ de Mars où l'on embrasse pour ainsi dire d'un seul coup d'œil ce palais tout entier : nous apporterons seulement notre juste tribut de louanges à l'artiste qui a su, en transportant ici cette merveille, lui restituer les beautés qu'elle a perdues sur le sol africain, au milieu des autres palais qui l'enchâssent.

Toutefois nous constaterons l'effet merveilleux produit par l'inauguration de ce monument, présidée par M. le baron Jules de Lesseps.

Plus d'un millier d'invitations avaient été lancées. Tout ce que Paris compte d'illustrations s'était rendu au Bardo du Champ de Mars, quoique, par un hasard malheureux, le temps ne fût pas favorable et que le soleil eût refusé à la fête l'éclat de ses rayons.

Une haie avait été tracée tout autour du palais tunisien. Les invités seuls pénétraient dans l'enceinte réservée.

Au pied de l'escalier de marbre, deux meharis au poil fauve se tenaient immobiles sous le faix de guerriers tunisiens. Ceux-ci, revêtus de riches costumes de soie et de laine fine, coiffés du haïk, avaient à la main le fusil long richement damasquiné.

Faisant demi-cercle et se détachant quelquefois pour une joyeuse fantasia, des Maures, richement vêtus et armés de grands fusils en ivoire, au canon niellé, montaient de superbes chevaux barbes caparaçonnés à l'orientale. Le marocain des selles et des harnais disparaissait sous les broderies d'argent et d'or, et les coursiers, pleins d'orgueil, s'agitaient comme pour faire valoir la pureté de leurs formes et la richesse de leur harnachement.

Sur les marches du palais, deux indigènes faisaient flotter des étendards, celui de la Tunisie et celui du Bey, tissus de pourpre, d'or et d'argent.

Dès le vestibule se révélaient les splendeurs de l'édifice : on entrevoyait le patio au centre duquel une fontaine répandait la fraîcheur de ses eaux. Tout autour de ce patio, sous les arcades en fer à cheval, les invités circulaient, admirant la grâce et la variété de l'architecture mauresque.

Rien de plus joli, en effet, que ces murailles qui, commençant en azulejos se terminent en alvéoles d'arabesques blanches ou multicolores, relevées par l'éclat de l'or semé à profusion.

Que de salles, de koubas, de maxoures, de cabinets de toute sorte, drapés de tissus précieux, garnis de divans pour le kief, meublés de tabourets et de coffres d'essences rares, incrustés d'ivoire et d'or ! Que de panoplies d'armes et de pipes ; que d'étagères chargées de poteries délicates ! L'appartement du bey, l'appartement de Sidi Moustapha Khasnadar, son gendre et son premier ministre remplissaient également d'admiration la foule étonnée.

Dans une salle du fond surmontée d'une coupole peinte et dorée se tenait M. le baron de Lesseps, qui n'a cessé trois heures durant de faire les honneurs du palais avec une courtoisie parfaite. Un orchestre tunisien jouait dans le patio et la musique d'un régiment de ligne dans l'espace autour du palais.

Une superbe collation où les rafraîchissements arabes alternaient avec ceux d'Europe fut offerte aux invités parmi lesquels on remarquait presque tous les membres de la Commission impériale de l'Exposition et la plupart des commissaires étrangers accrédités près d'elle.

La fête avait commencé à deux heures : a cinq heures et demie, les salons étaient encore remplis.

La société d'élite, que le mauvais temps n'avait pas empêchée de se rendre à l'invitation du représentant du Bey de Tunis ne pouvait se décider à quitter cette demeure enchanteresse, où elle avait trouvé un si généreux et si gracieux accueil.

Mais descendons l'escalier des Lions et voyons comment on a utilisé les dessous du palais pour l'exposition tunisienne. Nous tournons à gauche, et, par les étroites portes du rez-de-chaussée, nous pénétrons dans une salle longue toute arabesquée où l'on a établi un café maure. L'architecture de cette salle ne rappelle guère, il faut bien l'avouer, les cafés de Tunis : pas de patio, pas de nattes tout autour pour les consommateurs accroupis, pas de hotte pour le kaouadji faisant en présence de ses clients son curieux mélange de sucre et de café. Mais, sur une estrade, des musiciens au nombre de cinq, chantant et jouant de ces instruments bizarres que nous avons décrits. Hélas ! cette musique ne nous impressionne pas ici comme à Tunis. Le rhythme, si difficile à saisir, doit être écouté dans le silence que gardent seuls les Orientaux rêveurs. Ces chants respirent un sentiment, une tendresse qui exigent le recueillement. Le bruit prive les consommateurs de tout le charme que repandrait en eux cette musique religieusement écoutée. C'est en vain que le rebeb file ses sons mélancoliques, que la guitare vibre sous le cure-dent qui la gratte, que le tambour de basque frissonne au contact des doigts qui le tourmentent, et que le derbouka résonne bruyamment : tout est couvert par le bruit des voix européennes demandant du café ou même, *proh pudor !* « un bock » de bière fraîche.

Nous ne pouvons blâmer le kaouadji progressiste qui a introduit la bière, le vermouth, le bitter et toutes les boissons fermentées parmi les consommations d'un café arabe, non plus que l'ordonnateur qui a placé des tables dans un réduit oriental: l'un et l'autre sont dans le mouvement, le kaouadji, veut faire fortune, et, au lieu de mépriser les giaours, il leur accorde toutes les concessions possibles pour mieux allécher sa clientèle. Mais quel supplice pour les respectueux adorateurs de la couleur locale !

Par compensation on voit au café tunisien de Paris ce qu'on voudrait y voir à Tunis, une femme fort belle dans tous ses atours. Elle a l'embonpoint voulu, elle est parfaite.

A côté du café tunisien, sur l'arrière du palais, s'ouvre une écurie où de beaux chevaux mangent l'orge et l'avoine sous le regard appréciateur des sportsmen. Plus loin un barbier, dans sa boutique aux petits miroirs encadrés de nacre, fait la barbe et la tête à toute la gent orientale de l'Exposition. Plus loin encore un marchand de tabac avec l'aide d'un Tunisien de la rue de Rivoli débite aux fumeurs les fines rognures jaunâtres d'un véritable tabac d'Algérie. En retour d'équerre sont installés un marchand d'étoffes et un pâtissier dans des échoppes mauresques. Les femmes s'arrêtent en foule devant ces boutiques où des vendeurs dont la mine exotique atteste la nationalité, trônent avec l'impassibilité des vendeurs des soucks.

L'Exposition tunisienne à l'intérieur des galeries de fer du Champ de Mars a été disposée de la façon la plus favorable pour mettre en relief le genre de produits offert à l'admiration des visiteurs.

Par une large travée ouverte entre les pays orientaux et l'Amérique, la foule, circulant sans peine, s'arrête naturellement de préférence devant les produits tunisiens, beaucoup plus harmonieux et agréables à l'œil que ceux des États transatlantiques exposés en face d'eux.

Dans des compartiments d'architecture mauresque se développent tous les produits naturels, manufacturiers et artistiques de la Tunisie. Là, derrière des vitrines se groupent les animaux de la Régence. Voici le lion du Kef dans toute sa majesté féroce, la gazelle dans sa grâce timide, le lynx au regard profond, l'autruche au plumage miroitant, le flamant rose monté sur ses échasses. Voici des spécimens de tous les animaux que les chasseurs tunisiens aiment à rencontrer au bout de leur fusil : le lièvre, la perdrix, la caille, la bécassine, la grive, le courlis, l'alouette, le canard sauvage, l'ortolan, le pluvier, la poule de Carthage et le pinson chanteur, plus agréable à l'oreille qu'au palais.

Plus loin, c'est la cigogne, le héron, le grèbe, le cormoran, le pélican, l'outarde, l'aigle, l'épervier, le hibou, immobilisés dans l'attitude de la vie par un habile naturaliste.

Mais nous n'avons pas vu le serpent, cet hôte ami des maisons mauresques, ni cet inoffensif scorpion tant redouté des Occidentaux, et si peu redoutable en réalité. Ce sont là des produits qui n'inquiètent guère les Tunisiens, mais qu'ils ne veulent pas montrer, non plus que la tarentule, aux Occidentaux timorés. Loin de les perfectionner ils les font disparaître. Nous devons les en féliciter.

Voici des cocons de soie de diverses couleurs exposés par le général Kaïr Eddin qui entretient dans ses jardins de la Manouba une petite magnanerie. Voilà du coton en capsule, du coton égréné provenant de la Goulette où le même général, grand amateur de culture, comme nous l'avons dit plus haut, fait des essais de toute sorte.

Voici dans des bocaux du carvi, du sénevé, du cumin noir, des roses sèches pour condiments, du fenouil doux, du coriandre, des pois chiches, des marjolaines, de l'anis, du tabac, de la cannelle, et plus loin, du savon de Sousse. Voici des dattes du Djérid, voici le degla, la hora et la datte de Gabès.

Non loin de là, dans la grande galerie des machines, sont les produits minéraux : le plomb de l'Hammam Lif et du Djebel Recas; le fer, le cuivre, le soufre, le tripoli du Kef; de l'argent aussi et un peu d'or qu'on trouve dans les sables métalliques de la Goulette. Voici l'antimoine, le plus précieux des métaux pour les femmes de Tunis maquillées au koheul.

Près des produits minéraux reposent des disques enlevés au tronc des cèdres dix fois séculaires, des chênes vieux comme le monde, des frênes vénérables, des platanes, des trembles et des aunes. Voici des échantillons de saules, de lentisques, de pins, de tamaris, de cyprès, de myrte et de thuya précieux.

Dans cette galerie encore se voit un chameau chargé du berceau qui abrite le harem en voyage. Il chemine à côté d'un cavalier maure monté sur sa fine jument harnachée d'or et de soie. Tout près, dans des kiosques à étage, pavillons mauresques du plus grand goût et de la plus grande richesse, des indigènes tunisiens cousent et brodent, au grand ébahissement des visiteurs, ces vêtements orientaux si délicats que nous allons retrouver tout faits dans des vitrines.

Rien de plus joli que ces vêtements d'hommes en drap fin de couleur tendre, soutachés de soie, d'argent ou d'or, et ces habits de femmes tout en satin, gaufrés d'or, et soutachés de ganses d'or. Voici des chaussures féminines? Quoi de plus gracieux que ces babra brodées en or, se glissant sous la bride du kabkab de bois ajouré? Et les saffaka pour la tête, les adjars pour voiler le visage, les fontas, les sefseré du Djerid et tous ces menus objets qui concourent à l'habillement d'une femme?

Voici les chechia d'un rouge éclatant foulées à Tebourba. Voici les vêtements préférés par les Juifs; en drap de couleur ardoise, ils sont soutachés en noir; voici des babouches sans quartier et des belgha sans broderie.

Dans une autre vitrine les vêtements ne pendent pas accrochés au mur, ils reposent sur les membres de Tunisiens qui n'ont que l'apparence de la vie, mais dont l'attitude suffit pour faire valoir la grâce et la richesse des habits qui les couvrent.

Plus loin, à travers des arcades en fer à cheval s'arrondissant sur des colonnettes chevronnées en bleu, en blanc et en rouge, et garnies de portières de laine blanche traversée de lignes rouges, on aperçoit les magnificences éblouissantes des salons tunisiens.

Le sol est couvert de tapis, et, au milieu, un lion dont la tête a conservé son expression répand encore une certaine terreur. Des divans moelleux s'étalent le long des murs. Sur ces divans une femme tunisienne dans toute la splendeur de son costume de soie et d'or repose mollement couchée sur des coussins de cuir brodé.

Au dessus des divans la muraille disparaît sous le revêtement des azulejos géométriquement disposés, et plus haut, sur la draperie qui succède aux azulejos, des panoplies d'armes alternent avec des étagères peinturlurées. Le fusil long à canon niellé, a crosse mince et finiment gravée, inscrustée de nacre, d'ivoire et de corail, les poignards damasquinés, les sabres arabesqués, les casques et les cottes de mailles, armures des Sarrazins, forment un arsenal curieux pour l'archéologue et l'artiste.

Les pipes, sur les échelons des étagères, allongent leurs tuyaux habillés de velours ou de satin, larmés d'or, constellés de perles et de pierres précieuses, commencés en bout d'ambre et terminés en foyer d'argile rouge rehaussée d'or. Au-dessus, et comme sur le balcon des étagères, s'accotent les petits vases d'or et d'argent repoussés ou gravés, précieux récipients d'essences plus précieuses que l'or qui les contient. Plus loin réfléchissant la lumière les miroirs bizarrement encadrés pendent à côté du chasse-mouche léger. Les chapeaux de sparterie reposent leur grand cône tronqué sur la vasque de leurs bords immenses.

Approchons-nous d'une charmante vitrine remplie d'instruments de fête :

Voici le rebeb, cette viole à deux cordes pour les concerts arabes, dont le son reproduit à merveille le sentiment si pur et si poétique des peuples mauresques. Le rebeb de cette vitrine est en bronze ou en cuivre, il est vieux, sa boîte est découpée par un dessin arabe des plus gracieux. Sa valeur cependant ne dépasse pas une centaine de francs.

Un tabalet el bacha, trompette ou plutôt galoubet de bois semblable à celui que nous entendîmes à la noce juive, est juché sur la peau d'un derbouka. Il est coté cinq francs : ce n'est pas cher, mais c'est encore assez pour le plaisir qu'il procure.

Le derbouka, cornet de poterie, renflant sa forme à son sommet pour recevoir la peau d'onagre que frappent les doigts impatients des sectaires dans les fêtes religieuses, ou la main nonchalante du musicien dans le patio de quelque café mauresque, étonne par la matière qui entre dans sa composition. En Occident on n'emploie pas l'argile dans la fabrication des instruments du musique.

Enfin une guitare à huit cordes accouplées deux à deux, présente son ventre gonflé, constellé de plaques de nacre grossièrement ajustées.

La Tunisie n'est pas indifférente à l'histoire du sol sur lequel s'étendent ses plaines fertiles, ses cités florissantes et sous lequel des mines précieuses promettent à celui qui les exploitera d'immenses richesses.

Elle se souvient de sa gloire au temps de Carthage et de l'occupation romaine et ne néglige pas de recueillir les monuments épars qui peuvent jeter un jour nouveau sur les événements accomplis au bord de la mer intérieure.

La premier ministre Sidi Mustapha-Khasnadar possède l'immense étendue de terrain sur lequel Carthage fut bâtie. Ainsi que nous l'avons dit plus haut, il reste peu de chose de la cité successivement punique et romaine. Pendant de longs siècles de barbarie, arabes et chrétiens ont pu, sans être inquiétés, puiser à cette carrière la pierre qui fait entièrement défaut aujourd'hui. Il n'y avait pas eu jusqu'alors de ministre ami des arts, qui pût recueillir les débris des civilisations disparues.

Mais si rares que soient à Carthage, et dans quelques autres lieux de la Tunisie, les monuments des autres âges, ils n'en sont pas moins bons à conserver. C'est au fils du Khasnadar lui-même, le prince Mohammed, qu'on doit la création d'un musée, où il a rassemblé les épaves qui pouvaient être enlevées. Quant aux monuments immuables il les a photographiés. Tout ce musée figure à l'Exposition de 1867.

On y lit de précieuses inscriptions romaines, hébraïques, arabes; on y trouve des têtes de statues, des mosaïques, entre autres celles d'un enfant sur un dauphin; une main préservatrice du aïn, des colliers formés de grains inégaux en pierres de diverses couleurs; on y remarque de la serrurerie arabe et des poteries mauresques au col aminci, terminé en large goulot; des lampes romaines à une ou à plusieurs mèches, et on y admire des manuscrits arabes d'une écriture nette et fine, un grain de blé portant sur son ovale si menu les microscopiques caractères d'une longue inscription hébraïque; on y étudie des médailles puniques, romaines, barbaresques, en or, en argent, en bronze, et des pierres gravées romaines et arabes.

Les photographies représentent le cirque d'El Djem ; un tombeau romain à Haydra ; des ruines de Sbeitla (ancienne Sufetula) l'emplacement des ports de Carthage Un grand vase de plomb à inscriptions grecques, et un châssis d'arabesques ajourées et vitrellées, complète cette curieuse exhibition.

Ne doit-on pas espérer beaucoup d'un pays où les princes, occupant leurs loisirs à de telles études, peuvent montrer au monde savant d'aussi remarquables résultats?

APPENDICE

APPENDICE

Pour compléter cette étude sur un pays qu'il est pour nous d'un véritable intérêt de bien connaître, nous allons reproduire en quelques pages la traduction de la constitution tunisienne. Rien ne pourrait mieux expliquer le nouveau courant d'idées qui règnent à Tunis et grâce auxquelles tous les progrès de l'Occident pourront être réalisés dans le vieux foyer du fanatisme oriental.

C'est à l'esprit de cette constitution, plus ou moins respectée depuis l'insurrection de 1864, que la Tunisie, tous les jours plus grande, doit d'avoir pu montrer aux yeux étonnés des peuples accourus à l'Exposition universelle de 1867 les merveilles de ses arts et de son industrie.

« Au nom de Dieu clément et miséricordieux,

que ses bénédictions et le salut soient sur son Prophète !

Louanges à Dieu qui a doué l'espèce humaine de l'intelligence et de la parole, qui l'a créée digne de la prophétie, du califat et de toutes les missions importantes, qui lui a fait connaître ce qu'il a jugé nécessaire des causes de la prospérité et qui lui a envoyé les prophètes avec les livres sacrés et la balance de la justice ! Béni soit ce Dieu généreux et digne de remerciments !

Que ses bénédictions et le salut soient sur notre Seigneur Mahomet, son prophète, par l'intermédiaire duquel il nous a guidés à la foi et qui nous a communiqué l'objet de sa mission en nous expliquant les règles dont il s'est servi comme bases, pour y poser les principes fondamentaux de sa doctrine ! Que les bénédictions de Dieu soient aussi sur sa famille et ses compagnons qui sont le soutien de la foi par la force de leur doctrine et l'éclat de leurs actions, qui ont fait parvenir jusqu'à nous les paroles du Prophète et ses lois bonnes et justes, et qui se sont occupés à bien interpréter et à mieux nous enseigner ses règles qui engendrent la sûreté et la confiance !

Après ce qui précède, l'esclave de son maître, le

pauvre devant la miséricorde divine, celui qui reconnaît que ses actions de grâces sont au-dessous de tant de bienfaits, le Mouchir Mohammed-es-Sadoc, Bacha-Bey, possesseur du royaume de Tunis, dit : « Lorsque les hauts fonctionnaires m'ont
« choisi à l'unanimité et en conformité de la loi
« de succession en usage dans le royaume pour
« être Chef de ce gouvernement à l'époque de la
« mort de mon frère, qui eut lieu pendant que mes
« devoirs me tenaient éloigné de la capitale, je
« me suis rendu à leur appel seul, sans épée ni
« lance, ni troupe, ni force aucune, et j'ai reçu
« leurs hommages après avoir prêté serment en
« leur présence d'observer les principes du Pacte
« fondamental promulgué par feu mon frère, le
« 20 moharrem 1274, publié dans tout ce royaume,
« et après leur avoir fait prêter le même serment.
« Voici en quels termes je me suis engagé à res-
« pecter les principes du Pacte fondamental en
« vertu duquel j'ai reçu l'hommage de tous les ha-
« bitants :

« Au nom du Dieu clément et miséricor-
« dieux,
« Bénit soit celui qui a fait que la confiance soit
« la cause la plus efficace de la prospérité ! Que les

« bénédictions et le salut soient sur notre Seigneur
« Mahomet, ses parents, ses compagnons et tous
« ceux qui les ont suivis dans le bien ! »

Après ce qui précède, le pauvre esclave de Dieu, le Mouchir MOHAMMED-ES-SADOC, Bacha-Bey (que Dieu l'aide dans ses louables intentions et dans la charge qu'il lui a confiée), dit : « J'ai reçu l'hom-
« mage des hauts dignitaires présents, conformé-
« ment au Pacte fondamental qui garantit à tous
« les habitants la sûreté de leur honneur, de leurs
« biens et de leurs personnes, et qui renferme diffé-
« rents autres principes et obligations que feu mon
« frère et Seigneur MOHAMMED, Bacha-Bey, s'est
« engagé à observer sous la date du 20 moharrem
« 1274, et, conformément à ce qui est prescrit
« dans ledit Pacte fondamental, j'ai juré et je jure
« devant Dieu que je respecterai tous les principes
« qui y sont établis et que je ne ferai rien qui leur
« soit contraire.

« Ces mots ont été dits par moi et sont répétés en
« mon nom par celui qui les lit. Ma signature et
« mon cachet, qui sont apposés sur cet acte, sont
« un témoignage digne de foi et évident pour
« toutes les personnes présentes à cette assemblée
« et pour tous nos sujets et les habitants de nos
« États.

« En conformité de cela, vous devez respect et
« obéissance.

« Que Dieu soit en aide à tous les assistants.

« Donné le samedi vingt-cinquième jour du mois
« de sfar 1276.

TEXTE DU PACTE FONDAMENTAL

Au nom de Dieu clément et miséricordieux,

Louanges à Dieu qui a ouvert un chemin à la justice, qui a donné l'équité pour garant de la conservation de l'ordre dans le monde ; qui a réglé le don de la connaissance du droit selon les intérêts; qui a promis la récompense au juste et la punition à l'oppresseur ! Rien n'est aussi vrai que la parole de Dieu.

Que les bénédictions soient sur notre Seigneur Mahomet, que Dieu dans son livre a honoré des titres d'humain et de compatissant et qui l'a distingué de préférence ; qui l'a envoyé avec la pratique du droit chemin qu'il nous a enseignée et expliquée, ainsi que Dieu le lui avait ordonné, sur les bases de la permission, de la défense, du juste et de l'injuste, de sorte que la parole de Dieu n'a été l'objet ni de changement, ni de fausse interprétation. Que le salut et la bénédiction soient sur sa famille et ses compagnons qui ont su enseigner la vérité à celui qui a désiré la connaître et l'ont convaincu par leur science et leurs preuves ; qui ont connu la loi par texte et par interprétation, et qui nous ont laissé comme preuve éclatante leur conduite exemplaire, leur justice et leur équité !

Je te demande, ô Dieu ! de m'accorder ton puissant appui pour arriver aux actes qui te plaisent, pour que tu m'aides à remplir ma tâche de Prince, cette tâche qui est le plus lourd fardeau que puisse porter un homme ! Je mets toute ma confiance et tout mon espoir en toi : quel plus grand appui que celui du Très-Haut !

La mission que Dieu nous a donnée en nous chargeant de gouverner ses créatures dans cette partie du monde nous impose des devoirs impérieux et des obligations religieuses que nous ne pouvons remplir qu'à l'aide de son seul secours. Sans cet aide, qui pourrait satisfaire à ses devoirs envers Dieu et envers les hommes ?

Persuadé qu'il faut suivre les prescriptions de Dieu en tout ce qui concerne ses créatures, je suis décidé à ne plus laisser peser sur celles qui sont confiées à mes soins ni l'injustice, ni le mépris ; je ne négligerai rien pour les mettre en pleine possession de leurs droits.

Peut-on manquer soit par ses actes, soit par ses intentions à de pareils devoirs, quand on sait que Dieu ne commet pas la moindre injustice et qu'il réprouve ceux qui oppriment ses créatures ?

Dieu a dit à son prophète bien-aimé : « O David ! je t'ai fait mon calife sur la terre, juge les hommes d'après la justice, ne te laisse pas guider par la passion, car elle t'éloignerait de la voie de Dieu, et ceux qui s'éloignent des voies du Seigneur sont destinés aux tourments les plus affreux, car ils ont oublié le jour de la rémunération. »

Dieu est témoin que j'accepte ses hautes prescriptions pour prouver que je préfère le bonheur de mes États à mon avantage personnel. J'ai consacré à assurer ce bonheur, mon temps, mes forces et ma raison. J'ai déjà commencé, comme on le sait, à alléger les taxes qui pesaient sur mes sujets. Dieu a permis que cette réforme fût une source de bien, et ces heureux résultats ont fait espérer à nos peuples de nouvelles améliorations.

La main des agents infidèles se trouvait dès lors paralysée.

Pour arriver à des améliorations, il faut d'abord en établir les bases générales. Vouloir y atteindre du premier coup, sans les asseoir sur ces bases, serait se créer d'insurmontables difficultés.

Nous nous sommes convaincu que la plupart des habitants de nos États n'ont pas une confiance entière dans ce que nous avons fait pourtant avec les meilleures intentions. C'est une loi de la nature que l'homme ne puisse arriver à la prospérité qu'autant que sa liberté lui est entièrement garantie, qu'il est certain de trouver un abri contre l'oppression derrière le rempart de la justice et de voir respecter ses droits, jusqu'au jour où des épreuves irrécusables démontrent sa culpabilité ; qu'autant qu'il sera sûr que cette culpabilité ne résultera pas pour lui de témoignages isolés.

L'homme coupable qui se voit jugé par plusieurs n'hésite pas, pour peu qu'il conserve une lueur de raison, à reconnaître son crime et doit se dire : « Quiconque outrepasse les limites fixées par le Seigneur se condamne lui-même. »

Nous avons vu le chef de l'Islamisme et celles des grandes puissances qui se sont placées par leur sage politique à la tête des nations donner à leurs sujets les plus complètes garanties de liberté; ils ont compris que c'était là un de leurs premiers devoirs dicté par la raison et par la nature elle-même. Si ces avantages accordés sont réels, le Charaâ doit les consacrer lui-même; car le Charaâ a été institué par Dieu pour défendre l'homme contre les mauvaises passions. Quiconque se soumet à la justice et jure par elle se rapproche de la piété.

Le cœur de l'homme qui a foi dans sa liberté se rassure et se raffermit.

Nous avons informé naguère les grands ulémas de notre religion et quelques-uns de nos hauts fonctionnaires de notre intention d'établir des tribunaux composés d'hommes éminents pour connaître des crimes et des délits, ainsi que des différends que peut engendrer le commerce, cette source de prospérité des États. Nous avons établi, pour l'organisation de ces tribunaux, des principes qui ne dérogent en rien aux principes sacrés de notre loi.

Les sentences émanées du tribunal du Charaâ continueront à avoir leur plein effet. Puisse Dieu perpétuer jusqu'au jour du dernier jugement le respect que ce tribunal inspire.

Le Code administratif et judiciaire demande le temps nécessaire pour être rédigé et adapté aux exigences de notre pays. Nous espérons que Dieu, qui lit dans notre cœur, nous fera la grâce d'établir ces réformes dans l'intérêt de notre Gouvernement, et qu'elles ne s'écarteront point des principes que nous ont légués les gloires de l'Islamisme. Et nous, humble et pauvre serviteur du Très-Haut, nous nous hâterons de nous conformer à ses volontés en rassurant les hommes. Rien dans ce Code, tous pourront s'en convaincre, ne sera contraire à ses saintes prescriptions.

En voici les bases :

I

Une complète sécurité est garantie formellement à tous nos sujets, à tous les habitants de nos États, quelles que soient leur religion, leur nationalité et leur race. Cette sécurité s'étendra à leur personne respectée, à leurs biens sacrés et à leur réputation honorée.

Cette sécurité ne subira d'exception que dans les cas légaux dont la connaissance sera dévolue aux tribunaux; la cause nous sera ensuite soumise et il nous appartiendra soit d'ordonner l'exécution de la sentence, soit de commuer la peine, soit de prescrire une nouvelle instruction.

II

Tous nos sujets seront assujettis à l'impôt existant aujourd'hui ou qui pourra être établi plus tard, proportionnellement et quelle que soit la position de fortune des individus, de telle sorte que les grands ne seront pas exempts du *canoun* à cause de leur position élevée, et que les petits n'en seront point exempts non plus à cause de leur faiblesse. Le développement de cet article aura lieu d'une manière claire et précise.

III

Les musulmans et les autres habitants du pays seront égaux devant la loi, car ce droit appartient naturellement à l'homme, quelle que soit sa condition.

La justice sur la terre est une balance qui sert à garantir le bon droit contre l'injustice, le faible contre le fort.

IV

Nos sujets israélites ne subiront aucune contrainte pour changer de religion et ne seront point empêchés dans l'exercice de leur culte ; leurs synagogues seront respectées et à l'abri de toute insulte, attendu que l'état de protection dans lequel ils se trouvent doit leur assurer nos avantages comme il doit aussi nous imposer leur charge.

V

Attendu que l'armée est une garantie de la sécurité de tous, et que l'avantage qui en résulte tourne au bénéfice du public en général ; considérant, d'autre part, que l'homme a besoin de consacrer une partie de son temps à son existence et aux besoins de sa famille, nous déclarons que nous n'enrôlerons les soldats que suivant un règlement, et d'après le mode de conscription au sort : le soldat ne restera point au service au delà d'un temps limité, ainsi que cela sera déterminé dans un code militaire.

VI

Lorsque le tribunal criminel aura à se prononcer sur la pénalité encourue par un israélite sujet, il sera adjoint audit tribunal des assesseurs également israélites. La loi religieuse les rend d'ailleurs l'objet de recommandations bienveillantes.

VII

Nous établirons un tribunal de commerce composé d'un président, d'un greffier et de plusieurs membres choisis parmi les musulmans et les sujets des puissances amies. Ce tribunal, qui aura à juger les causes commerciales, entrera en fonctions après que nous nous serons entendu avec les grandes puissances étrangères, nos amies, sur le mode à suivre pour que leurs sujets soient justiciables de ce tribunal. Les règlements de cette institution seront développés d'une manière précise afin de prévenir tout conflit ou malentendu.

VIII

Tous nos sujets, musulmans ou autres, seront soumis également aux règlements et aux usages en vigueur dans le pays ; aucun d'eux ne jouira à cet égard de privilége sur un autre.

IX

Liberté de commerce pour tous et sans aucun privilége pour personne. Le gouvernement s'interdit toute espèce de commerce et n'empêchera personne de s'y livrer.

Le commerce en général sera l'objet d'une sollicitude protectrice, et tout ce qui pourra lui causer des entraves sera écarté.

X

Les étrangers qui voudront s'établir dans nos États pourront exercer toutes les industries et tous les métiers, à la condition qu'ils se soumettront aux règlements établis et à ceux qui pourront être établis plus tard, à l'égal des habitants du pays. Personne ne jouira à cet égard de privilège sur un autre.

Cette liberté leur sera acquise après que nous nous serons entendu avec leurs gouvernements sur le mode d'application qui sera expliqué et développé.

XI

Les étrangers appartenant aux divers gouvernements, qui voudront s'établir dans nos États, pourront acheter toutes sortes de propriétés, telles que maisons, jardins, terres, à l'égal des habitants du pays, à la condition qu'ils seront soumis aux règlements existants ou qui pourront être établis, sans qu'ils puissent s'y soustraire.

Il n'y aura pas la moindre différence à leur égard dans les règlements du pays. Nous ferons connaître, ensuite, le mode d'habitation, de telle sorte que le propriétaire en aura une connaissance parfaite et sera tenu de l'observer.

Nous jurons par Dieu et par le Pacte sacré que nous mettrons à exécution les grands principes que nous venons de poser, suivant le mode indiqué, et que nous les ferons suivre des explications nécessaires.

Nous nous engageons, non-seulement en notre nom, mais au nom de nos successeurs; aucun d'eux ne pourra régner qu'après avoir juré l'observation de ces institutions libérales, résultant de nos soins et de nos efforts; nous en prenons à témoin, devant Dieu, cette illustre assemblée, composée des représentants des grandes puissances amies et des hauts fonctionnaires de notre Gouvernement.

Dieu sait que le but que j'ai fait connaître et que je viens d'expliquer à ceux qui m'entourent a été mis par lui au fond de mon cœur. Dieu sait que mon désir le plus ardent est de mettre immédiatement à exécution les principes et les conséquences de ces nouvelles institutions. On ne peut demander à l'homme que ce qui lui est possible.

Celui qui a juré par Dieu doit accomplir son serment.

La justice est le bien le plus solide.

La vie à venir est la seule qui dure.

Nous recevons le serment des grands personnages et des hauts fonctionnaires de notre Gouvernement par lequel ils s'engagent à joindre leurs intentions et leurs actions aux nôtres dans l'exécution des réformes que nous venons de décréter. Nous leur disons : Gardez-vous de transgresser le serment que vous venez de faire devant Dieu, car Dieu connaît vos intentions et vos actes les plus secrets.

O Dieu ! soutiens ceux qui nous ont aidés à contribuer au bonheur de tes créatures, abreuve-les du nectar de ta grâce !

O Dieu ! accorde-nous ton aide, ton assistance et ta miséricorde ; fais que cette œuvre produise ses fruits ! Nous te demandons ton appui pour cette tâche et te rendons grâces pour la mission que tu nous as confiée.

Heureux celui que tu as choisi pour le conduire sur le sentier de la vérité ! Le bien est dans ce que tu décrètes.

Après avoir pris les différents avis, nous, pauvre serviteur de Dieu, avons promulgué cet acte dans lequel nous avons vu l'utilité pour la prospérité du pays, avec la bénédiction du Coran et les mystères de la Fatha.

Salut de la part du serviteur de son Dieu, le Mouchir MOHAMMED, Bacha-Bey, Possesseur du royaume de Tunis.

Le 20 maharrem 1274.

(Signé de sa propre main.)

« J'approuve l'écriture ci-dessus, le Mouchir MOHAMMED, Bacha-Bey. Dieu est témoin de la vérité de ce que je dis. »

EXPLICATION

DES PRINCIPES DU PACTE FONDAMENTAL

CHAPITRE PREMIER

De la Liberté des cultes

Il est du devoir de tout législateur qui prescrit le bien et défend le mal de se soumettre lui-même à ce qu'il a ordonné et d'éviter ce qu'il a défendu, afin que ses prescriptions soient observées et qu'il ne soit jamais permis de lui désobéir, et cela conformément à l'axiome de morale admis par la religion et la philosophie : « Désirer aux autres ce qu'on désire à soi-même et ne pas faire aux autres ce qu'on ne veut pas qu'il soit fait à soi-même. »

Ainsi, nous nous engageons devant Dieu envers tous nos sujets, de quelque religion qu'ils soient, à leur faciliter par tous les moyens en notre pouvoir, le sûr et libre exercice de leur culte.

Quant aux musulmans, aucun d'eux ne pourra

être forcé de changer le rite auquel il appartient d'après sa conviction et selon lequel il exerce le culte extérieur.

La permission de remplir la prescription religieuse du pèlerinage de la Mecque ne pourra être refusée aux musulmans qui auront les moyens de faire ce voyage pieux.

Les musulmans continueront à être soumis à la loi religieuse pour ce qui regarde les actes du culte et de piété, les legs pieux, les fidéicommis, les donations, les offrandes du culte, le mariage et les actes y relatifs, la puissance paternelle, les successions, les testaments, la tutelle des orphelins, etc.

Pour ce qui regarde leur sûreté et liberté religieuse, nos sujets non musulmans ne seront jamais ni contraints à changer de religion, ni empêchés de le faire; mais leur changement de croyance ne pourra ni leur faire acquérir une nouvelle nationalité, ni les soustraire à notre juridiction. Aucun d'eux ne pourra être forcé à des réformes dans les principes de sa religion.

Pour les mariages et les actes y relatifs, la puissance paternelle, la tutelle des orphelins, les testaments, les successions, etc., ils continueront à être soumis aux décisions de leurs juges religieux, qui seront nommés par nous sur la proposition de leurs notables. Leurs réunions religieuses ne seront jamais troublées.

Ainsi il y aura égalité parfaite devant la loi, sans distinction de religion.

CHAPITRE II

De la Liberté et Sûreté individuelles

Tout ce qui tend à la destruction de l'homme, qui est la plus belle œuvre de la création, constitue le plus grand des crimes, et Dieu lui-même a fixé des règles et des peines pour assurer la conservation de la personne, des biens et de l'honneur de ses créatures.

Nous promettons formellement à chacun de nos sujets la jouissance de toute sûreté personnelle, morale et matérielle, à moins qu'il n'ait commis un fait soumis à l'appréciation des tribunaux. Ce fait ne pourra être constaté que par une décision rendue à la majorité des voix, après avoir examiné les preuves et entendu la défense. Il ne sera apporté par nous aucune modification aux décisions ainsi rendues que pour atténuer les peines qu'elles auront prononcées.

Il sera notifié, dans les quarante-huit heures, à tout individu arrêté par la police, la cause pour laquelle il aura été détenu.

Une des mesures contraires à la liberté individuelle, c'est la retenue indéfinie du soldat sous les drapeaux et l'enrôlement arbitraire. Aussi, à l'avenir, la conscription aura lieu dans chaque partie de notre royaume par le tirage au sort et de manière qu'elle ne puisse être nuisible au bien-être des habitants, ainsi que nous l'indiquerons dans le Code militaire et ainsi que cela est pratiqué par les autres souverains de l'islamisme et des nations chrétiennes.

CHAPITRE III

De la Garantie des biens

La richesse intéresse l'homme presque autant que sa personne même. Quand il n'est pas rassuré sur la possession de ses biens, il perd la confiance et voit se fermer pour lui les voies de la prospérité et il en résulte, comme chacun le sait, un manque de bien-être général.

Afin d'éviter cela, nous promettons formellement

à tout propriétaire de nos sujets, sans distinction de religion, une sûreté complète pour ses biens meubles ou immeubles, de quelque nature qu'ils soient et quelle qu'en soit l'importance. Cesdits biens ne lui seront jamais ni pris de vive force, ni dispersés, et il ne sera rien fait qui puisse en diminuer la valeur. Aucun propriétaire ne sera forcé, même contre l'offre d'un prix double, à vendre ou à louer ses propriétés. Cela ne pourra avoir lieu que de son plein gré et consentement, à moins qu'il ne s'agisse d'une dette reconnue et prouvée contre lui et qu'il se serait refusé à solder, ou en cas d'utilité publique.

Les biens ne payeront que les dîmes et les impositions établies par le Gouvernement sur les ventes ou qui pourront être établies à l'avenir par notre conseil; de cette manière chacun connaîtra d'avance ce qu'il aura à payer sur ses biens avec la certitude de n'avoir rien à payer en plus.

Personne n'aura à subir comme peine la perte totale ou partielle de ses biens que dans les cas prévus par le Code pénal et civil.

Tous nos sujets, quelle que soit leur religion, pourront posséder des biens immeubles, et ils en auront la disposition pleine et entière, à condition pourtant qu'ils ne pourront rien y faire qui puisse occasionner un dommage général ou partiel à leurs voisins ou autres, dans lequel cas ils seront obligés à la destruction de la cause et à la réparation du dommage causé.

Les biens de celui qui aura commis un crime emportant la peine de mort, d'après les dispositions du chapitre deuxième, *De la liberté et sûreté individuelle,* passeront à ses héritiers.

Il est reconnu que l'industrie et les travaux manuels constituent une partie de la richesse, puisqu'ils sont un moyen de sa production et sont, pour celui qui les exerce, ce que le capital est pour le négociant. Ainsi, par application de la garantie des biens, objet de ce chapitre, le gouvernement ne forcera jamais aucun ouvrier, ni aucun artiste, à travailler pour lui contre son gré. Dans le cas où les ouvriers et les artistes voudront travailler pour le gouvernement, il leur payera le même salaire que les particuliers; seulement les ouvriers seront obligés de donner la préférence au gouvernement, lorsqu'il s'agira de services pour la défense du pays.

Nul ne sera forcé à acheter un article quelconque provenant des revenus en nature du gouvernement, ni à vendre les produits de son industrie à un prix fixe; mais le gouvernement pourra les lui acheter au prix payé par les particuliers, sur lesquels il aura préférence, quand il en sera acquéreur pour le bien général.

Tout propriétaire ou capitaliste pourra employer ses fonds à telle spéculation qu'il jugera convenable, à l'exception de celles prohibées par le gouvernement ou qui le seront à l'avenir; mais il ne pourra jamais ni se refuser au payement des droits établis sur les industries, ni en exercer aucune de laquelle il pourrait résulter un dommage général ou particulier.

CHAPITRE IV

De la Sûreté et de la Garantie de l'honneur

L'honneur est tellement cher à l'homme qu'en le défendant avec toute la puissance de ses facultés personnelles il peut, dans certains cas, pousser cette défense jusqu'à tuer celui qui y porte atteinte.

Nous renouvelons à nos sujets, à quelque religion qu'ils appartiennent, l'assurance que leur honneur sera respecté et qu'aucune peine infamante ne sera prononcée contre aucun d'eux pour le seul fait d'une accusation, quelque haute que soit la position de l'accusateur; car, tout le monde est égal devant la loi.

Par suite de cette même protection, il ne sera prononcé aucun jugement contre qui que ce soit sur une délation faite en son absence, et aucun fonctionnaire ne pourra être destitué qu'à la suite d'une faute évidente constatée par des preuves qu'il n'aura pu détruire. L'affaire, dans ce cas, sera portée, ainsi que les pièces à l'appui, devant le tribunal qui prononcera à la majorité, ainsi qu'il sera dit.

Pour que la justice soit égale pour tous, il faut qu'elle soit basée sur des lois formelles, observées et respectées, qui puissent être consultées au besoin, car le bien-être dépend de la régularité des choses.

LOI ORGANIQUE

ou

CODE POLITIQUE ET ADMINISTRATIF

DU ROYAUME TUNISIEN

CHAPITRE PREMIER

DES PRINCES DE LA FAMILLE HUSSEINITE

Article premier. — La succession au pouvoir est héréditaire entre les princes de la famille Husseinite par ordre d'âge, suivant les règles en usage dans le royaume. Dans le cas seulement où l'héritier présomptif se trouvera empêché, le prince qui vient immédiatement après lui lui succédera dans tous ses droits.

2. — Il y aura deux registres signés par le premier ministre et par le président du conseil suprême pour y inscrire l'état civil de la famille régnante. Ces registres seront déposés, l'un dans les archives du pre-

mier ministre et l'autre dans celles du conseil suprême.

3. — Le Chef de l'État est en même temps le chef de la famille régnante. Il a pleine autorité sur tous les princes et princesses qui la composent, de manière qu'aucun d'eux ne peut disposer, ni de sa personne, ni de ses biens sans son consentement. Il a sur eux l'autorité de père et leur en doit les avantages.

4. — Le Chef de l'État, en sa qualité de chef de la famille régnante, réglera les devoirs et les obligations de ses membres de la manière qu'il jugera convenable à leur position élevée, à leur personne et à leur famille. Les membres, de leur côté, lui doivent obéissance de fils à père.

5. — Les princes et princesses de la famille régnante ne pourront contracter mariage sans le consentement du chef.

6. — Si, par suite d'une contravention aux présentes dispositions ou pour toute autre cause, un différend s'élève entre les membres de la famille régnante pour des raisons personnelles, ce différend sera jugé par une commission que le chef de la famille instituera *ad hoc*, sous sa présidence ou celle d'un des principaux membres de la famille régnante qu'il désignera à cet effet. Cette commission sera composée d'un membre de la famille régnante, des ministres et des membres du conseil privé. Elle sera chargée de faire un rapport sur l'affaire et, si elle établit l'existence de la contraven-

tion, elle écrira sur le rapport : « Il conste que le prince tel est en faute, » et le présentera au chef, auquel, seul, appartient de droit de punir les membres de sa famille en leur appliquant la peine qu'il jugera convenable.

7. — Tout délit commis par un membre de la famille régnante contre un particulier sera jugé par une commission que le Chef de l'État nommera *ad hoc*, sous sa présidence ou celle du principal membre de la famille, après lui, qu'il désignera à cet effet. Cette commission sera composée des ministres en activité de service et des membres du conseil privé; elle sera chargée d'écrire un rapport sur la plainte et sur les pièces produites à l'appui, dans lequel elle émettra son avis et le présentera au Chef de l'État, qui, seul, prononcera sur la peine à infliger si la culpabilité du prince est établie.

8. — Les crimes qui pourraient être commis par les membres de la famille régnante, soit contre la sûreté de l'État, soit contre les particuliers, ne seront point jugés par les tribunaux ordinaires. Une commission composée des ministres en activité de service, des membres du conseil privé et du président du conseil suprême, sous la présidence du Chef de l'État lui-même ou du principal membre de la famille régnante, après lui, qu'il désignera à cet effet, sera chargée d'instruire l'affaire et de prononcer la peine qu'aura méritée le coupable d'après le Code pénal. Cette commis-

sion présentera la sentence, signée par le président et par tous les membres, au Chef de l'État, qui en ordonnera l'exécution ou accordera une commutation de la peine.

CHAPITRE II

DES DROITS ET DES DEVOIRS DU CHEF DE L'ÉTAT

9. — Tout prince, à son avénement au trône, doit prêter serment, en invoquant le nom de Dieu, de ne rien faire qui soit contraire aux principes du Pacte fondamental et aux lois qui en découlent et de défendre l'intégrité du territoire tunisien. Ce serment doit être fait solennellement et à haute voix, en présence des membres du conseil suprême et des membres du Medjlis du Charaâ. C'est seulement après avoir rempli cette formalité que le prince recevra l'hommage de ses sujets et que ses ordres seront exécutables.

Le Chef de l'État qui violera volontairement les lois politiques du royaume sera déchu de ses droits.

10. — Le Chef de l'État devra faire prêter serment à tous les fonctionnaires civils et militaires. Le serment est conçu en ces termes : « Je jure par le nom de Dieu que j'obéirai aux lois qui découlent du Pacte fondamental et que je remplirai fidèlement tous mes devoirs envers le Chef de l'État. »

11. — Le Chef de l'État est responsable de tous ses

actes devant le conseil suprême s'il contrevient aux lois.

12. — Le Chef de l'État dirigera les affaires politiques du royaume avec le concours de ses ministres et du conseil suprême.

13. — Le Chef de l'État commande les forces de terre et de mer, déclare la guerre, signe la paix, fait les traités d'alliance et de commerce.

14. — Le Chef de l'État choisit et nomme ses sujets dans les hautes fonctions du royaume et a le droit de les démettre de leurs fonctions lorsqu'il le jugera convenable. En cas de délits ou crimes, les fonctionnaires ne pourront être destitués que de la manière prescrite à l'article 63 du présent Code.

15. — Le Chef de l'État a le droit de faire grâce si cela ne lèse point les droits d'un tiers.

16. — Le Chef de l'État désignera le rang que doit occuper chaque employé dans la hiérarchie, et fera les règlements et les décrets nécessaires pour l'exécution des lois.

17. — Sur les fonds réservés au ministère des finances pour les gratifications, le Chef de l'État allouera la somme qu'il jugera convenable à tout employé du gouvernement, civil ou militaire, qui se sera distingué dans son service et lui aura été signalé par le ministre comme ayant acquis des droits à cette gratification. Quant aux services éminents qui auront eu pour effet de prévenir un danger qui menaçait la patrie ou de

lui procurer un grand avantage, le Chef de l'État en déférera la connaissance à son conseil suprême, afin de savoir si l'auteur de ce service mérite ou non une pension viagère, et adoptera l'avis donné par ledit conseil à ce sujet.

18. — Le Chef de l'État pourra adopter, avec le concours du ministre compétent, les mesures qu'il jugera opportunes dans les affaires non comprises dans l'article 63 du présent Code.

CHAPITRE III

DE L'ORGANISATION DES MINISTÈRES, DU CONSEIL SUPRÊME ET DES TRIBUNAUX

19. — Les ministres sont, après le Chef de l'État, les premiers dignitaires du royaume.

20. — Les ministres administrent les affaires de leur département d'après les ordres du Chef de l'État et sont responsables devant lui et devant le conseil suprême.

21. — Il y aura un conseil suprême chargé de sauvegarder les droits du Chef de l'État, des sujets et de l'État.

22. — Il y aura un tribunal de police correctionnelle pour juger les contraventions de simple police.

23. — Il y aura un tribunal civil et criminel pour

connaître des affaires autres que celles qui dépendent des conseils militaires et des tribunaux de commerce.

24. — Il y aura un tribunal de révision pour connaître des recours faits contre les jugements rendus par le tribunal civil et criminel et celui de commerce.

25. — Il y aura un tribunal de commerce pour connaître des affaires commerciales.

26. — Il y aura un conseil de guerre pour connaître des affaires militaires.

27. — Les jugements que rendront les tribunaux institués par la présente loi devront être motivés d'après les articles des Codes rédigés à leur usage.

28. — Les fonctions des magistrats composant le tribunal civil et criminel et le tribunal de révision sont inamovibles. Ceux qui seront nommés à ces fonctions ne seront destitués que pour cause de crime établi devant un tribunal. Au premier temps de leur entrée en fonctions, il sera fait à leur égard, ainsi qu'il est dit à l'article 5 du Code civil et criminel.

CHAPITRE IV

DES REVENUS DU GOUVERNEMENT

29. — Sur les revenus du Gouvernement, il sera prélevé une somme d'un million et deux cent mille piastres par an pour le Chef de l'État.

30. — Il sera prélevé également une somme annuelle de soixante-six mille piastres pour chacun des princes mariés ; de six mille piastres pour chacun des princes non mariés et encore sous l'autorité paternelle; de douze mille piastres pour chacun des princes non mariés et dont le père est mort, jusqu'à l'époque de son mariage; de vingt mille piastres pour les princesses mariées ou veuves; de trois mille piastres pour les princesses non mariées et dont le père est vivant; de huit mille piastres pour les princesses non mariées, après la mort de leur père, jusqu'à l'époque de leur mariage; de douze mille piastres pour chaque veuve de Chef de l'État; de huit mille piastres pour chaque veuve de prince décédé.

Il sera, en outre, alloué une somme, une fois payée, de quinze mille piastres à chaque prince, et de cinquante mille piastres à chacune des princesses à l'époque de leur mariage pour leurs frais de noces.

31. — Les revenus de l'État, après prélèvement des sommes énoncées aux articles 29 et 30, seront appliqués sans exception à la solde des employés civils et militaires, aux besoins de l'État, à sa sûreté et à tout ce qui profite à l'État, et seront répartis, à cet effet, entre les ministères, ainsi qu'il est dit à l'article 63 du présent Code.

CHAPITRE V

DE L'ORGANISATION DU SERVICE DES MINISTÈRES

32. — Des lois sanctionnées par le Chef de l'État et par le conseil suprême régleront la nature des fonctions de chaque ministre, ses droits et ses devoirs, la nature de ses relations avec les divers agents du Gouvernement tunisien ou des Gouvernements étrangers, et l'organisation intérieure de chaque ministère.

33. — Le service du ministre est divisé en trois catégories : la première comprend les *détails du service de son département*, que le ministre est autorisé à traiter sans une permission spéciale du chef de l'État; la deuxième comprend les affaires mentionnées dans la loi, sur lesquelles le ministre doit donner son avis et dont l'exécution ne peut avoir lieu sans l'autorisation du Chef de l'État ; la troisième comprend les affaires de haute importance indiquées à l'article 63 du présent Code, qui doivent être soumises à l'appréciation du conseil suprême avec l'autorisation du Chef de l'État.

34. — Les ministres sont responsables envers le Gouvernement pour ce qui concerne les affaires qui se rattachent à l'article précédent, s'il y a contravention de leur part aux lois. Quant aux affaires comprises dans les autres catégories, les ministres ne sont responsables qu'en ce qui concerne leur exécution.

Les directeurs sont responsables vis-à-vis du ministre de l'exécution des ordres qu'ils en reçoivent, du règlement du service des employés du ministère, de l'exactitude des rapports qu'ils soumettent au chef de leur département et de l'exécution des ordres donnés par lui en conséquence; ils sont responsables également de toutes les affaires qu'ils sont autorisés à traiter de leur chef sans une permission spéciale du ministre, en vertu des pouvoirs qui leur sont conférés d'après la loi règlementaire de leur service.

35. — Le ministre établira un règlement intérieur dans son département pour faciliter le service, mettre de l'ordre dans les archives et les registres, comme il jugera convenable. L'employé qui contreviendra à ce règlement manquera à ses devoirs.

La connaissance de ce règlement est réservée aux employés du département qui sont tenus de l'observer.

Ce règlement pourra être changé ou modifié, en tout ou en partie, toutes les fois que le ministre le jugera nécessaire pour le bien du service.

Le directeur est responsable devant le chef de son département de l'exécution de ce règlement.

36. — Tous les fonctionnaires des divers départements seront nommés par le Chef de l'État sur la proposition du ministre compétent. Si le ministre juge à propos de démettre de ses fonctions un employé quelconque de son département, il en fera la proposition au Chef de l'État, qui sanctionnera sa demande.

37. — Tous les employés des ministères, directeurs et autres, sont responsables vis-à-vis du ministre pour tout ce qui concerne leur service.

38. — Le ministre contresignera les écrits émanés du Chef de l'État qui ont rapport à son département.

39. — Les affaires qui paraîtront au ministre de quelque utilité pour le pays, si elles relèvent du département dont il est chargé, seront portées par lui à la connaissance du Chef de l'État dans un rapport détaillé exposant les motifs et expliquant l'utilité. Le Chef de l'État ordonnera le renvoi de ce rapport au conseil suprême.

40. — Les plaintes adressées au ministre contre les fonctionnaires quelconques qui dépendent de son département seront examinées par lui, sans retard, de la manière qu'il jugera convenable pour arriver à la connaissance de la vérité. Dans ce cas, le ministre, jugeant seulement la conduite de ses subordonnés, ne sera pas obligé de suivre la procédure en usage devant les tribunaux ordinaires pour les interrogatoires. Lorsqu'il aura constaté la vérité du fait, il fera droit au plaignant, s'il y a lieu, dans un temps qui ne pourra excéder un mois. Si, après ce délai, il n'est pas fait droit à la réclamation du plaignant, celui-ci pourra adresser sa plainte par écrit au conseil suprême.

41. — Dans le cas où un recours est ouvert devant le Chef de l'État au sujet d'une plainte adressée au département ministériel, le ministre ne pourra pro-

noncer sa décision avant de connaître celle du Chef de l'État.

42. — Les plaintes des gouverneurs contre leurs administrés et réciproquement, lorsqu'il s'agit d'affaires de service, seront portées, ainsi que les pièces à l'appui, devant le ministre compétent pour y être examinées et ensuite portées à la connaissance du chef de l'État dans son conseil.

43. — Tous les rapports officiels entre le Chef de l'État et les différents ministères, les conseils et les tribunaux, ainsi que les ordres émanés du Chef de l'État à ces différents corps, auront lieu par écrit; car, en règle générale, il n'y a de preuve que la pièce écrite.

CHAPITRE VI.

DE LA COMPOSITION DU CONSEIL SUPRÊME

44. — Le nombre des membres du conseil suprême ne pourra excéder soixante. Le tiers de ce nombre sera pris parmi les ministres et les fonctionnaires du Gouvernement de l'ordre civil ou militaire. Les deux autres tiers seront pris parmi les notables du pays.

Les membres de ce conseil auront le titre de conseillers d'État.

Ce conseil aura des secrétaires en nombre suffisant.

45. — Lors de l'installation de ce conseil, le Chef

de l'État choisira ses membres avec le concours de ses ministres.

46. — Les conseillers d'État, à l'exception des ministres, sont nommés pour cinq ans. A l'expiration de ce temps, le conseil sera renouvelé par cinquième tous les ans, au sort, et, à l'expiration des dix années, les plus anciens d'entre eux seront renouvelés par cinquième et ainsi de suite.

47. — Le conseil suprême établira, avec le concours du Chef de l'État, qui la signera, une liste de quarante notables, parmi lesquels seront pris au sort les remplaçants des membres sortis.

48. — Lorsque les trois quarts des notables portés sur cette liste auront été nommés, le conseil étant au complet procédera à la nomination d'autres membres jusqu'au complément de quarante, pour remplacer les membres sortis, ainsi qu'il est dit à l'article précédent.

49. — Le Chef de l'État, dans son conseil des ministres, désignera parmi les fonctionnaires du Gouvernement les membres qui devront remplacer ceux d'entre eux qui sont sortis.

50. — Les membres de ce conseil seront inamovibles pour tout le temps spécifié à l'article 46, à moins d'un crime ou délit prouvé devant le conseil.

51. — Le conseil aura le droit de choisir les remplaçants parmi les membres sortis, soit des notables de la ville, soit des fonctionnaires du Gouvernement dé-

missionnaires, à condition pourtant qu'ils ne pourront être renommés avant l'expiration de cinq ans du jour de la sortie.

52. — Le conseil suprême ne pourra délibérer que lorsque quarante de ses membres au moins sont présents.

53. — Le vote de ce conseil aura lieu à la majorité des voix. En cas de partage, la voix du président est prépondérante.

54. — Il sera détaché de ce conseil un comité chargé du service ordinaire, tel que donner un avis au Chef de l'État ou aux ministres, lorsqu'ils le demanderont, sur les affaires qui ne nécessitent pas l'approbation du conseil suprême; préparer les affaires qui doivent être soumises à la délibération du conseil suprême; désigner les jours de séance du conseil, etc.

Les membres de ce comité se réuniront dans le palais du conseil.

55. — Ce comité sera composé d'un président, d'un vice-président et de dix membres, dont le tiers sera pris parmi les fonctionnaires du Gouvernement.

56. — Ce comité ne pourra émettre d'avis que lorsque sept membres au moins, y compris le président ou le vice-président, seront présents.

57. — Le président et le vice-président du conseil suprême seront choisis parmi ses membres les plus capables et nommés par le Chef de l'État.

58. — Le Chef de l'État nommera également deux

des membres du conseil suprême aux fonctions de président et de vice-président du comité chargé du service ordinaire.

59. — Les fonctions de membres du conseil suprême sont gratuites, leurs services étant pour la patrie.

CHAPITRE VII.

DES ATTRIBUTIONS DU CONSEIL SUPRÊME

60. — Le conseil suprême est le gardien du pacte fondamental et des lois, et le défenseur des droits des habitants. Il s'oppose à la promulgation des lois qui seront contraires ou qui porteront atteinte aux principes de la loi, à l'égalité des habitants devant la loi et aux principes de l'inamovibilité de la magistrature, excepté dans le cas de destitution pour un crime commis et établi devant le tribunal.

Il connaîtra des recours contre les arrêts rendus par le tribunal de révision en matière criminelle et examinera si la loi a été bien appliquée; et, une fois qu'il aura prononcé, il n'y aura plus lieu à aucun recours.

61. — En cas de recours contre un arrêt rendu par le tribunal de révision en matière criminelle, le conseil suprême choisira dans son sein une commission composée de douze membres au moins pour examiner

si la loi n'a pas été violée. Lorsque cette commission aura constaté que la procédure a été observée et que la loi a été bien appliquée, elle confirmera l'arrêt attaqué, et la partie n'aura plus de moyens à faire valoir. Si, au contraire, la commission reconnaît que l'arrêt n'a pas été rendu conformément à la loi ou à la procédure, elle renverra l'affaire devant le tribunal de révision en lui signalant les défauts de l'arrêt.

Si, après ce renvoi, le tribunal de révision rend un arrêt conforme au premier, le conseil suprême videra le conflit définitivement en prononçant à la majorité des voix, avec le concours de tous ses membres non légalement empêchés.

62. — Le conseil suprême peut faire des projets de loi de grand intérêt pour le pays ou pour le Gouvernement. Si la proposition est adoptée par le Chef de l'État dans son conseil des ministres, elle sera promulguée et fera partie des lois du royaume.

63. — Les affaires qui ne peuvent être décidées qu'après avoir été proposées au conseil suprême, discutées dans son sein, examinées si elles sont conformes aux lois, avantageuses pour le pays et les habitants, et approuvées par la majorité de ses membres, sont : la promulgation d'une nouvelle loi, l'augmention ou la diminution dans les impôts, l'abrogation d'une loi par une autre plus utile, l'augmentation ou la diminution dans la solde, le règlement de toutes les dépenses, l'augmentation des forces de terre et de

mer et du matériel de guerre, l'introduction d'une nouvelle industrie et de toute chose nouvelle, la destitution d'un fonctionnaire de l'État qui aura mérité cette peine pour un crime commis et jugé, la solution des différends qui pourraient avoir lieu entre les employés pour cause de service et des questions non prévues par le Code, l'explication du texte des Codes, l'application de leurs dispositions en cas de différend et l'envoi de troupes pour une expédition dans le royaume.

64. — Le conseil suprême aura le droit de contrôle sur les comptes des dépenses faites dans l'année écoulée, présentés par chaque ministère, afin de vérifier si elles ont été faites conformément aux lois. Il étudiera les demandes de fonds faites pour l'année suivante, les comparera aux revenus de l'État pendant cette même année et fixera la somme allouée à chaque ministère pour que chaque département ne puisse dépenser plus que la somme qui lui sera allouée, ni la dépenser en dehors des objets qui lui seront indiqués. Les détails de ces services devront être discutés au sein du conseil suprême et approuvés par la majorité de ses membres.

65. — Des décrets spéciaux rendus par le Chef de l'État sur l'avis du conseil suprême peuvent autoriser des virements d'un chapitre à l'autre du budget pendant le cours de l'année.

66. — Les plaintes pour les contraventions aux lois commises, soit par le Chef de l'État, soit par tout autre

individu, seront adressées au comité chargé du service ordinaire. Ledit comité devra convoquer, dans les trois jours, le conseil suprême, en temps de vacance, et portera à sa connaissance ladite plainte. Si le conseil est en service, la plainte sera immédiatement portée à sa connaissance pour y être discutée.

67. — Le palais du Gouvernement dans la capitale (Tunis) sera le lieu de réunion de ce conseil.

68. — Ce conseil devra se réunir le jeudi de chaque semaine, de neuf à onze heures du matin, et pourra se réunir également pendant les autres jours de la semaine, selon les exigences du service.

69. — Le palais du conseil suprême est en même temps le dépôt de l'original des lois. Ainsi, toute loi approuvée par le Chef de l'État sera renvoyée à ce conseil pour être enregistrée et conservée dans les archives, après en avoir donné une copie au ministre chargé de l'exécution.

CHAPITRE VIII.

DE LA GARANTIE DES FONCTIONNAIRES

70. — Les plaintes contre les ministres, pour des faits relatifs à leurs fonctions ou pour une contravention aux lois, seront portées devant le conseil suprême avec les preuves à l'appui pour y être examinées. Si

les faits commis emportent la destitution, la suspension ou le payement d'une amende fixée par le Code, la peine sera prononcée par ce conseil; si, au contraire, le coupable mérite une peine plus grave, l'affaire sera renvoyée devant le tribunal criminel.

71. — Les plaintes contre les agents du Gouvernement, autres que les ministres, pour des faits relatifs à leurs fonctions, seront portées devant le ministre duquel ils dépendent, et de là, au conseil suprême, pour être jugées suivant les dispositions du Code.

Si les faits imputés à l'agent sont de ceux qui emportent une peine grave, telle que l'exil, la détention, les travaux forcés ou la peine capitale, l'affaire sera renvoyée devant le tribunal criminel.

72. — La connaissance des crimes ou délits contre les privés, commis par des ministres, par des membres du conseil suprême ou par tout autre fonctionnaire du Gouvernement, est dévolue au tribunal criminel, à condition pourtant qu'il ne pourra poursuivre le coupable sans l'autorisation du conseil suprême. Néanmoins, dans le cas de flagrant délit, le tribunal pourra faire arrêter le coupable et demander au conseil suprême l'autorisation de le poursuivre.

73. — Les plaintes adressées contre un ministre ou tout autre agent du Gouvernement, pour dettes ou autres affaires civiles, seront jugées par le tribunal civil, sans l'autorisation du conseil suprême.

CHAPITRE IX.

DU BUDGET

74. — Le ministère des finances soumettra, chaque année, au premier ministre un compte détaillé des revenus et des dépenses de l'État pendant l'année écoulée, avec un aperçu des revenus et des dépenses de l'État dans l'année suivante.

75. — A la fin de chaque année, chacun des ministres présentera au premier ministre un compte détaillé des dépenses qu'il aura faites sur les fonds qui auront été alloués à son département pour ladite année, et demandera les fonds dont il aura besoin pour l'année suivante. Ainsi, au mois de moharrem 1277, chaque ministre soumettra ses comptes de l'année 1276 et demandera les allocations pour l'année 1278.

76. — Le premier ministre présentera au conseil suprême les comptes et les pièces à l'appui qui lui auront été présentés par les autres ministères, en les accompagnant des explications nécessaires, ainsi qu'il est dit à l'article 64.

CHAPITRE X.

DU CLASSEMENT DES FONCTIONS

77. — Les fonctions civiles se divisent en six classes assimilées aux grades militaires. La première classe correspond au grade de général de division et la sixième à celui de chef de bataillon.

Une loi spéciale désignera la classe à laquelle appartient chacune de ces fonctions.

CHAPITRE XI.

DES DROITS ET DES DEVOIRS DES FONCTIONNAIRES

78. — Tout sujet tunisien qui n'aura pas été condamné à une peine infamante pourra arriver à tous les emplois du pays, s'il en est capable, et participer à tous les avantages offerts par le Gouvernement à ses sujets.

79. — Tout étranger qui acceptera du service dans le Gouvernement tunisien sera soumis à sa juridiction pendant toute la durée de ses fonctions. Il sera directement responsable devant le Gouvernement tunisien de tous les actes qui concernent ses fonctions, même après sa démission.

80. — Tout fonctionnaire civil ou militaire qui aura servi l'État pendant trente ans aura droit à demander sa retraite, qui lui sera accordée d'après une loi spéciale qui sera élaborée à ce sujet.

81. — Nul fonctionnaire, quel que soit son rang, ne pourra être destitué que pour un acte ou des discours contraires à la fidélité exigée dans la position qu'il occupe. Son délit devra être constaté devant le conseil suprême. S'il est prouvé, au contraire, devant ledit conseil, que l'employé a été accusé à tort, il continuera à occuper sa position, et l'accusateur sera condamné à la peine portée à l'article 270 du Code pénal.

82. — Les peines afflictives et infamantes prononcées par le tribunal civil et criminel emportent avec elles celle de la destitution.

83. — Tout employé qui voudra donner sa démission devra le faire par écrit. Dans aucun cas cette démission ne pourra lui être refusée.

84. — Tout employé du Gouvernement qui aura été condamné par le tribunal à changer de résidence, à la prison pour dettes ou à payer une amende pour un délit qu'il aura commis, ne sera pas pour cela rayé des cadres des employés.

85. — Tous les employés du Gouvernement, tant militaires que civils, sont responsables de tout ce qui peut arriver dans les services dont ils sont chargés, tel que trahison, concussion, contravention aux lois ou désobéissance à un ordre écrit de leur chef.

CHAPITRE XII

DES DROITS ET DES DEVOIRS DES SUJETS DU ROYAUME TUNISIEN

86. — Tous les sujets du royaume tunisien, à quelque religion qu'ils appartiennent, ont droit à une sécurité complète quant à leur personne, leurs biens et leur honneur, ainsi qu'il est dit à l'article premier du Pacte fondamental.

87. — Tous nos sujets, sans exception, ont droit de veiller au maintien du Pacte fondamental et à la mise à exécution des lois, codes et règlements promulgués par le Chef de l'État conformément au pacte fondamental. A cet effet, ils peuvent tous prendre connaissance des lois, codes et règlements susmentionnés, et dénoncer au conseil suprême, par voie de pétition, toutes les infractions dont ils auraient connaissance, quand bien même ces infractions ne léseraient que les intérêts d'un tiers.

88. — Tous les sujets du royaume, à quelque religion qu'ils appartiennent, sont égaux devant la loi, dont les dispositions sont applicables à tous indistinctement, sans avoir égard ni à leur rang ni à leur position.

89. — Tous les sujets du royaume auront la libre disposition de leurs personnes et de leurs biens. Aucun

d'eux ne pourra être forcé à faire quelque chose contre son gré, si ce n'est le service militaire dont les prestations sont réglées par la loi. Nul ne pourra être exproprié que pour cause d'utilité publique, moyennant une indemnité.

90. — Les crimes, délits et contraventions que pourront commettre nos sujets, à quelque religion qu'ils appartiennent, ne pourront être jugés que par les tribunaux constitués, ainsi qu'il est prescrit dans le présent Code, et la sentence ne sera prononcée que d'après les dispositions du Code.

91. — Tout Tunisien né dans le royaume, lorsqu'il aura atteint l'âge de dix-huit ans, doit servir son pays pendant le temps fixé pour le service militaire, en conformité du Code militaire. Celui qui s'y soustraira sera condamné à la peine énoncée dans ledit Code.

92. — Tout Tunisien qui se sera expatrié, pour quelque motif que ce soit, quelle qu'ait été du reste la durée de son absence, qu'il se soit fait naturaliser à l'étranger ou non, redeviendra sujet tunisien dès qu'il rentrera dans le royaume de Tunis.

93. — Tout Tunisien possédant des immeubles en Tunisie qui se sera expatrié même sans autorisation du Gouvernement, aura le droit de louer ou vendre ses propriétés et de toucher le montant de la vente ou des loyers, à condition pourtant que la vente aura lieu dans le royaume et en conformité de ses lois. S'il est poursuivi pour dettes, il sera déduit du montant du

produit de la vente ou des loyers les sommes qu'il aura été condamné à payer judiciairement.

94. — Les Tunisiens non musulmans qui changeront de religion continueront à être sujets tunisiens et soumis à la juridiction du pays.

95. — Tout sujet tunisien, sans distinction de religion, qui possède en propriété des biens immeubles dans le royaume, sera tenu à payer les droits déjà établis ou ceux qui le seront à l'avenir, suivant les lois et réglements régissant la matière.

96. — Tous ceux de nos sujets qui possèdent un immeuble quelconque, soit comme colon partiaire, soit par location perpétuelle, soit par droit de jouissance, ne pourront céder leurs droits de propriété par vente, donation ou de toute autre manière qu'à ceux qui ont le droit de posséder dans le royaume. La cession à d'autres ne sera pas valable.

97. — Tous nos sujets, à quelque religion qu'ils appartiennent, ont le droit d'exercer telle industrie qu'ils voudront, et d'employer à cet effet tels engins et machines qu'ils jugeront nécessaires, quand même cela pourrait avoir des inconvénients pour ceux qui voudront continuer à se servir des anciens procédés.

Aucune usine ne pourra être installée dans la capitale, dans une autre ville ou aux environs, sans l'autorisation du chef de la municipalité, qui veillera à ce que cette usine soit placée de manière à ne causer aucun dommage au public ou à des particuliers.

Les machines venant de l'étranger seront soumises aux droits de douane.

Ceux de nos sujets qui exercent une industrie quelconque devront se soumettre aux droits établis ou que nous établirons à l'avenir.

Les fabrications défendues aux particuliers sont la poudre, le salpêtre, les armes et les munitions de guerre.

98. — Tous nos sujets, à quelque religion qu'ils appartiennent, sont libres de se livrer au commerce d'importation et d'exportation, en se conformant aux lois et règlements déjà établis ou qui seront établis à l'avenir, relativement aux droits d'entrée et de sortie sur les produits du sol et manufacturés.

99. — Tous nos sujets devront respecter les interdictions qui émaneront de notre Gouvernement, quand l'intérêt du pays l'exigera, au sujet de l'entrée et de la sortie de certains produits, tels que les armes, la poudre et autres munitions de guerre, le sel et le tabac.

100. — Il sera facultatif à tous nos sujets, à quelque religion qu'ils appartiennent, d'embarquer eux-mêmes les produits qu'ils exporteront, blés, huiles, etc., etc., sans être obligés de se servir des moyens de transport de tel ou tel fermier; mais ils seront tenus à faire peser ou mesurer leurs produits par les peseurs et mesureurs du Gouvernement, qui prélèveront le droit fixé.

101. — Les navires qui entreront dans nos ports pour y faire des opérations de commerce payeront

les droits de port, d'embarquement et de débarquement qui seront fixés par une loi spéciale d'une manière uniforme pour tous les ports du royaume.

102. — Pour faciliter le développement du commerce et pour arriver à ce but, il est nécessaire d'adopter un système uniforme de poids et mesures pour toutes les provinces du royaume. Une loi spéciale qui fera partie de ce Code sera élaborée à cet effet.

103. — Tous les droits et redevances quelconques ne seront plus affermés, mais ils seront perçus par des employés du Gouvernement, dont la gestion sera réglée par une loi spéciale qui sera élaborée à cet effet et fera partie de ce Code.

104. — Le gouvernement ne prélèvera plus aucun droit en nature, à l'exception des dîmes sur les récoltes des grains et des olives.

CHAPITRE XIII

DES DROITS ET DES DEVOIRS DES SUJETS ÉTRANGERS ÉTABLIS DANS LE ROYAUME DE TUNIS

105. — Une liberté complète est assurée à tous les étrangers établis dans les États tunisiens, quant à l'exercice de leurs cultes.

106. — Aucun d'eux ne sera molesté au sujet de ses croyances, et ils seront libres d'y persévérer ou de les changer à leur gré.

Leur changement de religion ne pourra changer ni leur nationalité, ni la juridiction dont ils relèvent.

107. — Ils jouiront de la même sécurité personnelle garantie aux sujets tunisiens par le chapitre II, *Des Explications des bases du Pacte fondamental.*

108. — Ils ne seront soumis ni à la conscription, ni à aucun service militaire, ni à aucune corvée dans le royaume.

109. — Ainsi qu'il a été promis aux sujets tunisiens, il est garanti aux étrangers établis dans le royaume une sûreté complète pour leurs biens de toute nature et pour leur honneur, ainsi qu'il est dit aux chapitres III et IV, *De l'Explication du Pacte fondamental.*

110. — Il est accordé aux sujets étrangers établis dans le royaume les mêmes facultés accordées aux sujets tunisiens, relativement aux industries à exercer et aux machines à introduire dans le royaume, et ils seront soumis aux mêmes charges et conditions.

111. — Lesdits sujets étrangers ne pourront établir les usines destinées à l'exercice des industries que dans les endroits où ils ont le droit de posséder et dans l'emplacement qui sera désigné par la municipalité, ainsi qu'il est dit à l'article 97.

112. — Les sujets étrangers établis dans les États tunisiens pourront se livrer au commerce d'importation et d'exportation à l'égal des sujets tunisiens, et ils devront se soumettre aux mêmes charges et restric-

tions que celles auxquelles sont soumis lesdits sujets tunisiens.

113. — L'article 11 du Pacte fondamental avait accordé aux sujets étrangers la faculté de posséder des biens immeubles à des conditions à établir ; mais, quoique tout ce qui résulte du Pacte fondamental soit obligatoire, néanmoins, en considérant l'état de l'intérieur du pays, il a été reconnu impossible d'autoriser les sujets étrangers à y posséder, par crainte des conséquences. Ainsi une loi spéciale désignera les localités de la capitale et ses environs et des villes de la côte et leurs environs où les étrangers pourront posséder.

Il est bien entendu que les sujets étrangers qui posséderont des immeubles dans les localités désignées seront soumis aux lois établies ou à établir par la suite, à l'égal des sujets tunisiens.

114. — Les créatures de Dieu devant être égales devant la loi, sans distinction, soit à cause de leur origine, de leur religion ou de leur rang, les sujets étrangers établis dans nos États et qui sont appelés à jouir des mêmes droits et avantages que nos propres sujets devront être soumis, comme ceux-ci, à la juridiction des divers tribunaux que nous avons institués à cet effet.

Les plus grandes garanties sont données à tous, soit par le choix des juges, soit par la précision des codes d'après lesquels les magistrats doivent juger, soit par les divers degrés de la juridiction, et pourtant, afin de donner une sécurité plus grande, nous avons établi dans le Code civil et criminel que les consuls ou leurs délégués seront présents devant tous nos tribunaux dans les causes ou procès de leurs administrés.

FIN

TABLE DES MATIÈRES

I.	— Stora	1
II.	— Philippeville	7
III.	— Bone	33
IV.	— La Rade	57
V.	— La Goulette	63
VI.	— Le lac El Baheira	67
VII.	— La route de la Goulette	71
VIII.	— Un café arabe	77
IX.	— Scorpions et serpents	83
X.	— Les faubourgs	89
XI.	— Hôtel maure	95
XII.	— Les souks	101
XIII.	— Le consulat de France	117
XIV.	— Les rues	123
XV.	— Enluminures et croquis	133

XVI.	— Le Dar El Bey.	137
XVII.	— La Kasbah.	147
XVIII.	— A vol d'oiseau.	153
XIX.	— Le Bardo.	157
XX.	— Les races.	173
XXI.	— Les femmes.	187
XXII.	— Musiciens et dilettanti.	193
XXIII.	— Villégiature. — Les Aïssaouas.	201
XXIV.	— Une noce juive.	225
XXV.	— Les almées.	239
XXVI.	— Carthage.	243
XXVII.	— Tunis à Paris.	261
Appendice.		279

FIN DE LA TABLE DES MATIÈRES

Paris. — Imprimerie de P.-A Bourdier et Cⁱᵉ, rue des Poitevins, 6.

EXTRAIT DU CATALOGUE

DE LA LIBRAIRIE

GARNIER FRÈRES

6, rue des Saints-Pères, et Palais-Royal, 215

DICTIONNAIRE NATIONAL

OUVRAGE ENTIÈREMENT TERMINÉ

MONUMENT ÉLEVÉ A LA GLOIRE DE LA LANGUE ET DES LETTRES FRANÇAISES

Ce grand Dictionnaire classique de la Langue française contient, pour la première fois, outre les mots mis en circulation par la presse, et qui sont devenus une des propriétés de la parole, les noms de tous les Peuples anciens, modernes ; de tous les Souverains de chaque État ; des institutions politiques ; des Assemblées délibérantes ; des Ordres monastiques, militaires ; des Sectes religieuses, politiques, philosophiques ; des grands Événements historiques : Guerres, Batailles, Siéges, Journées mémorables, Conspirations, Traités de paix, Conciles ; des Titres, Dignités, Fonctions, des Hommes ou Femmes célèbres en tout genre ; des Personnages historiques de tous les pays et de tous les temps : Saints, Martyrs, Savants, Artistes, Écrivains ; des Divinités, Héros et personnages fabuleux de tous les peuples ; des Religions et Cultes divers, Fêtes, Jeux, Cérémonies publiques, Mystères, enfin la Nomenclature de tous les Chefs-lieux, Arrondissements, Cantons, Villes, Fleuves, Rivières, Montagnes de la France et de l'Étranger ; avec les Etymologies grecques, latines, arabes, celtiques, germaniques, etc., etc.

Cet ouvrage classique est rédigé sur un plan entièrement neuf, plus exact et plus complet que tous les dictionnaires qui existent, et dans lequel toutes les définitions, toutes les acceptions des mots et les nuances infinies qu'ils ont reçues sont justifiées par plus de quinze cent mille exemples extraits de tous les écrivains moralistes et poëtes philosophes et historiens, etc., etc. Par M. BESCHERELLE aîné, principal auteur de la *Grammaire nationale*. 2 magnifiques vol. in-4 de plus de 3,000 pages, à 4 col., imprimés en caractères neufs et très-lisibles, sur papier grand raisin, glacé, contenant la matière de plus de 300 volumes in-8. . . . . 50 fr.

Demi-reliure chagrin, plats en toile. . . . . 10 fr.

GRAMMAIRE NATIONALE

Ou Grammaire de Voltaire, de Racine, de Bossuet, de Fénelon, de J. J. Rousseau, de Bernardin de Saint-Pierre, de Chateaubriand, de Casimir Delavigne, et de tous les écrivains les plus distingués de la France ; par MM. BESCHERELLE FRÈRES et LITAIS DE CAUX. 1 fort vol. grand in-8. Complément indispensable du *Dictionnaire national* . . . . 10 fr.

NOUVEAU DICTIONNAIRE CLASSIQUE DE LA LANGUE FRANÇAISE

Comprenant : Les mots du Dictionnaire de l'Académie française, et un très-grand nombre d'autres autorisés par l'emploi qu'en ont fait les bons écrivains ; leurs acceptions propres et figurées et l'indication de leur emploi dans les différents genres de style ; — 2° Les termes usités dans les sciences, les arts, les manufactures, ou tirés des langues étrangères ; — 3° La synonymie rédigée sur un plan tout nouveau ; — 4° La prononciation figurée de tous les mots qui représentent quelque difficulté ;—5° Un Vocabulaire général de géographie, d'histoire et de biographie, etc., etc.; par MM. Bescherelle aîné, et J. A. Pons, professeur d'histoire. 1 vol. gr. in-8 de 1100 pag. . . . . 10 fr.

GRAMMAIRE ESPAGNOLE-FRANÇAISE DE SOBRINO

Très-complète et très-détaillée, contenant toutes les notions nécessaires pour apprendre à parler et à écrire correctement l'espagnol. Nouvelle édition, refondue avec le plus grand soin, par A. Galban. 1 vol. in-8. . . . 5 fr.

GRAMATICA DE LA LENGUA FRANCESA

Para los Españoles, por Chantreau, corrigée avec le plus grand soin par A. Galban, 1 vol, in-8. . . . . 4 fr.

GRAMMAIRE ITALIENNE

En 25 leçons, d'après Vergani, corrigée et complétée par G. Ferrari, ancien professeur à l'école normale et à l'Université de Turin, auteur du *Nouveau Dictionnaire italien-français et français-italien*. 1 vol. . . . . 2 fr.

PETIT DICTIONNAIRE NATIONAL

Contenant la définition très-claire et très-exacte de tous les mots de la langue usuelle ; l'explication la plus simple des termes scientifiques et techniques ; la prononciation figurée dans tous les cas douteux ou difficiles, etc., etc.; à l'usage de la jeunesse, des maisons d'éducation et de tous ceux qui ont besoin de renseignements prompts et précis, par M. Bescherelle aîné, auteur du *Grand Dictionnaire national*, etc. 1 fort vol. in-32 jésus, de plus de 600 pag. . . . . 2 fr. 25

PETIT DICTIONNAIRE D'HISTOIRE, DE GÉOGRAPHIE ET DE MYTHOLOGIE

Par J. P. Quitard, auteur du *Dictionnaire des Proverbes*, faisant suite au *Petit Dictionnaire national* de M. Bescherelle aîné. 1 vol. in-32. 1 fr. 75
Les deux ouvrages réunis en 1 fort vol., rel. toile. . . . . 4 fr.

DICTIONNAIRE USUEL DE TOUS LES VERBES FRANÇAIS,

Tant réguliers qu'irréguliers ; par MM. Bescherelle frères. 3° édition. 2 forts vol. in-8 à 2 colonnes. . . . . 12 fr.
Ce livre est indispensable à tous les écrivains et à toutes les personnes qui s'occupent de la langue française. La conjugaison des verbes est sans contredit ce qu'il y a de plus difficile dans notre langue, puisqu'on y compte plus de trois cent verbes irréguliers. A l'aide de ce dictionnaire, tous les doutes sont levés, toutes les difficultés vaincues.

PETITS DICTIONNAIRES EN DEUX LANGUES

Avec la prononciation figurée, très-complets et exécutés avec le plus grand soin, contenant chacun la matière d'un fort volume in-8, à l'usage des voyageurs, des lycées, des collèges, de la jeunesse des deux sexes, et de toutes les personnes qui étudient les langues étrangères.

Dictionnaire grec-français, Rédigé sur un plan nouveau, contenant tous les termes employés par les auteurs classiques présentant un aperçu de la dérivation des mots dans la langue grecque et suivi d'un lexique des noms propres, par A. Chassang, maître de Conférences de langue et littérature grecques à l'Ecole normale supérieure. 1 vol. grand in-32 de plus de 1000 pages. . . . . 7 fr. 50

Nouveau dictionnaire latin-français contenant tous les termes employés par les auteurs classiques; l'explication d'un certain nombre de mots appartenant à la langue du droit; les noms propres d'hommes et de lieux, etc., par E. de Suckau, chargé du cours de littérature française à la Faculté d'Aix. 1 fort vol. grand in-32. . . . 4 fr. 50

Nouveau dictionnaire anglais-français et français-anglais contenant : Tout le vocabulaire de la langue usuelle, et donnant la *prononciation* figurée de tous les mots anglais, et celle des mots français dans les cas douteux, par M. Clifton. 1 vol. grand in-32, imprimé avec soin. . 4 fr. 50

Nouveau dictionnaire allemand-français et français-allemand du langage littéraire, scientifique et usuel, contenant, à leur ordre alphabétique, tous les mots usités et nouveaux de ces deux idiomes ; les noms propres de personnes, de pays, de villes, etc.; la grammaire et les idiotismes, et suivi d'un Tableau des verbes irréguliers, par K. Rotteck (de Berlin). 1 fort vol. grand in-32 jésus. . . 4 fr. 50

Nouveau dictionnaire de poche français-espagnol et espagnol-français avec *la prononciation* dans les deux langues, rédigé d'après les matériaux réunis par D. Vicente Salva et les meilleurs dictionnaires parus jusqu'à ce jour. 1 fort vol. grand in-32, format dit Cazin, d'environ 1,100 p.: . 5 fr.

Dictionnaire italien-français et français-italien, contenant tous les mots de la langue usuelle et donnant la prononciation figurée des mots italiens et des mots français, dans les cas douteux et difficiles, par C. Ferrari. 1 fort volume in-32. . . 4 fr. 50

Dictionnaire de poche français-turc, par A. Calfa. 3ᵉ édition refondue. 1 vol. gr. in-32, relié. . . . . 6 fr.

Reliure percaline, tr. jaspée, de chacun de ces quatre dictionnaires. . 0, 60 c.

Les dictionnaires en petit format publiés jusqu'à ce jour sont plutôt des vocabulaires, souvent très-incomplets, qui ne contiennent aucune des indications nécessaires pour aider un commençant à traduire correctement d'une langue dans une autre.

Dans ces dictionnaires que nous recommandons à l'attention du public ami des lettres:

1° Tous les mots, sans exception, sont à leur ordre alphabétique; pas de liste particulière de noms propres, de mots géographiques, etc.

2° Les diverses acceptions de chaque mot sont indiquées par des numéros. Le premier numéro donne le sens le plus conforme à l'étymologie ; les numéros suivants présentent successivement les sens dérivés, détournés ou figurés. Enfin différents signes typographiques et de ponctuation viennent encore guider l'étranger dans le choix des mots.

3° La prononciation a été figurée avec le plus grand soin et à l'aide des moyens les plus simples.

On voit que nous n'avons rien négligé pour rendre cette publication aussi utile et pratique que possible. Si l'on considère encore que nous donnons également la solution des difficultés grammaticales, relatives, par exemple, à la conjugaison des verbes, des prépositions, etc., on sera forcé de convenir que jamais on n'a présenté autant de matières sous un aussi petit volume.

GRAND DICTIONNAIRE
ESPAGNOL-FRANÇAIS ET FRANÇAIS-ESPAGNOL

Avec la prononciation dans les deux langues, plus exact et plus complet que tous ceux qui ont paru jusqu'à ce jour, rédigé d'après les matériaux réunis par D. Vicente Salva, et les meilleurs dictionnaires anciens et modernes, par F. de P. Noriega et Guim. 1 fort vol. gr. in-8 jésus, d'environ 1,600 pag., à 3 col. . . . . . 18 fr.

GUIDES POLYGLOTTES

Manuels de la conversation et du style épistolaire, à l'usage des voyageurs et des écoles. Grand in-32, format dit Cazin, papier satiné, élégamment cartonnés. Prix du vol.. . . . . 2 fr.

Français-anglais, par M. CLIFTON, 1 vol.
Français-italien, par M. VITALI, 1 vol.
Français-allemand, par M. EBELING, 1 vol.
Français-espagnol, par M. CORONA BUSTAMENTE, 1 vol.
Espanol-francés, por CORONA BUSTAMENTE.
English-french, by CLIFTON 1 vol.
Hollandsch-fransch, van A. DUFRICHE, 1 vol.
Espanol-inglés, por CORONA BUSTAMENTE y CLIFTON, 1 vol.

English and italian. 1 vol.
Espanol-aleman, por CORONA BUSTAMENTE-EBELING, 1 vol.
Deutsch-english, von CAROLINO DUARTE, 1 vol.
Espanol-italiano, por M. CORONA BUSTAMENTE y VITALI, 1 vol.
Italiano-tedesco, da GIOVANI VITALI et Dr EBELING, 1 vol.
Portuguez-francez, por M. CAROLINO DUARTE y CLIFTON, 1 vol.
Portuguez inglez, por DUARTE y CLIFTON, 1 vol.

GUIDE EN SIX LANGUES. Français-anglais-allemand-italien-espagnol-portugais. 1 fort in-16 de 550 pages. . . . . 5 fr.

GUIDE EN QUATRE LANGUES, français-anglais-allemand-italien, 1 vol. grand in-32, cartonné. . . . . 4 fr.

Nous appelons d'une manière toute spéciale l'attention sur nos *Guides polyglottes*. Le soin intelligent et scrupuleux qui en a dirigé l'exécution leur assure, parmi les livres de ce genre, une incontestable supériorité. Le texte original a été fait et préparé, avec beaucoup d'adresse et d'habileté, par un maître de conférences à l'École normale supérieure. Les besoins de la conversation usuelle y sont très-heureusement prévus. Les dialogues, au lieu de se trainer dans l'ornière des banalités ennuyeuses, ont un à propos, une vivacité, un sel, qui amusent et réveillent le lecteur. Les traducteurs se sont acquittés de leur tâche avec exactitude et fidélité.

Guide français-anglais, manuel de la conversation et du style épistolaire, avec la *prononciation figurée de tous les mots anglais*, à l'usage des voyageurs. 1 vol. in-16. . . . . . . 4 fr.

Polyglot guides manual of conversation with models of letters for the use of travellers and students. English and French with the figured pronunciation of the French, by MM. CLIFTON and DUFRICHE-DESGENETTES. 1 volume in-16. . . . . 4 fr.

CODES ET LOIS USUELLES

Classés par ordre alphabétique, édition sans supplément conforme à la législation la plus récente, collationnée sur les textes officiels, contenant en note sous chaque article des codes ses différentes modifications, la corrélation des articles, entre eux, la concordance avec le droit romain, l'ancienne législation française et les lois nouvelles, précédée de la constitution de l'Empire français et accompagnée d'une table chronologique et d'une table générale des matières, par M. A. ROGER, avocat à la Cour impériale de Paris, auteur de la 2e édition du *Traité de la Saisie-Arrêt*, et M. A. SORRL, avocat à la Cour impériale de Paris, suppléant du juge de paix du VIIIe arrondissement de Paris. 1 beau v. gr. in-8 raisin de 1,200 pages. Prix, br. . 15 fr.
La reliure, demi-chagrin. . . . . 3 fr.

LE MÊME OUVRAGE

Édition portative, format gr. in-32 jésus, en deux parties :

Ire Partie. Les *Codes*. . . . . 4 fr
IIe Partie. Les *Lois usuelles*. . . . . 4 fr

DICTIONNAIRE DE LA CONVERSATION ET DE LA LECTURE.

52 vol. grand in-8 de 500 pages à 2 col., contenant la matière de plus de 300 vol. . . . . 208 fr.

SUPPLÉMENT AU DICTIONNAIRE DE LA CONVERSATION ET DE LA LECTURE

Rédigé par tous les écrivains et savants dont les noms figurent dans cet ouvrage et publié sous la direction du même rédacteur en chef. 16 vol. in-8 de 500 pages, pareilles à celles des 52 vol. publiés de 1833 à 1839. 80 fr.

Le *Supplément*, aujourd'hui TERMINÉ, se compose de *seize volumes* formant les tomes 53 à 68 de cette Encyclopédie si populaire.

Le *Supplément* a réparé toutes les erreurs, toutes les omissions qui avaien échappé dans le travail si rapide de la rédaction des 52 premiers volumes. Tous les *renvois* que le lecteur chercherait vainement dans l'ouvrage principal se trouvent traités dans le *Supplément*.

Aujourd'hui les seuls exemplaires qui conservent *leur valeur primitive* sont ceux qui sont accompagnés du *Supplément*, en d'autres termes des tomes 53 à 68.

COURS COMPLET D'AGRICULTURE,

Ou Nouveau Dictionnaire d'agriculture théorique et pratique d'économie rurale et de médecine vétérinaire, sur le plan de l'ancien Dictionnaire de l'abbé Rosnier, par MM. le baron de Morogues, membre de l'Institut; Mirbel, professeur de culture au Jardin des Plantes, etc.; le vicomte Héricart de Thury, président de la Société impériale d'agriculture; Payen, professeur de chimie agricole; Mathieu de Dombasle, etc. etc. 4e édition, revue et corrigée. 20 vol. br. en 19 gr. in-8 à 2 col., avec environ 4,000 sujets grav., relat. à la grande et à la petite culture, à l'économie rurale et domestique, à la description des plantes, etc. Complet. . . . 112 fr.

Chaque volume est orné du portrait d'un des hommes les plus notables des sciences agricoles. Le *Supplément* compte des textes tout récents; on y voit figurer les noms de MM. Chevreul, Gaudichaud, Boucherie, Paul Gaubert, Polonceau, Fuster, Morin, etc.

DICTIONNAIRE D'HIPPIATRIQUE ET D'ÉQUITATION.

Ouvrage où se trouvent réunies toutes les connaissances équestres et hippiques, par F. Cardini, lieutenant-colonel en retraite. 2 vol. grand in-8, ornés de 70 figures; 2e édition, considérablement augmentée. . . 20 fr

NOUVEAU DICTIONNAIRE COMPLET DES COMMUNES DE LA FRANCE

De l'Algérie et des autres colonies françaises, contenant la Nomenclature de toutes les communes, leur division administrative, leur population d'après le dernier recensement; les bureaux de poste; leur distance de Paris; les stations de chemins de fer; les bureaux télégraphiques; l'industrie; le commerce; les productions du sol; les châteaux et tous les renseignements relatifs à l'organisation administrative, ecclésiastique, judiciaire, universitaire, financière, militaire et maritime de la France, avant et depuis 1789, par A. Gindre de Mancy. 1 fort vol. gr. in-8 d'environ 1,000 p., à deux colonnes avec une carte des chemins de fer, par Charle, géographe. 12 fr.

DICTIONNAIRE PORTATIF DES COMMUNES DE LA FRANCE, DE L'ALGÉRIE ET DES AUTRES COLONIES FRANÇAISES

Précédé de tableaux synoptiques, et accompagné d'une carte de la France, par M. Gindre de Mancy, membre de la Société philotechnique et de plusieurs sociétés savantes. 1 fort vol. in-32 de 750 pages. . . . . 3 fr. 50

DICTIONNNAIRE GÉNÉRAL DES SCIENCES THÉORIQUES ET APPLIQUÉES

Comprenant les mathématiques, la physique et la chimie, la mécanique et la technologie, l'histoire naturelle et la médecine, l'économie rurale et l'art vétérinaire, par MM. Privat-Deschanel et Ad. Focillon, professeurs de sciences physiques et des sciences naturelles au lycée de Louis-le-Grand, avec la collaboration d'une réunion de savants; 4 parties, vol. gr. in-8. Prix. 50 fr

GÉOGRAPHIE UNIVERSELLE,

Par Malte-Brun. Description de toutes les parties du monde sur un nouveau plan, d'après les grandes divisions du globe; précédée de l'histoire de la géographie chez les peuples anciens et modernes, et d'une théorie générale de la géographie mathématique, physique et politique. 6e édition revue, corrigée et augmentée, mise dans un nouvel ordre et enrichie de toutes les nouvelles découvertes, par J. J. N. Huot. 6 beaux vol. gr. in-8, ornés de 41 grav. sur acier, ... 60 fr.
Avec un superbe Atlas entièrement établi à neuf. 1 vol. in-folio, composé de 72 magnifiques cartes coloriées, dont 14 doubles. . . . . 80 fr.
On peut acheter l'Atlas séparément. . . . . 20 fr.

CHEFS-D'ŒUVRE DE LA LITTÉRATURE FRANÇAISE

21 volumes sont en vente à 7 fr. 50

Cette collection imprimée avec luxe par M. Claye, sur magnifique papier des Voges fabriqué spécialement pour cette édition est ornée de vignettes gravées sur acier, d'après les dessins de Staal.
On tire de chaque volume de la collection 150 *exemplaires numérotés* sur papier de Hollande, avec figures sur chine avant la lettre, au prix de : 15 fr. le vol.

Œuvres complètes de Molière, nouvelle édition (rès-soigneusement revue sur les textes orignaux avec un nouveau travail de critique et d'érudition, aperçus d'histoire littéraire, examen de chaque pièce, commentaire, biographie, etc., etc., par M. Louis Moland. 7 vol. in-8 cavalier.

Chefs-d'œuvre littéraires de Buffon, avec une introduction par M. Flourens, membre de l'Académie française, secrétaire de l'Académie des sciences, etc. 2 vol in-8 cavalier.

Histoire de Gil Blas de Santillane, Par Le Sage, avec les principales remarques des divers annotateurs, précédée d'une notice par Sainte-Beuve, les jugements et témoignages sur le Sage et sur *Gil Blas*. 2 vol in-8 illustrés de 6 belles gravures sur acier d'après les dessins de Staal.

L'Imitation de Jésus-Christ. Traduction nouvelle avec des réflexions à la fin de chaque chapitre, par M. l'abbé de Lamennais. 1 vol. in-8.

Essais de Michel de Montaigne, nouvelle édition, avec les notes de tous les commentateurs, choisies et complétées par M. J. V. Le Clerc, ornée d'un magnifique portrait de Montaigne, précédée d'une nouvelle étude sur Montaigne, par M. Prévost-Paradol, de l'Académie française. 4 vol.

Œuvres complètes de Boileau Despréaux, avec un nouveau travail et un commentaire, par M. Géruzez. 4 v.

Œuvres choisies de Marot, accompagnées de notes philologiques et littéraires et précédées d'une étude sur l'auteur, par M. d'Héricault. 1 vol.

EN PRÉPARATION

Œuvres complètes de Racine, avec un travail nouveau, par M. Saint-Marc Girardin, de l'Académie française.

Œuvres complètes de la Fontaine, avec un nouveau travail de critique et d'érudition, par M. Louis Moland.

Nous avons promis, dans le prospectus de *Molière*, de chercher à remettre en honneur les belles éditions de nos auteurs classiques. Les volumes qui ont paru permettent de juger si nous avons tenu parole.
Notre collection contiendra la fleur de la littérature française. Elle se composera d'une soixantaine de volumes environ, imprimés avec le plus grand luxe par Claye, et dignes de tenir une place d'honneur dans les meilleures bibliothèques.

BIBLIOTHÈQUE AMUSANTE

Contenant les meilleurs romans du XVIIe et du XVIIIe siècles, et quelques-uns des principaux du XIXe. Le volume, grand in-8 cavalier, 3 grav. sur acier d'après STAAL.............. 7 fr. 50

Œuvres de madame de la Fayette. 1 vol.

Œuvres de mesdames de Fontaines et Tencin. 1 vol.

Gil Blas, par LE SAGE. 2 vol.

Diable boiteux, suivi de *Estévanille Gonsalès*, par LE SAGE.

Histoire de Guzman d'Alfarache, par LE SAGE.

Vie de Marianne, suivie du *Paysan parvenu*, par MARIVAUX. 2 vol.

Œuvres de madame Riccoboni. 1 v.

Lettres du marquis de Roselle, par madame ÉLIE DE BEAUMONT ; Mademoiselle de Clermont, par madame DE GENLIS, et la Dot de Suzette, par FIÉVÉE. 1 vol.

Chefs-d'œuvre de madame de Souza. 1 vol.

Corinne, par madame de STAËL. 1 vol.

HISTOIRE DE FRANCE PAR ANQUETIL

Avec continuation jusqu'en 1852, par BAUDE, l'un des principaux auteurs du *Million de faits* et de *Patria*. 8 demi-vol. gr. in-8, illustrés de 120 gravures, renfermant la collection complète des portraits des rois, imprimés en beaux caractères, à 2 colonnes, sur papier des Vosges........ 50 fr.

HISTOIRE DE FRANCE D'ANQUETIL

Continuée depuis la Révolution de 1789, par LÉONARD GALLOIS. Édition ornée de 50 gravures en taille-douce. 5 vol. gr. in-8 jésus à 2 colonnes, contenant la matière de 40 vol. in-8 ordinaire, 62 fr. 50 ; net...... 30 fr.

ŒUVRES COMPLÈTES DE CHATEAUBRIAND

Nouvelle édition, précédée d'une étude littéraire sur Chateaubriand, par M. SAINTE-BEUVE, de l'Académie française. 12 très-forts volumes in-8, sur papier cavalier vélin, ornés d'un beau portrait de Chateaubriand et de 42 gravures exécutées spécialement pour cette édition, et avec le plus grand soin, par MM. F. DELANNOY, G. THIBAULT, OUTHWAITE, MASSARD, etc., d'après les dessins originaux de STAAL, de RACINET, etc.

ON VEND SÉPARÉMENT AVEC UN TITRE SPÉCIAL

Le Génie du christianisme. 1 vol. orné de 5 grav. sur acier.

Les Martyrs. 1 vol. orné de 5 grav. sur acier.

L'Itinéraire de Paris à Jérusalem. 1 vol. orné de 6 gravures.

Atala, René, le Dernier Abencérage, les Natchez, Poésies. 1 vol. orné de 4 grav. sur acier.

Voyage en Amérique, en Italie et en Suisse. 1 vol orné de 4 gravures.

Le Paradis perdu. 1 vol. orné de 4 grav. sur acier.

Histoire de France. 1 vol. orné de 4 grav. sur acier.

Études historiques. 1 vol. orné de 5 grav. sur acier.

Le prix de chaque volume, avec 3, 4 ou 5 gravures, est de 6 fr.
Sans gravures................ 5 fr.

CHATEAUBRIAND ET SON GROUPE LITTÉRAIRE

Sous l'Empire, par M. SAINTE-BEUVE, de l'Académie française. 2 volumes in-8.................... 15 fr.

EXTRAIT DU CATALOGUE

HISTOIRE DE NAPOLÉON

Par LAURENT (de l'Ardèche); illustrée de 500 vignettes, avec les types en noir imprimés dans le texte, par HORACE VERNET. 1 vol. gr. in-8... 9 fr.
Reliure toile, tranche dorée................ 4 fr. 50

NOUVEAU TRAITÉ DE BLASON

Ou science des armoiries, d'après le P. MÉNÉTRIER, D'HOZIER, SÉGOING, SCOHIER, PALLIOT, H. DE BARA, FAVIN, par VICTOR BOUTON, peintre héraldique et paléographe. 1 vol. in-8 de 500 pag. 460 blasons, 800 noms de familles. 10 fr.

ABRÉGÉ MÉTHODIQUE DE LA SCIENCE DES ARMOIRIES

Suivi d'un glossaire des attributs héraldiques, d'un traité élémentaire des ordres modernes de chevalerie, et de notions sur l'origine des noms de familles et des classes nobles, etc., par M. MAIGNE. 1 vol. gr. in-18 jésus, orné d'environ 300 vignettes dans le texte, grav. par M. DUFRÉNOY. 6 fr.

LA SCIENCE DU BLASON

Accompagnée d'un armorial général des familles nobles de l'Europe, publiée par le vicomte DE MAGNY, directeur de l'Institut héraldique. 1 vol. gr. in-8, jésus vélin, enrichi de 2,000 blasons gravés dans le texte, 25 fr.; net. 12 fr.

LE HÉRAUT D'ARMES

Revue illustrée de la noblesse. — Directeur : le comte ALFRED DE BISEMONT. — Gérant : VICTOR BOUTON. Tome I (novembre 1861, à janvier 1863), 30 fr.
net..................................... 12 fr.

L'ITALIE CONFÉDÉRÉE

Histoire politique, militaire et pittoresque de la campagne de 1859, par AMÉDÉE DE CÉSENA. 4 beaux vol. gr. in-8................ 24 fr.
Illustrée de très-belles gravures sur acier, parmi lesquelles un magnifique portrait de l'EMPEREUR et de l'IMPÉRATRICE, de vingt types militaires coloriés, d'une excellente carte du nord de l'Italie, par VUILLEMIN; des plans de bataille de Magenta et de Solferino, des plans coloriés de Venise, de Mantoue et de Vérone.

CAMPAGNE DE PIÉMONT ET DE LOMBARDIE

Par AMÉDÉE DE CÉSENA. 1 vol. gr. in-8 jésus.............. 20 fr.
L'ouvrage est orné des portraits de l'*Empereur*, de l'*Impératrice*, et de *Victor Emmanuel*, admirablement gravés sur acier par DELANNOY, d'après WINTERHALTER de plans et de cartes, de types militaires des trois armées et de planches sur acier représentant les batailles; il renferme aussi la liste complète et nominale des décorés et des médaillés de l'armée d'Italie.

HISTOIRE DES DUCS DE BOURGOGNE

Par M. DE BARANTE, membre de l'Académie française; 7e édition. 12 vol. in-8, caractères neufs, imprimés sur papier vélin satiné des Vosges, ornés de 104 gravures et d'un grand nombre de cartes. Prix du volume.. . 5 fr.

HISTOIRE UNIVERSELLE

Par le comte de SÉGUR, de l'Académie française; contenant l'histoire de tous les peuples de l'antiquité, l'histoire romaine et l'histoire du Bas-Empire. 9e édition, ornée de 30 gravures sur acier, d'après les grands maîtres de l'école française. 3 vol. gr. in-8.................. 37 fr. 50
On peut acheter séparément chaque volume, qui forme un tout complet.

LAMARTINE

Histoire de la Révolution de 1848. Nouvelle édition, complétement revue par l'auteur. 2 vol. in-8, papier cavalier vélin; 12 fr.; net. . . . 10 fr.
Raphaël. Pages de la vingtième année. Deuxième édition. 1 v. in-8 cavalier vélin...................................... 5 fr.
Histoire de Russie. Paris. Perrotin, 1856. 2 vol. in-8, 10 fr.; net. . . 6 fr.

ŒUVRES COMPLÈTES DE BUFFON
(OUVRAGE TERMINÉ)

Avec la nomenclature linnéenne et la classification de Cuvier ; édition nouvelle, revue sur l'édition in-4 de l'Imprimerie impériale ; annotée par M. Flourens, membre de l'Académie française, secrétaire perpétuel de l'Académie des sciences, professeur au Muséum d'histoire naturelle. Les *Œuvres complètes de Buffon* forment 12 vol. gr. in-8 jésus, illustrés de 183 planches, 800 sujets coloriés, gravés sur acier, d'après les dessins originaux de M. Victor Adam ; imprimés en caractères neufs, sur papier pâte vélin, par la typographie J. Claye. . . . . 120 fr.

M. le ministre de l'instruction publique a souscrit pour les bibliothèques à cette magnifique publication (aujourd'hui complétement achevée), reconnue par les hommes les plus compétents comme une *édition modèle des œuvres du grand naturaliste*. Le nom et le travail de M. Flourens la recommandent d'une façon toute particulière et lui donnent un cachet spécial.

ŒUVRES DE P. ET TH. CORNEILLE

Précédées de la Vie de P. Corneille, par Fontenelle, et des Discours sur la poésie dramatique. Nouvelle édition, ornée de gravures sur acier. 1 beau vol. gr. in-8, même format que le Racine et le Molière.. . . . . 12 fr. 50

ŒUVRES DE J. RACINE

Avec un essai sur la vie et les ouvrages de J. Racine, par Louis Racine; ornées de 13 vignettes, d'après Gérard, Girodet, Desenne, etc. 1 beau vol. gr. in-8 jésus. . . . . 12 fr. 50

ŒUVRES COMPLÈTES DE BOILEAU

Avec une notice par M. Sainte-Beuve, et les notes de tous les commentateurs; illustrées de gravures sur acier. Nouv. édit. 1 vol. gr. in-8. . . 12 fr. 50

MOLIÈRE

1 beau vol. gr. in-8, pareil au *Corneille*, au *Racine* et au *Boileau*, orné de charmantes gravures sur acier, par F. Delannoy, d'après les dessins de Staal, et accompagné de notes explicatives, philologiques et littéraires. . . . . 12 fr. 50

MOLIÈRE

Œuvres complètes, précédées d'une notice sur la vie et les ouvrages de Molière, par M. Sainte-Beuve, illustrées de 800 dessins, par Tony Johannot. Nouvelle édit. 1 magnifique vol. gr. in-8 jésus, impr. par Plon frères. 20 fr.

ŒUVRES COMPLÈTES DE CASIMIR DELAVIGNE

Comprenant le *Théâtre*, les *Messéniennes* et les *Chants sur l'Italie*. Nouvelle édition. 1 beau vol. gr. in-8 jésus, illustré de 12 belles vignettes de A. Johannot. . . . . 12 fr. 50
— Le même ouvrage. 6 vol. in-8 cavalier. . . . . 42 fr.

ENCYCLOPÉDIE THÉORIQUE ET PRATIQUE DES CONNAISSANCES UTILES

Composée de traités sur les connaissances les plus indispensables, ouvrage entièrement neuf, avec environ 1,500 gravures intercalées dans le texte, par MM. Alcan, L. Baude, Bellanger, Berthelet, Delafond, Deveux, Dubreuil, Foucault, H. Fournier, Génin, Giguet, Girardin, Léon Lalanne, Elizée Lefèvre, Henri Martin, Martins, Mathieu, Moll, Moreau de Jonnès, Ludovic Lalanne, Péclet, Persoz, Louis Reybaud, L. de Wailly, Wolowski, etc. 2 vol grand in-8.. . . . . 25 fr.

DICTIONNAIRE HISTORIQUE DE LA MÉDECINE ANCIENNE ET MODERNE

Ou précis de l'histoire générale, technologique et littéraire de la médecine; suivi de la bibliographie médicale du dix-neuvième siècle, et d'un répertoire bibliographique par ordre de matières, par Dezeimeris, docteur en médecine, bibliothécaire à la Faculté de médecine de Paris. 4 tomes en 7 vol. in-8 de 400 pag. chacun, 42 fr.; net. . . . . 10 fr.

DICTIONNAIRE UNIVERSEL DE MATIÈRES MÉDICALES ET DE THÉRAPEUTIQUE GÉNÉRALE

Contenant l'indication, la description et l'emploi de tous les médicaments connus dans les diverses parties du globe, ouvrage complet, par Merat F. et Delens. Paris 1829-1846. 7 forts vol. in-8 de 7 à 800 pag. chacun. 56 fr.; net.. . . . . 20 fr.

HISTOIRE DES HOTELLERIES

Cabarets, Courtilles, Hôtels garnis, Restaurants et Cafés, et des anciennes Communautés et Confréries d'hôteliers, de taverniers, de marchands de vins, de restaurateurs, de limonadiers, etc., par Michel Francisque et Fournier Edouard. Paris, Librairie archéologique de Séré, 1854. 2 vol. gr. in-8 jésus vélin, illustrés de 31 grandes vignettes sur bois tirées à part. 30 fr. net. . . . . 12 fr.

RUBENS ET L'ÉCOLE D'ANVERS

Par Michiels. 1 beau vol. in-8, suivi du Catalogue des tableaux de Rubens. 6 fr.; net.. . . . . 4 fr.

BIOGRAPHIE UNIVERSELLE

Biographie portative universelle, contenant 29,000 noms, suivie d'une table chronologique et alphabétique, où se trouvent répartis en cinquante-quatre classes différentes les noms mentionnés dans l'ouvrage, par L. Lalanne, L. Renier, Th. Bernard, Ch. Lauhier, E. Janin, A. Delloye, etc. 1 vol. de 2,000 col., format du *Million de faits*, contenant la matière de 17 vol. 12 fr.; net. . . . . 7 fr. 50

LETTRES CHOISIES DE MADAME DE SÉVIGNÉ

Avec une magnifique galerie de portraits sur acier, représentant les personnages principaux qui figurent dans la correspondance. 1 très-beau vol. gr. in-8. . . . . 20 fr.

HISTOIRE DE FRANCE

Depuis la fondation de la monarchie, par Mennechet, illustrée de 20 gravures sur acier, d'après les grands maîtres de l'école française, gravées par F. Delannoy, Massard, Outhwaite, etc, 1 vol. gr. in-8 jesus.. . . . 20 fr

LES FEMMES D'APRÈS LES AUTEURS FRANÇAIS

Par E. Muller. Ouvrage illustré de portraits des femmes les plus illustres, gravés au burin, d'après les dessins de Staal, par Massard, Delannoy, Regnault et Geoffroy. 1 vol. gr in-8 jésus. . . . . 20 fr.
Ce livre, imprimé avec luxe et orné de très-belles gravures sur acier, contient la fleur de tout ce que les prosateurs et les poètes français ont écrit de plus original et de plus piquant sur un sujet qui excite éternellement la curiosité.

L'ESPACE CÉLESTE ET LA NATURE TROPICALE

Description physique de la terre et des divers corps que renferme l'espace céleste, d'après des observations personnelles faites dans les deux Hémisphères, par M. Emm. Liais, illustré de nombreuses gravures d'après les dessins de Yan' Dargent. 1 magnifique volume gr. in-8 jésus. . . 20 fr.

GALERIE DE FEMMES CÉLÈBRES

Tirée des *Causeries du lundi*, par M. Sainte-Beuve, de l'Académie française 1 beau vol. gr. in-8 jésus, orné de 12 magnifiques portraits dessinés par Staal, et gravés sur acier par Massard, Thibault, Gouttière, Geoffroy, Gervais, Outhwaite, etc. . . . . 20 fr.

De magnifiques gravures, une très-belle impression se joignent à un texte charmant pour faire de cet ouvrage, à tous les points de vue, une œuvre d'art très-remarquable.

NOUVELLE GALERIE DE FEMMES CÉLÈBRES

Tirée des *Causeries du lundi*, des *Portraits littéraires*, des *Portraits de femmes*, par M. Sainte-Beuve, de l'Académie française. 1 vol. gr. in-8 jésus, semblable au volume que nous avons publié il y a quatre ans, et illustré de portraits inédits. . . . . 20 fr.

Ces volumes se complètent l'un par l'autre et se vendent séparément. Ils contiennent la fleur des *Causeries du Lundi*, des *Portraits littéraires* et des *Portraits de femmes*. Nous ne pouvions offrir à la gravure un cadre meilleur.

CORINNE

Par madame la baronne de Staël. Nouvelle édition, richement illustrée de 250 bois dans le texte, et de 8 grandes gravures sur bois, par Karl Girardet, Barrias, Staal, tirées à part. 1 magnifique vol. gr. in-8 jésus vélin, glacé. . . . . 10 fr.

LES MILLE ET UNE NUITS

Contes arabes, traduits par Galland, illustrés par MM. Francis, Baron, Wattier, etc., etc., revus et corrigés sur l'édition princeps de 1794, augmentés d'une dissertation sur les Mille et une Nuits, par le baron Silv. de Sacy. 1 vol. gr. in-8 de 1,100 pag. . . . . 15 fr.

LES MILLE ET UN JOURS

Contes persans, turcs et chinois, traduits par Pétis de la Croix, Cardanne, Caylus, etc. 1 magnifique vol. gr. in-8 jésus vélin. Édition illustrée de 400 dessins par nos premiers artistes. 15 fr.; net. . . . . 10 fr.

ŒUVRES CHOISIES DE GAVARNI

Revues, corrigées et classées par l'auteur ; notices par MM. de Balzac, Th. Gautier, Léon Gozlan, Jules Janin, Alph. Karr, etc. 2 vol. gr. in-8, renfermant chacun 80 grandes vignettes. Prix de chaque vol. . . . 10 fr.

Le Carnaval à Paris. — Paris le matin. — Les Étudiants. 1 vol.
La Vie de jeune homme. — Les Débardeurs. . . . . 1 vol.

COLLECTION DE 16 BEAUX VOLUMES ILLUSTRÉS

Grand in-8 raisin, à 10 fr.

Cette charmante collection se distingue par un grand nombre de gravures sur bois dans le texte et hors texte, exécutées par les premiers artistes. *Jamais livres édités à ce prix n'ont offert autant de belles illustrations.*

Prix de la reliure des seize volumes ci-dessous :
Demi-reliure, maroquin, plats toile, doré sur tranche, le vol. 4 fr.

L'Homme depuis 5,000 ans, par S. Henry Berthoud, illustré d'un grand nombre de vignettes sur bois, gravées par les premiers artistes, d'après les dessins de Yan' Dargent. 1 vol.

Le Monde des Insectes, par S. Henri Berthoud, illustré d'un grand nombre de vignettes sur bois, gravées par les premiers artistes, d'après les dessins de Yan' Dargent. 1 vol.

Contes du docteur Sam, par S. Henry Berthoud, illustrés de gravures sur bois dans le texte et de grandes vignettes hors texte, par Staal. 1 vol.

Le Magasin des Enfants, ou Dialogues d'une sage Gouvernante avec ses élèves, par Mme Leprince de Beaumont, augmenté d'un Conte du même auteur. Édition revue et corrigée, d'après les plus anciennes et meilleures éditions, précédée d'une notice par Mme S. L. Belloc, illustré d'un grand nombre de gravures d'après les dessins de Staal. 1 beau vol.

Contes des Fées, par Perrault, Mme d'Aulnoy, Mme Leprince de Beaumont et Hamilton, illustrés par Staal et Bertall, contenant tous les contes devenus classiques et reconnus les modèles du genre; 1 très-beau vol.

L'Ami des Enfants, de Berquin, nouvelle édition, illustrée de dessins par Staal et Gérard Séguin. 1 vol.

Œuvres de Berquin. Sandford et Merton. — Le petit Grandisson. — Le Retour de Croisière. — Les Sœurs de Lait. — Les Joueurs. — Le Page. — L'Honnête Fermier. Nouvelle édition illustrée de nombreuses vignettes dessinées par Staal. 1 vol.

Robinson Suisse, par M. Wyss, avec la suite donnée par l'auteur, traduit de l'allemand par Mme Élise Voiart; précédé d'une Notice de Ch. Nodier. 1 vol. illustré de 200 vign.

Contes de Schmid, traduction de l'abbé Macker, la seule approuvée par l'auteur. 2 beaux vol. avec de nombreuses vignettes, d'après les dessins de G. Staal.

Les Animaux Historiques, par Ortaire Fournier, suivis des Lettres sur l'intelligence et la perfectibilité des Animaux, par C. G. Leroy, et de particularités curieuses extraites de Buffon. 1 vol. illustré par Victor Adam.

Les Veillées du Château, ou Cours de morale à l'usage des enfants, par Mme la comtesse de Genlis. Nouvelle édition, illustrée de dessins par Staal. 1 volume.

Aventures de Robinson Crusoé, par D. de Foe, ill. par Grandville. 1 beau volume.

Voyages illustrés de Gulliver. 400 dessins par Grandville. 1 beau vol., papier glacé.

Le Don Quichotte de la Jeunesse, par Florian, illustré d'un grand nombre de vignettes, etc., d'après les dessins de Staal. 1 vol.

Fables de Florian, 1 vol. illustré par Grandville de 80 grandes gravures, 25 vignettes dans le texte.

L'illustration de Florian appartenait de droit au crayon qui venait de peindre avec tant de bonheur les bêtes de la Fontaine.

Découverte de l'Amérique, par J. H. Campe, précédée d'un Essai sur la vie et les ouvrages de l'auteur, par Ch. Saint-Maurice. 1 vol. ill. de 120 bois dans le texte et à part.

Œuvres complètes du comte Xavier de Maistre. Nouvelle édition. Expédition nocturne : le Lépreux de la Cité d'Aoste ; Voyage autour de ma chambre ; les Prisonniers du Caucase ; la Jeune Sibérienne, avec une préface par M. Sainte-Beuve, illustrées avec le plus grand soin par Staal. 1 vol.

FABLES DE LA FONTAINE.

Illustrations de Grandville. 1 splendide vol. grand in-8 jésus, sur papier glacé, satiné, avec encadrement des pages et un sujet pour chaque fable Édition unique par les soins qui y ont été apportés. . . . . . . 18 fr

GRANDVILLE.

ALBUM de 120 sujets tirés des Fables de la Fontaine. 1 vol. gr. in-8. 6 fr

ALBUM DES RÉBUS.

1 vol. petit in-4 illustré, relié en toile, tranche dorée. . . . . . 5 fr. 50

ŒUVRES DE TOPFFER

Albums formant chacun un grand volume jésus oblong à. . . . . 7 fr. 50

Monsieur Jabot.	1 vol.	Monsieur Pencil.	1 vol.
Monsieur Vieux-Bois.	1 vol.	Docteur Festus.	1 vol.
Monsieur Crépin.	1 vol.	Albert	1 vol.

Histoire de Cryptogame. . . 1 vol.

On sait la vogue si méritée des albums de Topffer. Ces œuvres spirituelles et charmantes ont le privilège d'être admises dans tous les salons, d'y figurer sans choquer personne, d'amuser tous les âges, et de pouvoir être offertes aux dames, aux demoiselles, aux adolescents et même aux enfants.

PAUL ET VIRGINIE (ÉDITION V. LECOU),

Suivi de *la Chaumière indienne*, par BERNARDIN DE SAINT-PIERRE, nouvelle édition richement illustrée de 120 bois dans le texte, et de 14 gravures sur chine tirées à part. 1 vol. grand in-8 jésus. . . . . 7 fr. 50

PREMIERS VOYAGES EN ZIGZAG,
OU EXCURSIONS D'UN PENSIONNAT EN VACANCES DANS LES CANTONS SUISSES ET SUR LE REVERS ITALIEN DES ALPES,

Par R. TÖPFFER. Magnifiquement illustrés, d'après les dessins de l'auteur, de 53 grands dessins par CALAME et d'un grand nombre de bois dans le texte; nouvelle édition. 1 vol. grand in-8 jésus, papier glacé satiné. 12 fr.

NOUVEAUX VOYAGES EN ZIGZAG
A LA GRANDE-CHARTREUSE, AU MONT BLANC, DANS LES VALLÉES D'HÉRENS, DE ZERMATT, AU GRIMSEL ET DANS LES ÉTATS SARDES,

Par R. TÖPFFER. Splendidement illustrés de 48 gravures sur bois tirées à part et de 320 sujets dans le texte, dessinés d'après les dessins originaux de Töpffer, par MM. CALAME, KARL GIRARDET, FRANÇAIS, DAUBIGNY, et gravés par nos meilleurs artistes. 1 volume grand in-8 jésus, papier glacé, satiné. . . . . 12 fr.

Ce second volume est le complément du premier.

LES NOUVELLES GENEVOISES,

Par TÖPFFER, illustrées, d'après les dessins de l'auteur, d'un grand nombre de bois dans le texte et de 40 hors texte, gravés par BEST, LELOIR, HOTELIN et RÉGNIER. 1 charmant vol. grand in-8 jésus. . . . . 12 fr.

HISTOIRE DE PARIS,

Par TH. LAVALLÉE. 207 vues par CHAMPIN. 1 vol. gr. in-8 jésus. . . . 12 fr.

HISTOIRE DE L'EMPIRE OTTOMAN
DEPUIS LES TEMPS LES PLUS ANCIENS JUSQU'A NOS JOURS,

Par M. THÉOPHILE LAVALLÉE. 1 magnifique volume grand in-8, accompagné de 18 belles gravures anglaises sur acier, représentant des scènes historiques des vues, des portraits, etc. . . . . 15 fr.

LA NORMANDIE HISTORIQUE

Pittoresque et monumentale, par M. JULES JANIN, illustrée par MM. H. BELLANGÉ, GIGOUX, MOREL-FATIO, TELLIER, DAUBIGNY et J. NOEL. Troisième édition, revue et corrigée par l'auteur. 1 volume grand in-8, 15 francs; net. . . . . 12 fr.

LA BRETAGNE HISTORIQUE

Pittoresque et monumentale, par JULES JANIN, illustré par H. BELLANGÉ, GIROUX, RAFFET, GUDIN, ISABEY, MOREL-FATIO, JULES NOEL et DAUBIGNY. Deuxième édition, revue et corrigée par l'auteur. 1 vol. grand in-8 jésus vélin, 15 fr., net. . . . . 12 fr.

La *Normandie* et la *Bretagne* forment chacune un splendide volume grand in-8 jésus vélin et contiennent : de 140 à 180 gravures sur bois, imprimées dans le texte ; 20 belles vignettes; un beau portrait en pied de CORNEILLE, pour la *Normandie* et de CHATEAUBRIAND, pour la *Bretagne*, gravés sur acier 12 types *normands* et *bretons*, imprimés en couleurs, de 4 planches d'armoiries tirées en couleurs, or et argent, par le même ; 2 cartes de la *Normandie* et de la *Bretagne*, gravées sur acier, coloriées,

DON QUICHOTTE DE LA MANCHE

Traduction nouvelle, précédée d'une notice sur la vie et les ouvrages de l'auteur, par Louis Viardot, orné de 800 dessins par Tony Johannot. 1 vol. gr. in-8 jésus, 20 fr.; net.. . . . . 15 fr.

PHYSIOLOGIE DU GOUT

Par Brillat-Savarin; illustrée par Bertall. 1 beau vol. in-8, illustré d'un grand nombre de gravures sur bois intercalées dans le texte; et de 8 sujets gravés sur acier, par Ch. Geoffroy. . . . . 8 fr.

HISTOIRE PITTORESQUE DES RELIGIONS

Doctrines, Cérémonies et Coutumes religieuses de tous les peuples du monde, par F. T. B. Clavel; ill. de 29 gravures sur acier. 2. vol. gr. in-8 20 fr.; net.. . . . . 12 fr. 50

VOYAGE ILLUSTRÉ DANS LES CINQ PARTIES DU MONDE

Par Adolphe Joanne. 1 vol. in-folio (format de l'*Illustration*), illustré d'environ 700 gravures . . . . 15 fr.

TABLEAU DE PARIS

Par Edmond Texier; ouvrage illustré de 1,500 gravures, d'après les dessins de Blanchard, Cham, Champin, Forest, Français, Gavarni, etc. 2 vol. in-folio, du format de l'*Illustration*, 50 fr.; net.. . . . . 20 fr.

CHANTS ET CHANSONS POPULAIRES DE LA FRANCE

Nouvelle édition *avec musique*, illustrée de 339 belles gravures sur acier, d'après MM. E. de Beaumont, Daubigny, Dubouloz, E. Giraud, Meissonnier, Pascal. Staal, Steinheil, Trimolhet, gravées par les meilleurs artistes, et augmentée de la *Marseillaise*, notice par A. de Lamartine. 3 vol. gr. in-8, 54 fr.; net.. . . . . 36 fr.

CHANTS ET CHANSONS POPULAIRES DES PROVINCES DE FRANCE (4e volume)

Notices par Champfleury. Accompagnement de piano par J. B. Wekerlin. Illustrations par Bida, Courbet, Jacques, etc., etc. Paris, 1860. 1 vol. gr. in-8.. . . . . 12 fr.

—— Le même ouvrage, sans notes et sans musique, avec addition de plus de 800 chansons. Nouvelle édit. ornée des mêmes gravures. 2 beaux vol. gr. in-8, prix de chaque volume. . . . . 11 fr.

LES CONTES DROLATIQUES

Colligez es abbayes de Touraine et mis en lumières par le sieur de Balzac, pour l'esbattement des pantagruélistes et non aultres. Edition illustrée de 425 dessins par Gustave Doré. 1 magnifique vol. in-8, papier vélin, glacé, satiné, 12 fr.; net.. 10 fr.
Reliure toile, non rogné. . . . . 1 fr. 50

ENCYCLOPEDIANA

Recueil d'anecdotes anciennes, modernes et contemporaines, etc., édition illustrée de 120 vignettes. 1 vol. in-8 de 840 pages. . . . . . . 4 fr. 50

UN MILLION DE FAITS

Aide-mémoire universel des sciences, des arts et des lettres, par MM. J. Aicard, Desportes, Léon Lalanne, Ludovic Lalanne, Gervais, A. le Pileur, Ch. Martins, Ch. Vergé et Jung. 1 fort vol. portatif, petit in-8 de 1,720 col., orné de gravures sur bois. 12 fr.; net.. . . . . 9 fr.

COLLECTION D'OUVRAGES ILLUSTRÉS POUR LES ENFANTS

Jolis volumes grand in-18 anglais à 3 fr.

Reliés en toile, dorés sur tranche, 4 fr. 50 c.

CHAQUE VOLUME FORME UN TOUT COMPLET SANS TOMAISON, ET SE VEND SÉPARÉMENT

Le Livre du premier âge illustré. 1 fort vol. in-18 orné de 250 gravures environ.

Abrégé de l'Ami des enfants et des adolescents, par Berquin, illustré de bois dans le texte. 1 vol.

Sandford et Merton, par Berquin. Nouvelle édition illustrée d'un grand nombre de vignettes sur bois intercalées dans le texte, dessinées par Staal. 1 vol.

Le Petit Grandisson, etc., etc., par Berquin. Nouvelle édition, illustrée d'un grand nombre de vignettes sur bois intercalées dans le texte, dessinées par Staal. 1 vol.

Théâtre choisi de Berquin. Illustré de vignettes sur bois intercalées dans le texte. 1 vol.

Contes des Fées, de Perrault, Mme d'Aulnoy, etc., illustrés de gravures dans le texte. 1 vol.

Contes de Schmid, illustrés de gravures dans le texte. 4 vol.

Paul et Virginie, suivi de la Chaumière indienne, par Bernardin de Saint-Pierre, illustrés de vignettes par Bertall et Demable. 1 vol.

Aventures de Télémaque, par Fénelon, avec des notes géographiques et littéraires et les Aventures d'Aristonoüs. 8 gravures. 1 vol.

Fables de la Fontaine, avec des notes philologiques et littéraires, par M. Félix Lemaistre, et illustrées de 8 gravures. 1 vol.

Mes Prisons, suivi des Devoirs des hommes, par Silvio Pellico; traduction nouvelle par le comte H. de Messet, revue par le vicomte Alban de Villeneuve. 6 grav. 1 vol.

Le Langage des Fleurs. Édition de luxe, ornée de gravures entièrement nouvelles, coloriées avec le plus grand soin, avec un texte remarquable d'Aimé Martin, sous le nom de Charlotte de la Tour. 1 vol.

Contes et scènes de la vie de famille, dédiés aux enfants, par Mme Desbordes-Valmore, illustrés de nombreuses vignettes. 2 vol.

Le Magasin des Enfants, par Mme Leprince de Beaumont. 2 vol. illustrés d'un grand nombre de vignettes.

Choix de Nouvelles, tirées de Mme de Genlis et de Berquin, suivies de nouvelles instructives et amusantes par Mme Adam-Boisgontier. 1 vol. orné de vignettes.

Lettres choisies de madame de Sévigné, accompagnées de notes explicatives sur les faits et les personnages du temps et précédées d'observations littéraires par M. Sainte-Beuve. 1 vol.

Œuvres complètes du comte Xavier de Maistre. Nouvelle édition. L'Expédition nocturne, le Lépreux de la Cité d'Aoste, Voyage autour de ma chambre, les Prisonniers du Caucase, la Jeune Sibérienne, avec une Préface par M. Sainte-Beuve. 1 vol.

Alphabet français, nouvelle méthode de lecture en 80 tableaux, illustré de 25 gravures, par Mme de Lansac. 1 vol.

60,000 VOLUMES COMPLETS DE L'ILLUSTRATION

DIVISÉS EN 4 CATÉGORIES DE PRIX

1° Volumes isolés: 3, 8, 9, 10, 13, 17, 18, 19, 20, 22, 25, 26, 27, 28, 29, 30, 31, 32, 33, 34, à . . . . 10 fr.

2° Série de 21 volumes, 25 à 45 inclusivement, contenant les *guerres de Crimée*, *des Indes*, *de la Chine*, *d'Italie*, *du Mexique*, etc. Au lieu de 18 fr. le vol.; net . . . . 16 fr.

3° Les collections complètes dont il ne nous reste plus qu'un petit nombre d'exemplaires, restent fixées au même prix que précédemment, 46 volumes chacun . . . . 18 fr.

4° A partir du tome 41 et les suivants, nous sommes *exclusivement chargés*, en vertu d'un traité, de la vente des volumes composant cette nouvelle série. Prix de chaque tome . . . . 18 fr.

COURS ÉLÉMENTAIRE D'HISTOIRE NATURELLE

A l'usage des Lycées et des Maisons d'éducation, rédigé conformément au programme de l'Université. Le cours comprend :

Zoologie, par M. Milne-Edwards, membre de l'Institut, professeur au Jardin des Plantes.

Botanique, par M. A. de Jussieu, de l'Institut, professeur au Jardin des Plantes.

Minéralogie et Géologie, par M. F. S. Beudant, de l'Institut, inspecteur général des études. 3 forts vol. in-12 ornés de plus de 2,000 figures intercalées dans le texte.

Chaque vol. se vend séparément . . . . 6 fr.

TRAITÉ DE CHIMIE APPLIQUÉE AUX ARTS

Par M. Dumas, sénateur, ancien ministre, membre de l'Académie des sciences et de l'Académie de médecine, etc. 8 vol. in-8 et 2 atlas in-4. Édition de Liége, introduite en France avec l'autorisation de l'auteur . . . . 150 fr.

Cet ouvrage, dont l'édition française est aujourd'hui totalement épuisée et que recommande si puissamment le nom de M. Dumas, fait autorité dans la science. Il est indispensable aux industriels comme aux savants. C'est un livre essentiellement pratique, où les fabricants puiseront les plus utiles notions sur toutes les applications de la chimie. Le traité de M. Dumas a jeté une vive lumière sur cet intéressant sujet, et son succès est aujourd'hui européen.

COURS ÉLÉMENTAIRE DE MÉCANIQUE THÉORIQUE ET APPLIQUÉE

A l'usage des Facultés, des établissements d'enseignement secondaire, des écoles normales et des écoles industrielles, par M. Delaunay, de l'Institut, ingénieur des Mines, professeur à la Faculté des sciences de Paris, etc. 1 vol. in-18 jésus, illustré de 540 fig. dans le texte. 5e édit. . . . 8 fr.

TRAITÉ DE MÉCANIQUE RATIONNELLE

Contenant les éléments de mécanique exigés pour l'admission à l'École polytechnique et toute la partie théorique du cours de mécanique et machines de cette école, par M. Ch. Delaunay, de l'Institut, professeur à l'École polytechnique et à la Faculté des sciences de Paris. 4e édit. 1 vol. in-8. 8 fr.

COURS ÉLÉMENTAIRE D'ASTRONOMIE

Concordant avec les articles du programme officiel pour l'enseignement de la cosmographie dans les lycées, par le même. 1 vol. in-18 jésus, illustré de planches en taille-douce et de vignettes dans le texte. 3e édit. . . 7 fr. 50

COURS ÉLÉMENTAIRE THÉORIQUE ET PRATIQUE D'ARBORICULTURE

Comprenant l'étude des pépinières d'arbres et d'arbrisseaux forestiers, fruitiers et d'ornements, celle des plantations d'alignement forestières et d'ornement, la culture spéciale des arbres à fruits à cidre, et de ceux à fruits de table, précédé de quelques notions d'anatomie et de physiologie végétales ; par M. A. Du Breuil, professeur d'agriculture et de sylviculture, chargé du cours d'arboriculture au Conservatoire impérial des Arts et métiers, membre de la Société d'horticulture de France, correspondant de la Société d'agriculture de France, etc. Cinquième édition, considérablement augmentée. 1 très-fort vol. in-18 jésus, illustré de 811 figures dans le texte et de 5 planches gravées sur acier. Publié en deux parties. 12 fr.

Ouvrage approuvé par l'Université, couronné par les Sociétés d'horticulture de Paris, de Rouen et de Versailles.

INSTRUCTION ÉLÉMENTAIRE POUR LA CONDUITE DES ARBRES FRUITIERS

Greffe. — Taille. — Restauration des arbres mal taillés ou épuisés par la vieillesse. — Culture, récolte et conservation des fruits, par Du Breuil. Ouvrage destiné aux jardiniers, aux élèves des fermes-écoles et des écoles normales. 1 vol. in-18 jésus illustré de fig. dans le texte. 6ᵉ édit. 2 fr. 50

MANUEL D'ARBORICULTURE DES INGÉNIEURS

Plantations des alignements forestiers et d'ornement.— Boisement des dunes, etc., etc., par Dubreuil, illustré d'un grand nombre de gravures sur bois. 1 vol. gr. in-18.................. 3 fr. 50

CULTURE PERFECTIONNÉE ET MOINS COUTEUSE DU VIGNOBLE

Par A. Dubreuil. 1 vol. gr. in-18 jésus........... 3 fr. 50

COURS ÉLÉMENTAIRE D'AGRICULTURE

Destiné aux élèves des écoles d'agriculture et des écoles normales primaires, aux propriétaires et aux cultivateurs, par MM. Girardin, correspondant de l'Institut, professeur, et Du Breuil, 2 forts vol. in-18 jésus, illustrés de 842 fig. dans le texte. 3ᵉ édition................ 16 fr.

ÉLÉMENTS DE BOTANIQUE

Première partie : Organographie, par M. Payer, de l'Institut, professeur de botanique à la Faculté des sciences et à l'Ecole normale supérieure. 1 vol. gr. in-18, avec 668 fig. intercalées dans le texte............ 5 fr.

NOUVELLE FLORE FRANÇAISE

Descriptions succinctes et rangées par tableaux dichotomiques des plantes qui croissent spontanément en France et de celles qu'on y cultive en grand avec l'indication de leurs propriétés et de leurs usage en médecine, en hygiène vétérinaire, dans les art et dans l'économie domestique, par M. Gillet, vétérinaire principal de l'armée, et par M. J. H. H. Magne, professeur de botaniqu à l'Ecole d'Alfort. 1 beau vol. gr. in-18 jésus orné de 97 planches comprenant plus de 1,200 fig. Prix............ 8 fr.

MANUEL DE GÉOLOGIE ÉLÉMENTAIRE

Ou changements anciens de la terre et de ses habitants, tels qu'ils sont démontrés par les monuments géologiques, par sir Ch. Lyell, membre de la Société royale de Londres, traduit de l'anglais par M. Hugard, 2 forts vol. in-8, illustrés de 720 fig............... 20 fr.
—— Supplément au Manuel de géologie............ 1 fr. 25

GÉOLOGIE APPLIQUÉE

Ou traité du gisement et de l'exploitation des minéraux utiles, par M. A. Burat, ingénieur, professeur de géologie et d'exploitation des mines à l'Ecole centrale des arts et manufactures. 4ᵉ édition divisée en deux parties : — *Géologie*; — *Exploitation*. 2 forts vol. in-8 illustrés......... 20 fr.

COURS ÉLÉMENTAIRE DE CHIMIE

Par M. V. Regnault, de l'Institut, directeur de la Manufacture Impériale de Sèvres, professeur au Collège de France et à l'Ecole polytechnique. 4 vol. in-18 jésus, ornés de 700 figures dans le texte. 5ᵉ édition..... 20 fr.

PREMIERS ÉLÉMENTS DE CHIMIE

A l'usage des Facultés, des établissements d'enseignement secondaire, des écoles normales et des écoles industrielles, par M. V. Regnault. In-18 jésus, illustré d'un grand nombre de figures dans le texte......... 5 fr.

COURS COMPLET DE MÉTÉOROLOGIE

De L. F. Kaemtz, professeur de physique à l'Université de Hall, traduit et annoté par Ch. Martens, professeur agrégé d'histoire naturelle à la Faculté de médecine de Paris, avec un appendice contenant la représentation graphique des tableaux numériques, par L. Lalanne, ingénieur. 1 fort vol. de plus de 500 pages, gr. in-18 jésus, orné de figures.. . . . . 8 fr.

GUIDE DU SONDEUR

Ou traité théorique et pratique des sondages, par MM. Degousée et Ch. Laurent, ingénieurs civils, fabricants d'équipages de sonde, entrepreneurs de sondages. 2ᵉ édition, composée de 2 forts vol. in-8, avec un grand nombre de gravures sur bois intercalées dans le texte, et accompagnés d'un Atlas de 62 pl gravées sur acier, représentant un très-grand nombre de figures, d'outils, coupes de terrains, etc. Prix des 2 vol. brochés et de l'atlas cartonné. . . . . 30 fr.

TRAITÉ ÉLÉMENTAIRE DES CHEMINS DE FER

Par Aug. Perdonnet, ancien élève de l'Ecole polytechnique, directeur de l'Ecole impériale centrale des arts et manufactures. 3ᵉ édit., revue, corrigée et considérablement augmentée, 4 très-forts vol. in-8 avec 1,100 fig. sur bois et sur acier, cartes, tableaux, etc. . . . . 70 fr.

Un ouvrage complet et spécial avait jusqu'à ce jour manqué aux ingénieurs et aux personnes qui s'occupent de chemins de fer. Beaucoup, et des plus compétents, ont écrit sur cette matière ; mais chacun traitait d'une partie séparée de cette grande industrie ; tel s'était attaché spécialement aux travaux d'art, tel autre au matériel, etc., et personnne n'avait tenté de résumer sous une forme compacte ce travail de chacun. M. Perdonnet, qui joint aux connaissances théoriques les plus étendues une très-grande pratique industrielle et administrative des chemins de fer, a pensé qu'un livre qui pourrait être lu par le public, et qui en même temps fournirait aux ingénieurs des renseignements qu'il leur serait à peu près impossible de se procurer ailleurs, serait une chose utile pour combler cette lacune.

Telle est l'importance de ce livre si impatiemment attendu du public, et auquel rien n'a manqué, ni les peines de l'auteur, ni les sacrifices des éditeurs, pour arriver à faire une œuvre consciencieuse.

MANUEL DU CAPITALISTE.

Ou Comptes faits des intérêts à tous les taux, pour toutes sommes, de 1 jusqu'à 366 jours, ouvrage utile aux négociants, banquiers, commerçants de tous les états, trésoriers, receveurs généraux, comptables, aux employés des administrations de finances et de commerce et à tous les particuliers, par Bonnet, ancien caissier de l'Hôtel des Monnaies de Rouen, auteur du *Manuel monétaire*, Nouvelle édition, augmentée d'une Notice sur l'intérêt, l'escompte, etc., par M. Joseph Garnier, professeur à l'Ecole supérieure du Commerce et à l'Ecole impériale des Ponts et Chaussées; revue, pour les calculs, par M. X. Rymkiewicz, calculateur au Crédit foncier. 1 vol. in-8. . . . . 6 fr.

Ce livre, éminemment commode pour les opérations financières, qui ont pris une si grande extension, est devenu, par le soin extrême donné à sa révision, et par les excellentes additions et corrections qu'on y a faites, un ouvrage de première utilité pour tous les comptables, tous les négociants, tous les banquiers, toutes les administrations financières. Aussi est-il recherché et demandé avec le plus vif empressement.

MANUEL DES FONDS PUBLICS ET DES SOCIÉTÉS PAR ACTIONS,

Par A. Courtois fils, membre de la Société libre d'économie politique de Paris. 5ᵉ édition, entièrement refondue. 1 fort volume grand in-18 jésus, de 750 pages. . . . . 7 fr. 50

ANNUAIRE DE LA BOURSE ET DE LA BANQUE.

Guide universel des capitalistes et des actionnaires, par une Société de jurisconsultes et de financiers, sous la direction de M. A. F. DE BISIEUX, avocat, rédacteur principal. 4 vol. in-12, 20 fr.; net . . . . 6 fr.

ÉTUDE SUR LA CIRCULATION ET LES BANQUES

Par M. ALFRED SUDRE. 1 vol. grand in-18. . . . . 3 fr. 50

ÉTUDES POUR TOUS DES VALEURS DE BOURSE

Par J. PRUDHAM. Janvier à juin 1865, 1 vol. in-18. . . . . 2 fr.

VIGNOLE. — TRAITÉ ÉLÉMENTAIRE PRATIQUE D'ARCHITECTURE,

Ou étude des cinq ordres, d'après JACQUES BAROZZIO DE VIGNOLE. Ouvrage divisé en 72 planches, comprenant les cinq ordres, avec l'indication des ombres nécessaires au lavis, le tracé des frontons, etc., et des exemples relatifs aux ordres; composé, dessiné et mis en ordre par J. A. LEVEIL, architecte, ancien pensionnaire du roi à Rome, et gravé sur acier par HIBON. 1 vol. in-4. . . . . 10 fr.

Le beau travail de M. Leveil est le plus complet, le mieux exécuté, en même temps que le plus exact qu'on ait publié jusqu'ici d'après BAROZZIO DE VIGNOLE. Les planches se distinguent par une élégance et un fini remarquables. Elles sont d'ailleurs plus nombreuses que dans les autres traités sur la matière. Le texte, au lieu d'être groupé en tête de l'ouvrage, se trouve au bas des pages auxquelles il s'applique; ce qui en rend l'usage infiniment plus commode et plus facile.

OUVRAGES DE M. JOSEPH GARNIER

Professeur d'économie politique à l'École impériale des ponts et chaussées, secrétaire perpétuel de la Société d'économie politique, etc.

ÉCONOMIE POLITIQUE, FINANCES, etc.

Traité d'Économie politique. Exposé didactique des principes et des applications de cette science et de l'organisation économique de la Société — Adopté dans plusieurs Écoles ou Universités. — Cinquième édition, considérablement augmentée. 1 très-fort vol. grand in-18. . . . . 7 fr.

Traité de finances. — L'impôt, son assiette, ses effets économiques et moraux — Catégories et espèces diverses d'impôts. — Les Emprunts et le Crédit public. — Les Dépenses publiques et les attributions de l'État. — Les Réformes financières. — L'impôt et la Misère. — Notes historiques et documents. 2e édition, considérablement augmentée. 1 vol. grand in-18. . . . . 3 fr. 50

Notes et petits Traités, faisant suite au Traité d'économie politique, et contenant

Éléments de Statistique et Opuscules divers, *faisant suite aux Traités d'Économie politique et de Finances.* 2e édition, considérablement augmentée. 1 fort vol. grand-18 jésus . 4 fr. 50

Ces cinq ouvrages constituent un COURS COMPLET d'études pour les questions qu'embrasse l'économie politique; ils sont devenus classiques et font autorité dans la science.

« Un style à la fois ingénieux, simple et correct, un esprit droit et pénétrant, un savoir sérieux et fort étendu, un juste respect pour l'autorité des maîtres, toutes ces qualités ont valu à ses publications un succès mérité... L'économie politique est aujourd'hui une science faite. M. Joseph Garnier aura beaucoup contribué à ce résultat, après J. B. Say, par l'ordre, la méthode et les perfectionnements qu'il a introduits dans l'exposé des théories et dans les démonstrations, par la justesse des analyses, par la précision des termes et par le soin rigoureux qu'il a mis à s'en servir, toujours dans le même sens. »

(Rapport de M. H. Passy, à l'Académie des sciences morales et politiques.)

ENSEIGNEMENT COMMERCIAL

Traité complet d'Arithmétique, théorique et appliquée *au Commerce, à la Banque, aux Finances, à l'Industrie,* contenant un recueil de Problèmes avec les Solutions, Cours professé à l'École supérieure du Commerce. — Nouvelle édition, avec *figures* et trèsconsidérablement augmentée. 1 très-fort vol. in-8. . . . . 7 fr. 50

Ouvrage essentiellement utile à tous ceux qui s'occupent d'affaires, et à tous les jeunes gens qui se destinent aux carrières financières, commerciales, industrielles, agricoles, maritimes.

Traité des Mesures métriques (Mesures. — Poids. — Monnaies.). Exposé succinct et complet du système français métrique et décimal; avec une notice historique, et *gravures* intercalées dans le texte. 1 vol. in-18. 75 c.

ŒUVRES DE ED. MENNECHET

Matinées Littéraires. Cours complet de littérature moderne. Troisième édition. 4 vol. grand in-18. . 14 fr.

Nous n'entreprendrons point ici l'éloge du dernier ouvrage de M. Ed. Mennechet. Quelle louange pourrions-nous en faire qui parlât plus haut que le succès éclatant des leçons dont ce livre offre le recueil? Ces leçons offrent un ensemble intéressant et varié qui instruit et amuse à la fois le lecteur. Ce livre mérite l'attention de tous ceux qui désirent connaître l'histoire de la littérature moderne.

Histoire de France, depuis la fondation de la monarchie. 2 volumes grand in-18 jésus . . . . 7 fr.

Ouvrage dédié aux pères de famille et couronné par l'Académie française.

Cours de lecture à haute voix. 1 vol. in-18 broché . . . . 3 fr.

BIBLIOTHÈQUE LATINE-FRANÇAISE
PUBLIÉE PAR M. C. L. F. PANCKOUCKE
CHAQUE AUTEUR SE VEND SÉPARÉMENT

Au lieu de 7 fr. . . . . 3 fr. 50 c. le vol.

Papier des Vosges, non mécanique, caractères neufs.

PREMIÈRE SÉRIE

Œuvres complètes de Cicéron, traduites en français. 36 vol. in-8.

Les *Œuvres complètes de Cicéron*, publiées au prix de 7 fr. le volume, ont été jusqu'ici d'une acquisition difficile. Nous avons pensé en assurer le débit et les rendre accessibles à tous les amateurs de la belle et grande latinité, au moyen d'un rabais considérable sur le prix de l'ouvrage. Les *Œuvres de Cicéron* doivent figurer au premier rang dans la bibliothèque de tout homme lettré; mais beaucoup d'acheteurs reculaient devant une acquisition très-coûteuse. En faciliter l'achat et le rendre désirable par l'attrait du bon marché est donc une combinaison qui ne peut manquer de réussir. — Cette édition est celle de la Bibliothèque Panckoucke.

Œuvres complètes de Tacite, traduites en français. 7 vol. in-8.

Tacite, signalé par Racine comme le plus grand peintre de l'antiquité, est un des auteurs latins qu'on recherche le plus, et dont les œuvres sont d'un débit constant et assuré. Cette édition est fort estimée, soit pour la traduction, soit pour la correction du texte.

Œuvres complètes de Quintilien, traduites en français. 6 vol. in-8.

Les *Œuvres de Quintilien* font loi en matière de critique comme en matière d'éducation. Elles s'adressent donc à un grand nombre de lecteurs.

Justin, traduction nouvelle par MM. J. Pierrot, ex-proviseur du collège Louis-le-Grand, et Boitard, avec une notice par M. Laya. 2 vol.

Florus, traduction nouvelle par M. Ragon, professeur d'histoire, avec une Notice par M. Villenain, de l'Académie française. 1 vol.

Velleius Paterculus, traduction nouvelle par M. Després. 1 vol.

Valère Maxime, traduction nouvelle par M. Frémion, professeur au lycée Charlemagne. 3 vol.

Pline le Jeune, traduction nouvelle de Sacy, revue et corrigée par M. J. Pierrot. 3 vol.

Juvénal, traduction de M. Dusaulx, revue par M. J. Pierrot. 2 vol.

Ovide, *Métamorphoses*, par M. Gros, inspecteur de l'Académie. 5 vol.

Valerius Flaccus, traduit pour la première fois en prose par M. Caussy de Perceval, membre de l'Isntitut, 1 vol.

Stace, traduction nouvelle, 4 vol. :
Tome 1. *Silves*, par MM. Rinn, professeur au collège Rollin, et Achaintre.
Tomes 2, 3, 4. La *Thébaïde*, par MM. Achaintre et Boutteville.
L'*Achilléide*, par M. Boutteville.

Phèdre, traduction nouvelle par M. E. Panckoucke. — Avec un *fac-simile* du manuscrit découvert à Reims, par le P. Sirmond, en 1608. 1 vol.

SECONDE SÉRIE, 33 VOLUMES A 7 FR. 50

Les ouvrages suivants nous restent en nombre, 7 fr. 50; net, 3 fr. 50

Les auteurs désignés par un * sont traduits pour la première fois en français
Aulu-Gelle et Sulpice Sévère ne se vendent pas séparément.

Poetæ Minores : Arborius*, Calpurnius, Eucheria*, Gratius Faliscus, Lupercus Servastus*, Nemesianus, Pentadius*, Sabinus*, Valerius Caio*, Vestritius Spurinna* et le *Pervigilium Veneris*; traduction de M. Cabaret-Dupaty, 1 vol.

Jornandès, traduct. de M. Savagner, professeur d'histoire en l'Université. 1 vol.

Censorinus*, traduction de M. Mangeart, ancien professeur de philosophie ; — Julius Obsequens, Lucius Ampellius*, traduction de M. Verger, 1 vol.

Ausone, traduction de M. E. F. Corpet. 2 vol.

Pomponius Mela, Vibius Sequester*, Ethicus Ister*, P. Victor*, traduction de M. Louis Baudet, professeur. 1 vol.

R. Festus Avienus*, Cl. Rutilius Numatianus, etc., traduction de MM. Eug. Despois et Éd. Saviot, anciens élèves de l'École normale. 1 vol.

Varron, *Économie rurale*, traduction, de M. Rousselot, professeur. 1 vol.

Eutrope, Messala Corvinus*, Sextus Rufus, traduction de M. N. A. Dubois, professeur. 1 vol.

Palladius, *Économie rurale*, traduct. de M. Cabaret-Dupaty, professeur. 1 vol.

Histoire Auguste. 3 vol.

C. Lucilius, traduction de M. E. F. Corpet ; — Lucilius Junior, Saleius Bassus, Cornelius Severus, Avianus*, Dionysius Caton, traduction de M. Jules Chenu. 1 vol.

Sextus Pompeius Festus, traduction de M. Savagner. 2 vol.

S. J. Solin*, traduction de M. Alph. Agnant, élève de l'École normale, agrégé des classes supérieures. 1 vol.

Vitruve, *Architecture*, avec de nombreuses figures pour l'intelligence du texte; traduction de M. Ch. de Mauffras, professeur au collège Rollin. 2 vol.

Sextus Aurelius Victor, traduction de M. N. A. Dubois, professeur. 1 vol.

Pline l'Ancien. *Histoire naturelle*, traduction française, par Ajasson de Grandsagne. 20 vol. (presque épuisé. Il ne reste plus que quelques exemplaires), par exception, au lieu de 7 fr., le vol., net. . . . . 4 fr.

N. B. Il existe encore dans nos magasins trois ou quatre collections complètes de la Bibliothèque latine, composée de 211 volumes au prix de 1,500 fr. nets. . . . . 1,200 fr.

Un certain nombre des ouvrages composant la collection, étant épuisés, ne figurent pas sur le Catalogue. Comme il nous rentre de temps en temps des volumes, et que nous sommes disposés à faire l'acquisition de ceux qu'on vient nous offrir, on peut toujours nous adresser d demandes pour les ouvrages mêmes qui ne sont pas indiqués ici.

COLLECTION FORMAT IN-24 JÉSUS (ANCIEN IN-12)

PUBLIÉE SOUS LA DIRECTION DE M. LEFÈVRE

PRIX DE CHAQUE VOLUME, FR. 50 c.

Dante. Son théâtre, trad. de M. Naudet, de l'Académie des inscriptions t belles-lettres. 4 vol.

Tacite, trad. de Dureau de la Malle, revue et corrigée, augmentée de la vie de Tacite, des suppléments de Brottier. 3 vol.

Pline l'Ancien. L'Histoire des Animaux, traduction de Guéroult, augmentée de sommaires et de notes nouvelles. 1 vol. de près de 700 pages.

Morceaux extraits de Pline le Naturaliste, traduction de Guéroult, augmentée de sommaires et de notes nouvelles. 1 vol.

Q. Horatii Flacci, Opera omnia, ex recensione Joannis Gasparis Orelli. 1 vol, in-24, édition Lefèvre, 1851. 4 fr.
Édition remarquable par l'exécution typographique et la correction du texte.

BIBLIOTHÈQUE LATINE-FRANÇAISE

RÉIMPRESSION DES CLASSIQUES LATINS DE LA COLLECTION PANCKOUCKE

46 volumes seuls en vente, format grand in-18 jésus

TRADUCTIONS REVUES ET REFONDUES AVEC LE PLUS GRAND SOIN

Ces réimpressions, si bien accueillies du public, se poursuivent activement. 44 volumes sont maintenant en vente, et plusieurs autres sont sous presse ou en préparation. Le succès de cette collection est aujourd'hui avéré. Belle impression, joli papier, correction soignée, révision intelligente et sérieuse, rien n'a été négligé pour recommander nos éditions aux amis de la bonne littérature. La modicité du prix, jointe aux avantages d'une bonne exécution, fait rechercher nos classiques avec prédilection.

VOLUMES A 4 FR. 50

Œuvres complètes de Virgile, traduites en français (traduction de la collection Panckoucke). Nouvelle édition, refondue par M. Félix Lemaistre, et précédée d'une étude sur Virgile par M. Sainte-Beuve. 1 fort vol.

Confessions de saint Augustin, avec la traduction française d'Arnauld d'Andilly, revue avec le plus grand soin et adaptée pour la première fois au texte latin, par M. Charpentier, inspecteur de l'Académie de Paris. 1 vol.

Les Métamorphoses d'Ovide. Traduction française de Gros, refondue par M. Cabaret-Dupaty, professeur de l'Université, auteur d'ouvrages classiques; et précédée d'une Notice sur Ovide par M. Charpentier. Édition complète en 1 vol.

Les Comédies de Térence, traduction nouvelle par Victor Bétolaud, docteur ès lettres de la Faculté de Paris, ancien professeur de l'Université, traducteur d'Apulée. 1 fort vol. de 750 pag.

César, *Commentaires sur la guerre des Gaules et sur la guerre civile*, traduit par M. Artaud. Nouvelle édition, revue par M. Félix Lemaistre, et précédée d'une notice par M. Charpentier. 1 vol.

Claudien, œuvres complètes. 1 vol. Traduit par M. Héguin de Guerle.

VOLUMES A 3 FR. 50

Œuvres complètes d'Horace, traduites en français, nouvelle édition enrichie de notes explicatives, accompagnée du texte latin, précédée d'une étude sur Horace, par H. Rigault, 1 vol.

Œuvres complètes de Salluste, avec la traduction française de du Rozoir, revue par MM. Charpentier, inspecteur de l'Académie de Paris, et Félix Lemaistre; précédées d'un nouveau travail sur Salluste, par M. Charpentier. 1 vol.

Œuvres complètes de Quinte-Curce, avec la traduction française de la collection Panckoucke, par MM. Auguste et Alphonse Trognon. Nouvelle édition, revue avec le plus grand soin par M. E. Pessonneaux, professeur au Lycée Napoléon. 1 vol.

Œuvres de Suétone, traduction française de La Harpe, refondue par M. Cabaret-Dupaty, professeur de l'Université, auteur de divers ouvrages classiques. 1 vol.

Œuvres complètes de Tite-Live, traduites par MM. Liez, Dubois, Verger et Corpet. Nouvelle édition, revue par E. Pessonneaux, Blanchet et Charpentier, et précédée d'une *Étude* sur Tite Live, par M. Charpentier. 6 vol.

Œuvres complètes de Sénèque le philosophe. Nouvelle édition, revue par MM. Charpentier et Félix Lemaistre. 4 vol.

Œuvres complètes de Juvénal et de Perse, suivies des fragments de *Turnus* et de *Sulpicia*, traduction de Dussaulx. Nouvelle édition, revue avec le plus grand soin par MM. Jules Pierrot et Félix Lemaistre. 1 vol.

Œuvres complètes de Justin. Abrégé de l'Histoire universelle de Trogue Pompée, traduction française par MM. Jules Pierrot et E. Boitard. Édition, soigneusement revue par M. Pessonneaux. 1 vol.

Œuvres d'Ovide. Les Amours, l'Art d'Aimer, etc. Nouvelle édition, revue par M. Félix Lemaistre, et précédée d'une *Étude sur Ovide et la Poésie amoureuse* par M. Jules Janin. 1 vol.

— Les Fastes, les Tristes, nouvelle édition, revue par M. Pessonneaux. 1 v.

Œuvres complètes de Lucrèce, avec la traduction française de Lagrange, revue par M. Blanchet, professeur de rhétorique au lycée de Strasbourg. 1 vol.

Œuvres complètes de Pétrone, traduites par M. Héguin de Guerle, ancien inspecteur de l'académie de Lyon. 1 vol.

Œuvres complètes d'Apulée, traduites en français par Victor Bétolaud, docteur ès lettres de la faculté de Paris, ancien professeur de l'Université, etc. 2 vol.

Catulle, Tibulle et Properce, traduits par Héguin de Guerle, Valatour et Genouille. Nouvelle édition, revue par M. Valatour. 1 vol.

Œuvres complètes d'Aulu-Gelle. Nouvelle édition, revue par MM. Charpentier et Blanchet. 2 vol.

Œuvres complètes de Tacite. Traduction de Dureau de la Malle, revue par M. Charpentier. 2 vol.

Pline le Jeune, Lettr. trad. par M. Cabaret-Dupaty. 1 vol.

Tragédies de Sénèque. Traduction française par E. Greslou. Nouvelle édition revue par M. Cabaret-Dupaty, ancien professeur de l'Université. 1 v.

Œuvres complètes de Quintilien. Traduction de la collection Panckoucke par M. C. V. Ouisille. Nouvelle édition, revue par M. Charpentier. 3 vol.

Œuvres complètes de Valère Maxime. Traduction française de C. A. F. Frémion. Nouvelle édition, revue par M. Paul Charpentier. 2 vol.

Œuvres complètes de M. V. Martial, avec la traduction de MM. V. Verger, N. A. Dubois et J. Mangeart. Nouvelle édition, revue avec le plus grand soin par M. Félix Lemaistre, et précédée des *Mémoires de Martial*, par M. Jules Janin. 2 vol.

Fables de Phèdre, traduites en français par M. Panckoucke, suivies des *Œuvres d'Avianus*, de *Denys Caton*, de *Publius Syrus*, traduites par Levasseur et J. Chenu. Nouvelle édition, revue par M. E. Pessonneaux, professeur au lycée Napoléon, et précédée d'une Étude sur Phèdre, par M. Charpentier. 1 vol.

Cornélius Népos, avec une traduction nouvelle par M. Amédée Pommier. — Eutrope, abrégé de l'Histoire romaine, traduit par M. N. A. Dubois. 1 vol.

Velleius Paterculus, traduction de Després, refondue avec le plus grand soin par M. Guérard, professeur au lycée Bonaparte. — Œuvres de Florus, traduites par M. Ragon, précédées d'une notice sur Florus, par M. Villemain. 1 vol.

Lucain. — La Pharsale, Traduction de Marmontel, revue et complétée avec le plus grand soin par M. H. Durand, professeur au lycée Charlemagne; précédée d'une *Étude sur la Pharsale*, par M. Charpentier. 1 vol.

En Préparation : **CICÉRON**.

COLLECTION DES CLASSIQUES FRANÇAIS

DIRIGÉE PAR M. A. MARTIN

Format in-24 jésus (ancien in-12), 2 fr. 50 c. le vol.

Œuvres de Jacques Delille, avec notes de Delille, Choiseul-Gouffier, Féletz, Aimé Martin. 2 vol.

Fleury. Discours sur l'histoire ecclésiastique, Mœurs des Israélites, Mœurs des Chrétiens, Traité des études, etc. 2 vol.

Bossuet. Oraisons funèbres, Panégyriques et sermons. 4 vol.

Bourdaloue. Chefs-d'œuvre oratoires. 1 vol.

Essai sur l'éloquence de la chaire, par le cardinal Maury. 1 vol.

FABLES DE LA FONTAINE

Avec les notes de M. WALCKENAER. 2 vol. in-8, cavalier vélin, avec 12 gravures d'après MOREAU, 10 fr.; net. . . . . 6 fr. 5

LA HENRIADE DE VOLTAIRE

Édition collationnée sur les textes originaux, avec notes et variantes. 1 vol. grand in-18, imprimé par M. DIDOT sur papier grand raisin vélin, et illustré de 11 gravures. 2 fr. 5

LES HISTORIETTES DE TALLEMANT DES RÉAUX

Mémoires pour servir à l'histoire du seizième siècle, publiés sur le manuscrit autographe de l'auteur. Deuxième édition, précédée d'une notice, sur l'auteur, augmentée de passages inédits et accompagnée de notes et d'éclaircissements, par M. MONMERQUÉ. 10 tomes brochés en 5 volumes ornés de 10 portraits gravés sur acier. . . . . 17 fr. 5

NOUVELLE COLLECTION DE GUIDES EUROPÉENS

Complets chacun en 1 vol. grand in-18 Jésus

TOUS ACCOMPAGNÉS DE CARTES GÉNÉRALES ET SPÉCIALES, DE PLANS DE VILLES, DE PANORAMAS ET DE VUES PITTORESQUES

Nouveau Guide général du Voyageur en France, par AMÉDÉE DE CÉSENA, avec une grande carte générale des chemins de fer, 5 cartes spéciales, 2 panoramas, 1 vol. . . 7 fr. 50

Nouveau Guide complet du Voyageur en Allemagne, par ÉDOUARD SIMON, avec 3 cartes générales des routes et des chemins de fer, 20 plans de villes et 20 gravures. 1 vol. . 11 fr.

Nouveau Guide général du Voyageur en Angleterre, par WILLIAM DARCY, avec une carte générale des routes et des chemins de fer, 15 plans de villes et 75 gravures. 1 vol. . 11 fr.

Nouveau Guide général du Voyageur en Belgique et en Hollande, par EUG. D'AURIAC, avec deux cartes, 12 plans de villes et 60 grav. . . 8 fr.
Ce volume se compose de deux parties qui se vendent séparément :
La Belgique, 4 fr.
La Hollande, 4 fr.

Nouveau Guide général du Voyageur en Espagne et en Portugal, par LANNAU-ROLLAND, avec deux cartes, 9 plans de villes et 20 grav. . . 10 fr.

Nouveau Guide général du Voyageur en Italie, par EDMOND RENAUDIN, avec une carte générale, 40 plans de villes et de musées et 20 gravures, 1 vol. . . . . 10 fr.

Nouveau Guide général du Voyageur aux bords du Rhin ou le Rhin de Constance à Amsterdam. Par EDMOND RENAUDIN, avec 7 cartes, 30 plans de villes et 40 grav. . . 5 fr.

Nouveau Guide général du Voyageur en Suisse, par J. LACROIX, avec une carte générale, 8 plans de villes et 60 gravures. 1 vol. . . . . . 8 fr.

Nouveau Guide général du Voyageur aux Pyrénées, par J. LACROIX, avec une grande carte routière, des cartes partielles et des vues de villes et de montagnes. 1 vol. grand-in-18. 7 fr. 50

Nouveau Guide aux Bains de mer, des côtes de France, par EUGÈNE D'AURIAC, avec une carte de paysages, des vues de villes et des principaux établissements de bains. 1 vol.

Nouveau Guide du Voyageur en Algérie, par ACHILLE FILLIAS, avec vues des principales villes et des monuments. 1 vol. grand in-18. . 5 fr.

Le Nouveau Paris, par AM. DE CÉSENA. Guide pratique, historique, descriptif et pittoresque. 1 plan, 60 gravures. 1 vol. . . . . 7 fr. 50

Nouveau Guide complet aux Eaux de Vichy, avec une carte des chemins de fer, un plan et des vues pittoresques. 2 fr. Reliure toile. . . 2 fr. 50

Les Environs de Paris, par Am. de Cesena. Guide pratique, historique, descriptif et pittoresque. 1 carte, 9 plans, 75 gravures. . . . . . 5 fr.
La reliure en percaline rouge se paye 1 fr. 50, à l'exception de celles des Guides de Belgique et de Hollande, 1 fr.

Guide universel et complet de l'Étranger dans Paris, contenant tous les renseignements pratiques, la topographie et l'histoire de Paris, le tableau de ses rues et leurs nouvelles dénominations, etc., et un *Petit Guide des environs de Paris*; par Albert Montémont. 9ᵉ édition complètement refondue. Ornée de nombreuses vignettes et d'un plan de Paris. 1 vol. in-18. 4 fr.

BIBLIOTHÈQUE CHOISIE

Collection des meilleurs ouvrages français et étrangers, anciens et modernes, format grand in-18 (dit anglais), papier jésus vélin. Cette collection est divisée par séries. La première contient des volumes de 400 à 500 pages, au prix de 3 fr. 50 le volume. La deuxième série renferme plusieurs ouvrages illustrés, et se vend 2 fr. le volume. La troisième série est composée de volumes à 2 fr. dont beaucoup sont ornés d'une vignette ou d'un portrait sur acier.

1ʳᵉ Série. — Vol. à 3 fr. 50

OUVRAGES DE M. SAINTE-BEUVE
DE L'ACADÉMIE FRANÇAISE

Causeries du Lundi.
Ce charmant recueil, contenant une foule d'articles non moins variés qu'intéressants, est complet en 15 volumes. Chaque volume se vend séparément.

Portraits contemporains et divers. Nouvelle édition. 3 forts vol. in-18.

Portraits littéraires et derniers portraits, suivis des *Portraits de Femmes*. Nouvelle édition. 4 vol. in-18.

Chateaubriand, et son groupe littéraire sous l'Empire, 2 vol. grand in-18.

L'Imitation de Jésus-Christ, traduction nouvelle, avec des *Réflexions* à la fin de chaque chapitre, suivie de la Messe, tirée de Fénelon, et des Vêpres du dimanche. 4 gravures sur acier, Frontispice or et couleur. 1 vol.

Essais de littérature française, par M. Géruzez. 2 vol. 1ᵉʳ volume : *Moyen âge et Renaissance*. 2ᵉ volume : *Temps modernes*. 3ᵉ édition.

Les Petites Chroniques de la science, années 1881 à 1886. Par S. Henry Berthoud. 6 vol.

Légendes et traditions surnaturelles des Flandres, par S. Henry Berthoud. 1 vol.

Les Femmes des Pays-Bas et des Flandres, par S. Henry Berthoud. 1 v.

Fantaisies scientifiques de Sam. Par S. Henry Berthoud. Botanique, Reptiles, Mammifères, Oiseaux, Minéralogie, Médecine, Ethnologie, etc., etc. 4 vol.

Diodore de Sicile. Traduction nouvelle avec une préface, des notes importantes et des index, par M. Ferdinand Hoefer. 4 volumes.

Méditations sur l'Évangile, par Bossuet. Revues sur les manuscrits originaux et les éditions les plus correctes. 1 vol.

Le Livre des Affligés, Douleurs et Consolations, par le vicomte Alban de Villeneuve-Bargemont. 2 volumes ornés de vignettes.

Histoire morale des Femmes, par Ernest Legouvé, de l'Académie française. 3ᵉ édition. 1 vol.

Histoire de la Révolution de 1848, par Lamartine. Quatrième édit. 2 vol.

Œuvres de J. Reboul, de Nîmes. Poésies diverses ; le Dernier Jour, poème. 1 vol. avec portrait.

Chansons et Poésies de Pierre Dupont. Quatrième édition, augmentée de chants nouveaux. 1 vol.

Muse Juvénile, études littéraires, *vers et prose*, par Pierre Dupont. 1 vol.

Histoire intime de la Russie sous les empereurs *Alexandre* et *Nicolas*, par J. M. Schnitzler. 2 forts vol.

Messieurs les Cosaques, par MM. Taxille Delord, Clément Caraguel et Louis Huart. 2 vol. ill. de 100 vignettes par Cham.

Le Whist rendu facile, suivi des Traités du Whist, de Gand, du Boston de Fontainebleau et du Boston russe; par un Amateur. Deuxième édition. 1 vol.

Correspondance de Jacquemont avec sa famille et plusieurs de ses amis pendant son voyage dans l'Inde (1828-1832). Nouvelle édition, augmentée de lettres inédites et d'une carte. 2 vol.

Mémoires de Beaumarchais, nouvelle édition, précédée d'une appréciation tirée des *Causeries du Lundi*, par M. Sainte-Beuve. 1 vol.

Causeries de Chasseur et de Gourmets, 1 fort vol.

La Musique ancienne et moderne, par Scudo. Nouveaux mélanges de critique et de littérature. 1 vol.

Cours d'hygiène, par le docteur A. Tessereau, professeur d'hygiène; ouvrage couronné par l'Académie de médecine. 1 vol.

Voyages dans l'Inde et en Perse, par Soltykoff. 1 vol. orné d'une carte.

Souvenirs de l'Orient, par le comte de Marcellus. 3ᵉ édition. 1 vol.

Un mois en Espagne suivi de *Christine*, nouvelle, par E. Chauffard. 1 v.

Souvenirs de la marquise de Créqui (1718-1803). Nouvelle édition, revue, corrigée et augmentée de notes. 10 vol. broc. en 5 vol. avec gravures sur acier.

Excursion en Orient, l'Égypte, le mont Sinaï, l'Arabie, la Palestine, la Syrie, par M. le comte Ch. de Pardieu. 1 vol.

Proverbes sur les Femmes, l'Amitié — l'Amour — le Mariage. Recueillis et commentés, par M. Quitard. 1 vol.

L'Anthologie de l'Amour, choix de pièces érotiques, tirées des meilleurs poètes français, par Quitard. 1 vol.

L'Amour, les Femmes et le Mariage, historiettes, pensées et réflexions glanées à travers champs, par Adolphe Ricard. 4ᵉ édition. 1 vol.

Les Français dans le désert. *Journal d'une expédition aux limites du S'ah'ra algérien*, par G. Trumelet, capitaine adjudant-major. 1 vol.

Œuvres de Parny. Élégies et poésies diverses. Nouv. éd., avec une préf. de M. Sainte-Beuve. 1 vol.

Les Contes drolatiques, colligez es abbayes de Touraine et mis en lumière par le sieur de Balzac, pour l'esbattement des pantagruelistes et non aultres. Édition illustrée de vignettes en tête des chap. par Gustave Doré. 1 vol.

Odes d'Horace, traduites en vers, par Henry Vesseron, avocat. 1 vol.

LAVATER ET GALL. — Physiognomonie et Phrénologie, rendues intelligibles pour tout le monde. Exposé du sens moral, des traits de la physionomie humaine et de la signification des protubérances, etc., par A. Ysabeau, ancien professeur d'histoire naturelle, accompagné de 150 figures dans le texte. 1 vol.

Éducation progressive, ou Étude du cours de la vie, par madame Necker de Saussure. 2 vol.
Ouvrage qui a obtenu le prix Montyon.

Lettres adressées à M. Villemain, etc., par M. E. Chevreul, de l'Académie des sciences. 1 vol.

Genèse selon la Science, par Paul de Jouvencel. 3 vol. avec fig. dans le texte.
I. **Les Commencements du Monde** (*résumé des sciences physiques et application à la formation du globe*). Deuxième édition, revue et augmentée. 1 vol.
II. **La Vie** (*sa nature, son origine*). Deuxième édition, revue et augmentée. 1 vol.
III. **Les Déluges** (*développements du globe et de l'organisation*). 1 vol.
Chaque volume se vend séparément.

Légendes du Nord, par Michelet. 1 v.

Mémoires, Correspondance et Ouvrages inédits de Diderot, publiés sur les manuscrits confiés, en mourant, par l'auteur, à Grimm. 2 vol.

EUG. DE LONLAY. Chansons populaires. Nouvelle édition, ornée de portraits. 1 vol.

2ᵉ Série. — Volumes à 3 fr.

PLUTARQUE. — **Les Vies des Hommes illustres**, traduites en français par Ricard, précédées de la Vie de Plutarque. Nouvelle édition, revue avec le plus grand soin. 4 vol.

Théâtre complet de Racine, avec des remarques littéraires et un choix de notes classiques, par M. Félix Lemaistre. 1 fort vol. de plus de 700 pages.

Œuvres complètes de Molière. Nouv. éd., accompagnée de notes tirées de tous les commentateurs, avec des remarques nouv., par M. Félix Lemaistre, précédée de la Vie de Molière par Voltaire. 3 vol.

Œuvres de Boileau, avec notice de Sainte-Beuve et notes de tous les commentateurs. 1 vol.

La Nouvelle Héloïse, par J. J. Rousseau. Nouvelle édition avec des notes explicatives. 1 fort vol.

ÉMILE, par J.-J. Rousseau.

Lettres choisies de madame de Sévigné. Accompagnées de notes explicatives sur les faits et les personnages du Temps et précédées d'observations littéraires par M. Sainte-Beuve. 1 vol.

Romans de Voltaire. Suivis de ses contes en vers. 1 vol. grand in-18.

Histoire de Gil-Blas de Santillane, par Le Sage. 1 vol.

Œuvres choisies de Descartes. Discours de la Méthode — méditations métaphysiques. — Règles pour la direction de l'esprit, etc. Nouvelle édition. 1 vol.

Lettres écrites à un Provincial, par Blaise Pascal, précédées d'un Essai sur les Provinciales et sur le style de Pascal. 1 vol.

Discours sur l'histoire universelle, A Mgr Le Dauphin, pour expliquer la suite de la religion et les changements des empires, par Bossuet, évêque de Meaux. 1 vol.

Œuvres choisies de Fénelon. — De l'Existence de Dieu. Lettres sur la Religion. Discours pour le sacre de l'Électeur de Cologne. Lettres sur l'Église, etc. Précédés d'observations par le cardinal de Bausset. Nouvelle édition, revue d'après les meilleurs textes. 1 vol.

BERGERAC. (Cyrano de). **Histoire comique des États et Empires de la Lune et du Soleil.** Nouvelle édit., revue sur les éditions originales, accompagnée de notes et précédée d'une Notice biographique, par P. L. Jacob, bibliophile. 1 vol.

— **Œuvres comiques, galantes et littéraires.** Nouvelle édit., revue et publiée avec des notes, par P. L. Jacob, bibliophile. Les Lettres satiriques, les Lettres amoureuses. 1 fort vol.

BONAVENTURE DES PÉRIERS. Le Cymbalum mundi, précédé des Nouvelles recréations et Joyeux devis. Nouvelle édition, revue et corrigée. 1 fort vol.

BUSSY-RABUTIN. Histoire amoureuse des Gaules, suivie de la France galante, romans satiriques du dix-septième siècle, attribué au comte de Bussy; édition nouvelle avec des notes. 2 forts vol.

D'ASSOUCY. Ses aventures burlesques. Nouvelle édition, avec préface et notes, par Émile Colombey. 1 fort v.

DESPORTES (Philippe). Œuvres poétiques. Nouvelle édit., revue et publiée avec des Notes et une Introduction par Alfred Michiels. 1 fort vol.

LARCHER. Satires et diatribes sur les femmes, l'amour et le mariage. 1 vol.

LÉLUT (membre de l'Institut). **La Phrénologie, son histoire, ses systèmes et sa condamnation;** 2ᵉ édition, avec planches. 1 vol.

LEROUX DE LINCY. Le livre des Proverbes français, précédé de recherches historiques sur les proverbes français et leur emploi dans la littérature du Moyen Age et de la Renaissance, par M. Leroux de Lincy, 2ᵉ édition, revue, corrigée et augmentée. 2 forts vol.

MERLIN COCCAIE. Histoire macaronique de Coccaie, prototype de Rabelais, où sont traités les ruses de Cingar, le tour de Boccal, les Adventures de Léonard, etc., avec des notes et une notice, par G. Brunet, nouvelle édition, corrigée sur l'édition de 1606. 1 fort vol.

RECUEIL DE FARCES, sotties et moralités du quinzième siècle, réunies pour la première fois avec des notices et des notes. 1 fort vol.

PARIS RIDICULE ET BURLESQUE DU DIX-SEPTIÈME SIÈCLE, par Claude, Le Petit, Berthod, François Colletet, Scarron, Boileau, etc. Nouvelle édition. 1 vol.

QUINET (Edgard). **Fondation de la République des Provinces-Unies.** Marnix Sainte-Aldegonde. 1 volume.

RÉGNIER (Mathurin). **Œuvres complètes**, nouvelle édition, augmentée d'un grand nombre de pièces qui n'avaient pas été recueillies. 1 vol.

SCARRON (Paul). **Le Virgile travesti en vers burlesques**, avec la suite de Moreau de Brasei. Nouvelle édition, revue, annotée et précédée d'une Étude sur le burlesque, par Victor Fournel. 1 fort vol.

SOREL. La Vraie Histoire comique de Francion, composée par Charles Sorel (sieur de Sauvigny). Nouvelle édition, avec Avant-Propos et Notes, par Émile Colombey. 1 fort vol.

TABARIN (Œuvres de), avec les Aventures du capitaine Rodomont, la Farce des Bossus et autres pièces tabariniques. Nouvelle édition, préface et notes, par Georges d'Harmonville. 1 vol. in-16 de plus de 500 pages, figures, papier vergé, collé.

CHRONIQUE DE LA PUCELLE, ou Chronique du Cousinot, suivie de la

Chronique normande de P. Cauchon, de documents inédits relatifs aux règnes de Charles VI et Charles VII, avec notices et notes, par M. VALLET de VIRVILLE, etc. 1 fort vol.

BACHAUMONT. Mémoires secrets. revus et publiés avec des notes et une préface. 1 fort vol.

Œuvres de P.-L. Courier, précédées d'un Essai sur la vie et les écrits de l'auteur, par ARMAND CARREL. Nouvelle édition, revue d'après les meilleurs textes. 1 fort vol.

Aventures de Télémaque, par FÉNELON, avec des notes géographiques et littéraires et les Aventures d'Aristonoüs. 8 gravures. 1 vol.

Œuvres de Millevoye. Précédées d'une notice sur l'auteur, par M. SAINTE-BEUVE. 1 vol.

LA BRUYÈRE. — Les Caractères de Théophraste, avec les caractères ou les mœurs de ce siècle. 1 vol.

Œuvres complètes du comte Xavier de Maistre, nouvelle édition. Expédition nocturne, le Lépreux de la Cité d'Aoste, Voyage autour de ma chambre, les Prisonniers du Caucase, la Jeune Sibérienne, avec une préface par M. SAINTE-BEUVE. 1 vol.

Les Confessions de Rousseau. 1 vol.

Corinne, ou l'Italie, par madame de STAEL. Nouvelle édition, précédée de quelques Observations par Mme NECKER DE SAUSSURE et M. SAINTE-BEUVE. 1 fort volume.

De l'Allemagne, par Mme DE STAEL. Nouvelle édition, revue d'après les meilleurs textes. 1 fort vol.

Mes Prisons, suivies des Devoirs des hommes, par SILVIO PELLICO; traduction par le comte H. DE MESSEY, revue par M. le vicomte ALBAN DE VILLENEUVE, 6 gravures. 1 vol.

Théâtre de Corneille, nouvelle édition. 1 vol.

Fables de la Fontaine, avec des notes philologiques et littéraires, par M. FÉLIX LEMAISTRE, et illustrées de 8 gravures. 1 vol.

Œuvres de Gresset, précédées d'une appréciation littéraire par LA HARPE. Nouvelle édition, revue d'après les meilleurs textes. 1 vol.

Contes et nouvelles de la Fontaine. nouvelle édition revue avec soin et accompagnée de notes explicat. 1 vol.

Jérusalem délivrée, traduction en prose, par M. V. PHILIPON DE LA MADELAINE; augmentée d'une description de Jérusalem, par M. DE LAMARTINE. 1 vol.

Œuvres de Rabelais, nouvelle édit., revue sur les meilleurs textes, éclaircie, quant à l'orthographe et à la ponctuation, accompagnée d'un glossaire, par Louis BARRÉ. 1 fort vol, papier glacé satiné, de 650 pages.

Contes de Boccace, traduits par SABATIER DE CASTRES. 1 vol.

De l'Education des Femmes, par madame de RÉMUSAT, avec une Préface par M. Ch. de RÉMUSAT. Paris, 1843. 1 v.

L'Heptaméron. Contes de la reine de Navarre. Nouvelle édition. 1 vol.

Les cent Nouvelles nouvelles, text revu avec beaucoup de soin sur le meilleures éditions et accompagné d notes explicatives. 1 vol.

ŒUVRES DE F. DE LAMENNAIS.

Essai sur l'Indifférence en matière de Religion. Nouvelle édition, 4 vol.

Paroles d'un Croyant. — Une voix de Prison. — Le livre du Peuple. — Du passé et de l'Avenir du peuple, etc. 1 vol.

Affaires de Rome. 1 vol.

Les Évangiles, traduction nouvelle avec des notes et réflexions. 3e édition. 1 vol.

De l'Art et du Beau, tiré du 5e volume de l'Esquisse d'une Philosophie. 1 vol.

3e Série. — Volumes, au lieu de 3 fr.; net, 2 fr.

Vies des Dames galantes, par le seigneur de Brantôme. Nouvelle édition, revue et corrigée sur l'édition de 1740. 1 vol.

Curiosités dramatiques et littéraires, par M. Hippolyte LUCAS. 1 vol.

Œuvres de Gilbert. Nouvelle édition précédée d'une notice historique sur Gilbert, par CHARLES NODIER. 1 beau vol.

La Princesse de Clèves, suivie de la Princesse de Montpensier, par madame DE LA FAYETTE. Nouvelle édition. 1 beau volume.

Raphaël. Pages de la vingtième année. par A. de LAMARTINE. 5e édition, 1 vol.

Histoire de Manon Lescaut et du chevalier des Grieux, par l'abbé Prévost. Nouvelle édition, collationnée sur l'édition publiée à Amsterdam en

1753, précédée d'une notice historique sur l'abbé Prévost, par Jules Janin. 1 vol.

HÉGÉSIPPE MOREAU. Œuvres contenant le Myosotis, etc. 1 vol.

La Politesse française, manuel des bienséances et du savoir-vivre, par E. Muller. 1 vol.

Manuel épistolaire à l'usage de la jeunesse, contenant toutes les instructions et un grand nombre d'exemples puisés dans les meilleurs écrivains, par Philipon de la Madelaine, dix-septième édition, adopté pour les lycées. 1 vol.

Nouveau siècle de Louis XIV, ou Choix de chansons historiques et satiriques, presque toutes inédites, de 1634 à 1712, accompagnées de notes. 1 vol.

A TRAVERS CHAMPS. — Souvenirs et causeries d'un Journaliste, 1830 à 1847, par Th. Muret. 2 vol.

Le Secrétaire universel, renfermant des modèles de lettres sur toutes sortes de sujets, lettres de bonne année, de fête, de condoléance, lettres d'amour et de mariage, lettres d'affaires et de commerce, etc.; billets d'invitations, lettres de faire-part; modèles d'actes sous seing privé, etc., etc., par M. Armand Dunois. 1 beau vol.

Les petits Mystères de la Destinée, par Joseph Balsamo. Chiromancie ou la science de la main. — Physiognomonie ou la Science du corps de l'homme. 1 vol. illustré d'environ 100 gravures.

Histoire de Napoléon, par Élias Regnault, ornée de 8 gravures sur acier d'après Raffet et de Rudder. 4 vol.

Le Japon. Histoire et descriptions; mœurs, coutumes et religion, par M. Ed. Fraissinet. Nouvelle édition, augmentée de trois chapitres nouveaux et d'une carte, par V. A. Malte-Brun. 2 volumes.

Ouvrages de M. X. Marmier.
(16 volumes.)

Les Perce-Neige, nouvelles. 1 vol.

Lettres sur la Russie. 2ᵉ édition, entièrement refondue, 1 vol.

Les Voyageurs nouveaux. 3 vol.

Lettres sur l'Amérique, Canada, États-Unis, Havane, Rio-de-la-Plata. 2 vol.

Lettres sur l'Islande et Poésies, Reikiavick, le Geyser et l'Hécla, instruction publique, découverte de l'Islande, 4ᵉ édition. 1 vol.

Voyage en Californie, description de son sol, de son climat, de ses mines d'or, par E. Bryant, dernier alcade de San Francisco; traduit par M. X. Marmier, et augmenté de divers renseignements sur l'état de la Californie. 1 vol.

Lettres sur l'Adriatique et le Monténégro, Saint-Gall, Schwytz, le lac des Quatre-Cantons, le Saint-Gothard, Milan, Venise, Trieste, les Zichi, la Dalmatie, Spalato, Raguse, les bouches du Cattaro, etc. 2 vol.

Du Danube au Caucase, voyages et littérature, 1 vol.

Du Rhin au Nil. Souvenirs de voyages Tyrol, Hongrie, Provinces Danubiennes, Syrie, Palestine, Egypte. 2 vol.

Lettres sur l'Algérie. 1 vol.

Les Ames en Peine. Contes d'un voyageur. 1 vol.

4ᵉ Série. — Volumes, au lieu de 3 fr. 50 et 1 fr. 75; net, 1 fr. 50

Lettres sur l'Angleterre (Souvenirs de l'Exposition universelle), par Edmond Texier. 1 vol.

Mémorial de Sainte-Hélène, par le comte de Las-Cases. Nouvelle édition, revue par l'auteur. 9 vol. avec gravures.

Fragoletta, par H. de Latouche. Naples et Paris en 1799. 2 vol.

Une Journée d'Agrippa d'Aubigné, drame en 5 actes, en vers; par Édouard Foussier. 1 vol.

Inondations de 1856. Voyage de S. M. l'Empereur, par Ch. Robin. 1 joli v.

Les Satiriques des dix-huitième et dix-neuvième siècles. 1 vol. contenant Gilbert, Despaze, M. J. Chénier, Rivarol.

Comédies de S. A. R. la princesse Amélie de Saxe, traduites par Pitre-Chevalier. 1 vol.

BIBLIOTHÈQUE BLEUE

Histoire de Fortunatus, suivie de l'**Histoire des Enfants de Fortunatus**. 1 vol. grand in-18. . . . 2 fr.

Histoire des Quatre Fils Aymon, DE JEAN DE CALAIS, ET DE JEAN DE PARIS. 2 vol. à . . . . 2 fr.

Histoire de Robert le Diable, suivie de **Richard sans Peur**, de **Pierre de Provence et de la Belle Maguelonne**. 1 vol. gr. in-18. . . . 2 fr.

BIBLIOTHÈQUE DE POCHE

Par une Société de gens de lettres et d'érudits. La bibliothèque de poche, variétés curieuses et amusantes des lettres, des sciences et des arts, se compose des 11 volumes suivants, format grand in-18, le volume.. . . 2 fr.

Curiosités littéraires, par Ludovic LALANNE. 1 vol.

Curiosités bibliographiques, par Ludovic LALANNE. 1 vol.

Curiosités biographiques. 1 vol.

Curiosités militaires. 1 vol.

Curiosités de l'Archéologie et des Beaux-Arts. 1 vol.

Curiosités philologiques, géographiques et ethnologiques. 1 vol.

Curiosités historiques. 1 vol.

Curiosités des Inventions et des Découvertes. 1 vol.

Curiosités anecdotiques. 1 vol.

Curiosités des Sciences occultes, par P. L. JACOB, bibliophile.

Curiosités théologiques, par G. BRUNET, bibliophile. 1 vol.

Curiosités de l'Économie politique, par LOUVET. 1 vol.

JACOB (P. L.). Curiosités de l'Histoire des Croyances populaires au moyen âge. Les Superstitions et les Croyances populaires. — Le Juif-Errant, etc.

JACOB (P.L.). Curiosités de l'Histoire du vieux Paris, contenant : les Vieilles Rues de la Cité, les Rues honteuses, etc. Bicêtre. 1 vol.

— **Curiosités de l'Histoire des Arts**, contenant : Notice sur le papier et le parchemin. La Reliure avant le seizième siècle, etc. 1 vol.

— **Curiosités de l'Histoire de France**. *Première série*. 1 vol. Contenant : la Fête des Fous, le Roi des Ribauds, les Francs-Taupins, les Fous des Rois de France, etc.

Deuxième série. 1 vol. Contenant le Procès du maréchal de Rais, la Veuve de Molière, les deux Marat, André Chénier, etc.

FOURNEL. (V.). Curiosités théâtrales. Contenant : les Origines du théâtre, mise en scène des mystères, moralités, farces et soties, costume au théâtre, etc. 1 vol.

WARÉE. Curiosités judiciaires, historiques et anecdotiques, recueillies et mises en ordre par B. WARÉE. 1 vol.

VAUX-DE-VIRE D'OLIVIER BASSELIN, poëte normand du quinzième siècle, et de JEAN LE HOUX, poëte virois, suivis d'un choix d'anciens vaux-de-vire et d'anciennes chansons normandes. Nouvelle édition. 1 vol.

ŒUVRES DE M. FLOURENS

Secrétaire perpétuel de l'Académie des Sciences, membre de l'Académie française, etc.

serait inutile d'insister ici sur le mérite des œuvres de M. FLOURENS. Leur succès et leur débit en disent plus que tous les éloges. La vogue populaire ne leur est pas moins assurée que le succès scientifique.

Format grand in-18 jésus à 3 fr. 50

De l'unité de la Composition et du Débat entre Cuvier et Saint-Hilaire. 1 vol.

Ontologie naturelle, ou Étude philosophique des êtres. 5ᵉ édition revue et en partie refondue. 1 vol.

Examen du livre de M. Darwin, sur l'origine des Espèces. 1 vol.

Psychologie comparée, deuxième édition, revue et en partie refondue. 1 vol.

De la Phrénologie et des études vraies sur le cerveau. 1 vol.

De la vie et de l'intelligence. 2ᵉ édition. 1 vol.

Circulation du sang (histoire de sa découverte). Deuxième édition, revue et augmentée. 1 vol.

De la Longévité humaine et de la quantité de vie sur le globe. 3ᵉ édition, revue et augmentée. 1 vol.

De l'Instinct et de l'intelligence des animaux. 4ᵉ édition, entièrement refondue et augmentée. 1 vol.

Histoire des travaux et des idées de BUFFON. 2ᵉ édition, revue et augmentée. 1 vol.

Des manuscrits de Buffon, avec des fac-simile de Buffon et de ses collaborateurs. 1 vol.

Cuvier. — Histoire de ses travaux, 3ᵉ édition, revue et augmentée. 1 vol.

Éloges historiques, lus dans les séances publiques de l'Académie des sciences. 3 vol.

Même format, volume à 2 fr.

Éloge historique de François Magendie, suivi d'une discussion sur les titres respectifs de MM. BELL et MAGENDIE à la découverte des fonctions distinctes des racines des nerfs. 1 vol.

BIBLIOTHÈQUE DU PUGET
BONS LIVRES POUR TOUS LES AGES
TRADUITS DU SUÉDOIS

Mᵐᵉ BREMER. Les Voisins. 4ᵉ édition. 1 vol. in-18 . . . . . . 3 50

— Le Foyer domestique ou chagrins et joies de la famille. 3ᵉ édit. 1 vol. in-18 . . . . 3 50

— Les Filles du Président. 3ᵉ édit. 1 vol. in-18 . . . . 3 »

La famille H. 2ᵉ édit. 1 vol. in-18. 3 »

— Un Journal. 2ᵉ édition, 1 vol. in-18. 3 »

— Guerre et paix. 1 vol. in-18. 1 50

— Le Voyage de la Saint-Jean. 1 vol in-18 . . . . 1 50

Mᵐᵉ la baronne KNORRING. Les Cousins. 2ᵉ édit., 1 vol. in-18. 3 50

Mᵐᵉ E. CARLEN. Une femme capricieuse. 2 vol. in-18. . . . . . 7 »

L'ONCLE ADAM. L'Argent et le Travail. 1 vol 3 50

Mᵐᵉ SCHWARTZ. La Veuve et ses enfants. 1 vol. in-18. . . . . 3 »
Charmant roman d'éducation.

Carl. BERNHARD. Les Chroniques du temps d'Érich de Poméranie. 1 vol. in-18 . . . . 3 50

Mˡˡᵉ BREMER. La Vie de famille dans le Nouveau-Monde. Trois vol. Chacun 3 50

— Abrégé des Voyages de Mˡˡᵉ Bremer dans l'Ancien et le Nouveau Monde, Palestine et Turquie. 3 »

CLASSIQUES FRANÇAIS
Format in-32, imprimés par MM. Didot, à 1 fr. 50 c. le vol.; net, 75 c.

Esprit des Lois de Montesquieu. 6 vol.

Œuvres diverses de Montesquieu. 2 vol.

Œuvres choisies de Regnard. 4 vol.

Œuvres de Ducis. 7 vol.

Œuvres choisies de Destouches. 3 vol.

La Nouvelle Héloïse. 6 vol.

Œuvres choisies de Saint-Réal. 2 vol.

Épîtres, stances et odes de Voltaire. 2 vol.

Temple du Goût et poésies mêlées, par VOLTAIRE. 1 vol.

Voltaire, poèmes et discours. 1 vol.

Œuvres choisies de J. B. Rousseau. 2 vol.

LE DROIT USUEL OU L'AVOCAT DE SOI-MÊME.

Nouveau Guide en Affaires, contenant toutes les notions de droit et tous les modèles d'actes dont on a besoin pour gérer ses affaires, soit en matière civile, soit en matière commerciale, etc., par Durand de Nancy. 1 beau volume grand in-18. . . . . 4 fr. 50

NOUVEAU GUIDE USUEL DU PROPRIÉTAIRE

Et du locataire ou fermier, contenant les règles et les formules des baux à loyer, à ferme et à cheptel, la loi sur l'expropriation pour cause d'utilité publique et la solution de toutes les difficultés qui peuvent survenir entre les propriétaires et les locataires ou fermiers, par A. Bourguignon. 1 vol. grand in-18. . . . . 2 fr.

NOUVEAU GUIDE PRATIQUE DES MAIRES,

Des Adjoints, des Secrétaires de mairie et des Conseillers municipaux, contenant l'Exposé des lois, décrets, arrêtés, circulaires et décisions du Ministre de l'intérieur, ainsi que les arrêts du Conseil d'Etat et de la Cour de cassation. 2ᵉ édition, entièrement refondue et augmentée, par Durand de Nancy. 1 fort volume grand in-18 de 700 pages. . . . . 5 fr.

DE LA TENUE DES LIVRES DES AGENTS DE CHANGE

Et des courtiers de commerce, par Edmond Degrange, auteur de plusieurs ouvrages sur le commerce. 1 vol. in-8 de 72 pages. . . . . 4 fr.

LE JARDINIER DE TOUT LE MONDE

Traité complet de toutes les branches de l'horticulture, par A. Ysabeau. 1 fort vol. grand in-18, illustré de gr. sur bois dans le texte. . . . . 4 fr. 50

LE JARDINIER DES APPARTEMENTS

Des fenêtres, des balcons et des petits jardins, suivi d'un aperçu sur la pisciculture et les aquariums, par Maurice Cristal. 1 joli vol. gr. in-18. 2 fr.

LE CUISINIER EUROPÉEN

Ouvrage contenant les meilleures recettes des cuisines françaises et étrangères pour la préparation des potages, sauces, ragoûts, entrées, rôtis, fritures, entremets, desserts et pâtisseries, complété par un chapitre sur les dessertes ou *l'art d'utiliser les restes d'un bon repas;* le service de table, la meilleure manière de faire les honneurs d'un repas, et de servir les vins, les confitures, les sirops, les bonbons de ménage, les liqueurs, les soins à donner à une cave bien montée, par Jules Breteuil, ancien chef de cuisine. 1 fort volume grand in-18, illustré d'environ 300 gravures sur bois dans le texte de 800 pages. 2ᵉ édition, entièrement refondue. . 5 fr

LE CUISINIER DURAND

Cuisine du Midi et du Nord. 8ᵉ édition revue et augmentée par C. Durand, petit-fils de l'auteur. 1 vol. in-8. . . . . 5 fr.

LA MÉDECINE USUELLE

Guide médical des familles, par Ysabeau. 1 vol. de 500 pages environ. 4 fr. 50

CHOIX DU CHEVAL

Ou description de tous les caractères à l'aide desquels on peut reconnaître l'aptitude des chevaux aux différents services, par J. H. Magne, directeur de l'École impériale vétérinaire d'Alfort, professeur de zootechnie à la même école. 1 vol. in-18 jésus, avec vignettes intercalées dans le texte. . 2 fr.

DES FUMIERS ET AUTRES ENGRAIS ANIMAUX

Par J. Girardin, correspondant de l'Institut, doyen et professeur de chimie à la Faculté des sciences de Lille, etc. Ouvrage adopté par le Conseil général de la Seine-Inférieure, par la Société centrale d'agriculture de Rouen, par l'Association normande et couronné par la Société d'agriculture du Cher. 6ᵉ édition, revue, corrigée et augmentée. 1 vol. in-12 avec 62 figures dans le texte . . . . 2 fr. 50

LE PÊCHEUR A LA MOUCHE ARTIFICIELLE

Et le Pêcheur à toutes lignes, par Charles de Massas. Troisième édition, revue et augmentée. 1 beau vol. grand in-18 jésus . . . . 2 fr. 25

BIBLIOTHÈQUE D'UN DÉSŒUVRÉ

SÉRIE D'OUVRAGES IN-32, FORMAT ELZÉVIRIEN

Œuvres complètes de Béranger, avec ses 10 dernières chansons, 1 vol. in-32 . . . . 3 fr. 50

Œuvres posthumes de Béranger en un seul volume, contenant les dernières chansons et Ma Biographie, avec un Appendice et un grand nombre de notes inédites de Béranger sur ses chansons. 1 vol. in-32, fr. . 3 fr. 50

Chansons populaires de la France anciennes et modernes, classées par ordre chronologique et par noms d'auteurs, avec biographies, et notices par M. Louis Montjoie. 1 vol, 3 fr.

Chansons et Poésies de Désaugiers, nouvelle édition précédée d'une notice sur Désaugiers, par Merle, avec portr. et vig. 1 fort vol. in-32. . 3 fr.

Chansons et Poésies de Pierre Dupont. Troisième édition, augmentée de chants nouveaux, 1 vol. in-18. 3 fr.

Lettres d'Amour, avec portraits et vignettes. 1 vol. . . . . 3 fr

Drôleries poétiques, avec portraits et vignettes. 1 vol. . . . . 3 fr.

Académie des Jeux, contenant l'historique, la marche, les règles, conventions et maximes des jeux. 1 vol. illustré . . . . 3 fr.

La Goguette ancienne et moderne, choix de chansons guerrières, bachiques, philosophiques, joyeuses et populaires. Joli vol. orné de portraits et vignettes . . . . 3 fr.

Alfred de Bougy. Un million de rimes gauloises, fleur de la poésie drolatique et badine depuis le quinzième siècle, recueillie, annotée 1 charmant vol. in-32, de près de 600 pages . . . . 3 fr.

Reliure toile, fers spéciaux, dorés sur tranche, à 1 fr. le vol. des 8 ouvrages ci-dessus.

PAUL DE KOCK

Le Barbier de Paris, 2 vol. — Un Bon Enfant, 2 vol. — Georgette, 2 vol. - Madeleine, 2 vol. — L'Amoureux transi, 2 vol. — André le Savoyard, 2 vol — Ni Jamais, ni Toujours, 2 vol. — Frère Jacques, 2 vol. — Zizine, 2 vol Chipolata, 2 vol. — Jean, 2 vol. — L'Homme de la nature, 2 vol.

LES OUVRAGES CI-DESSUS SE VENDENT SÉPARÉMENT 2 FR. 50 LE VOLUME.

VOYAGE DANS LE DISTRICT DES DIAMANTS

ET SUR LE LITTORAL DU BRÉSIL

Suivi de notes sur quelques plantes caractérisques, et d'un Précis de l'histoire des révolutions de l'empire Brésilien, depuis le commencement du règne de Jean VI jusqu'à l'abdication de D. Pedro, par Auguste de Saint-Hilaire. 2 vol. in-8 . . . . 15 fr.

HYGIÈNE DE LA DIGESTION

Suivie d'un nouveau Dictionnaire des aliments, par le docteur Gaubert, médecin du ministère de l'intérieur. — Règles de la digestion pour tous les climats, les saisons, la puberté et l'âge critique chez la femme, pour les vieillards, pour les estomacs débiles. 1 fort vol. 10 fr.; net. . . . . 4 fr.

CORRESPONDANCE DE F. LAMENNAIS

Contenant les notes et souvenirs de l'éditeur sur l'auteur, sa correspondance de 1818 à 1840, suivie d'un appendice. 1859. 2 vol. in-8, 12 fr.; net. 4 fr.

LE TRÉSOR DE LA CUISINIÈRE
ET DE LA MAITRESSE DE MAISON

3e édition, revue, corrigée et augmentée. 1 vol in-12. . . . . 2 fr.

PETIT TRAITÉ DE LA POLITESSE FRANÇAISE

Code des bienséances et du savoir-vivre, par M. Muller. 1 v. gr. in-18. 2 fr.

LE PETIT SECRÉTAIRE FRANÇAIS

Par M. Armand Dunois. 1 vol. grand in-18 jésus. . . . . 2 fr.

LE LIVRE DU JOUR DE L'AN

Recueil de compliments et de lettres pour fêtes anniversaires, à l'usage des enfants et des adolescents. 1 vol. grand in-18. . . . . 2 fr.

ŒUVRES DE P. J. PROUDHON
Format grand in-18 anglais

Du principe de l'Art et de sa destination sociale. 1 volume grand in-18. 3 fr. 50

De la Célébration du dimanche. 1 vol. . . . . 75 c.

Qu'est-ce que la Propriété ? 1 vol. 2 fr. 50 c.

Avertissement aux propriétaires, ou Lettres à M. Considerant sur une défense de la Propriété. . . . . 1 fr.

Idées révolutionnaires (les Malthusiens, la Réaction, Programme révolutionnaire, Question étrangère, la Présidence, Argument à la Montagne, le Terme, Toast à la Révolution, etc. etc.). 1 vol. . . . . 2 fr. 50

Résumé de la Question sociale. Banque d'échange, avec une préface et des notes, par Alfred Darimon, ancien rédacteur en chef du *Peuple*. 1 vol. in-18. . . . . 1 fr. 25

Les Confessions d'un révolutionnaire, pour servir à l'histoire de la Révolution de février. 3e édit., revue, corrigée et augmentée par l'auteur. 1 vol. . . . . 2 fr. 50

Intérêt et Principal, discussion entre MM. *Proudhon* et *Bastiat*, sur l'intérêt des capitaux. 1 vol. . . . . 1 fr. 50

Idée générale de la Révolution au XIXe siècle, choix d'études sur la pratique révolutionnaire et industrielle. 1 vol. . . . . 3 fr.

La Révolution sociale démontrée par le coup d'État du 2 décembre. 1 vol. 2 fr. 50

Manuel du spéculateur à la Bourse, 4e édition, revue et augmentée. 1 fort vol. gr. in-18. . . . . . . 3 fr. 50

Des Réformes à opérer dans l'exploitation des Chemins de fer, et des conséquences qui peuvent en résulter, soit pour la réduction des dépenses et l'augmentation du revenu des Compagnies, soit pour l'abaissement général des prix de transport. 1 vol. grand in-18. . . . . 3 fr. 50

Rapport du citoyen Thiers, précédé de la proposition du citoyen Proudhon relative à l'impôt sur le revenu, et suivi de son discours prononcé à l'Assemblée nationale le 31 juillet 1848. (Conforme au *Moniteur universel*.) 1 vol. . . . . 75 c.

OUVRAGES SUR LA CHASSE ET LA PÊCHE

Chasses et Pêches anglaises (variétés de pêches et de chasses). 1 volume in-8, prix.......... 7 fr. 50

Causeries chevalines, par A. Gaume, propriétaire-éleveur. 1 v. grand in-18. 3 fr. 50

Guide du Chasseur au chien d'arrêt, sous ses rapports théoriques, par Ferd. Cassassoles. 1 vol, in-18, 3 fr. 50

Le Tir au pistolet, par D'Houdetot. In-18.............. 2 fr.

Voyage dans l'Afrique australe, notamment dans le territoire de Natal, dans celui des Cafres Amazoulons et Makatisses, et jusqu'au tropique du Capricorne, exécuté durant les années 1838, 1839, 1840 à 1844, accompagné de dessins et cartes, par Adolphe Delegorgue (de Douai). 2 forts volumes grand in-8, 24 fr. ; net..... 18 fr.

Dictionnaire du Pêcheur. Traité de pêche en eau douce et en eau salée par Alphonse Karr. 1 vol.. 3 fr. 50

Atlas de 25 Cartes, accompagné de tableaux élémentaires de géographie; revu par M. Th. Soulice.

Cet atlas, composé de la géographie ancienne et moderne, comme le précédent, est augmenté des cartes : Gaule — France par provinces — Colonies françaises — Grande-Bretagne — Russie — Hollande et Belgique — Prusse, Pologne, Autriche — Suisse — Espagne et Portugal — Italie — Turquie et Grèce, etc.

Colorié sans tableaux.... 3 fr.
Colorié avec tableaux.... 4 fr.
Autorisé par l'Université.

Atlas de géographie ancienne et moderne, à l'usage des collèges et de toutes les maisons d'éducation, dressé par MM. Monin et Vuillemin, recueil grand in-4, composé de 46 cartes parfaitement gravées et coloriées. Cet Atlas comprend, outre les cartes ordinaires : la Cosmographie, la France en 1789, l'Empire français, la France actuelle, l'Algérie, l'Afrique orientale, occidentale et méridionale, et toutes les cartes de la Géographie ancienne. C'est par conséquent le plus complet, le plus exact de tous les Atlas classiques, et le mieux adapté aux études suivies de nos jours dans l'enseignement universitaire...... 12 fr.

Atlas classique de Géographie moderne (extrait du précédent), à l'usage des jeunes élèves des deux sexes; composé de 20 cartes.... 7 fr. 50

Planisphère terrestre, indiquant le nouvelles découvertes, les colonies européennes et les parcours maritime des bâtiments à vapeur qui desservent les principaux ports de commerce dressé par A. Vuillemin, géographe. 1 feuille grand monde, coloriée avec soin............ 5 fr.

Nouvelle Carte de France, indiquant les routes de poste, les routes impériales et départementales avec les distances, les chemins de fer, les canaux et les phares. Dressée par Charle. 1 feuille colombier....... 2 fr.

Nouvelle Carte physique et politique du Mexique, pour servir à l'intelligence des opérations militaires de l'armée française, dressée d'après Humboldt, Berghaus, Kiepert et Colton; par A. Vuillemin, géographe, et gravée par Pépin-Malherbe. 1 feuille grand colombier......... 3 fr.

Carte physique et politique de l'Algérie, indiquant les divisions administratives et militaires, la circonscription des territoires civils. Dressée d'après les documents les plus récents, par A. Vuillemin, 1 feuille colombier. pliée en forme de volume... 3 fr.

Europe, en une feuille grand monde, revue par Klaproth...... 4 fr.

France routière et administrative, réduite d'après Cassini, et celle des ponts et chaussées. 1 feuille grand monde............ 4 fr.

OUVRAGES COMPLETS AU RABAIS
Bibliothèque Carin
1 FR. LE VOLUME; NET, 75 CENT.

Godwin (W.). Caleb Williams, traduit de l'anglais. 3 vol.

Eugène Sue. Paula Monti. 2 vol.
— Thérèse Dunoyer. 2 vol.
— Mathilde. 6 vol.
— Arthur. 4 vol.
— Deleytar. 1 vol.
— La Salamandre. 2 vol.
— La Coucaratcha. 2 vol.

Tressan. Roland furieux, traduit de l'Arioste. 4 vol.

Benjamin Constant. Adolphe, suivi de la tragédie de Wallstein. 1 vol.

Karr (Alphonse). Sous les Tilleuls, 2 vol.

Jérôme Paturot à la recherche d'une position sociale, par Louis Reybaud. 2 vol.

Art de conserver la beauté (l'). 1 joli vol. in-32, papier vélin.

Onéirocritie (l'), ou l'Art d'expliquer les Songes, suivi du Dictionnaire des Songes. 1 joli vol. in-32 jés. vélin.

Bénard. Les Crimes de l'Amour. 1 joli vol. in-18, papier vélin, glacé, satiné.

Cryptographie (la), ou l'Art d'écrire en chiffres. 1 joli vol. in-32, papier vélin, orné de chiffres et caractères gravés exprès.

Pelloquet (Théodore). Dictionnaire de poche des Artistes contemporains (les Peintres). 1 joli vol. in-18, papier vélin, glacé.

Champion (M.) La Fin du monde et les Comètes au point de vue historique et anecdotique. 1 vol. in-18, papier vélin, glacé, satiné.

Revel (Th., de Lorient). Manuel des Maris, ou Philosophie du mariage. 1 joli vol. in-18 vélin, glacé, satiné.
— Du rôle des coups de Bâton dans les relations sociales et en particulier dans l'histoire littéraire, suivi de la Liste des auteurs bâtonnés. 1 joli vol. in-18, papier vélin, glacé, satiné.

PETITE BIBLIOTHÈQUE ANGLAISE

CHOIX DE BONS OUVRAGES EN CETTE LANGUE
PUBLIÉS PAR CORMON ET BLANC

Au prix de 1 fr. 50 cent. à 2 fr. le volume; net, 50 cent.

EDGEWORTH'S.	Moral Tales.	2 vol
STERNE'S.	Sentimental Journey.	1 vol
IRVING'S (Washington).	Alhambra.	2 vol
IRVING'S (Washington).	Sketch Book.	2 vol
INCHBALD'S.	Simple Story.	2 vol
MACKENZIES'.	Man of Feeling.	1 vol
BYRON'S.	Select poetical Works.	1 vol
	Beauties of Ancient English Poetry.	1 vol
	Beauties of Modern English Poetry.	1 vol
SHERIDAN'S.	Select Dramatic Works.	1 vol
MILTON'S.	Paradise Lost.	2 vol
FÉNELON.	Telemachus.	2 vol

Manuel polyglotte, ou Dialogues en quatre langues : française, espagnole, italienne et anglaise. 1 vol.

Nouveau Manuel de conversations anglaises et françaises, d'après Perrin, Poppleton, Bellenger, etc. 1 vol. in-18.

Lettere d'una Peruviana, da Deodati, coll accento. 1 vol. in-18.

www.ingramcontent.com/pod-product-compliance
Lightning Source LLC
Chambersburg PA
CBHW050543170426
43201CB00011B/1540